ふしぎな鉄道路線

「戦争」と「地形」で解きほぐす

竹内正浩　Takeuchi Masahiro

NHK出版新書
592

はじめに

ふだん何の気なしに利用する鉄道は、最も身近な交通機関といっていいだろう。しかしながら、なぜ鉄道がその場所を通っているのか、あらためて考えてみると不思議だ。

たとえば私たちは、鉄道の線路というのが最初からそこに存在しているかのごとく思い込んでいる節がある。だが、明治初頭に戻ったと仮定してみよう。もし鉄道が存在せず、陸上にある交通路は、徒歩でのみ通行可能な貧弱な街道ばかりだったとしたら……。

明治の新政府は、発足後まもなく、日本の国土に鉄道を敷設する決定をした。だが、当時の日本には、地表の形態を正確に表示した地形図すら存在しない。昨今、伊能忠敬《いのうただたか》の地図がもてはやされているけれど、あれは海岸線を記載してあるだけの図にすぎない。むろん地図の一種ではあるが、地形図ではないのだ。地形図が存在しないから、どのあたりに鉄道を敷設すればよいのかというだいたいの目星をつけることもできない。いちいち現地測量するしか術《すべ》がないのである。

地形図が未整備の状況下で、明治の鉄道技師たちは可能性のある土地をひとつずつ歩いて山奥まで分け入り、あるいは土地の人から鉄道が敷設可能な道筋などの耳寄りな情報がないか膝詰めで話を聞いたりしながら、鉄道敷設が可能と思われる経路を測量し、敷設可能かどうかひとつひとつ確認していった。大小さまざまな河川がどの位置を流れ下っているかとか、土地の起伏が具体的にどういう形状をなし、標高差はどれだけあるのかといった情報がまったくなかったわけで、鉄道敷設案を策定するまでの労力は並大抵のものではなかった。

しかも当時の鉄道は、土木工事の技術水準も、レールの上を走る車両の能力も、現代と較《くら》べておそろしく低かった。非力な蒸気機関車しかないから、原則として勾配は一〇〇〇分の一〇(一〇パーミル)以内に抑えなければならない。また、土木技術の低さに加え、費用や工期の問題があったから、トンネルや橋梁《きょうりょう》は極力避けなければならない。いうまでもないが、重機などの建設機械は存在しないのである。

明治のころは、トンネル工事はもちろんだが、むしろ架橋工事が大変だった。明治一九年(一八八六)まで、東京と京都を結ぶ鉄道幹線の経路が東海道《とうかいどう》ではなく中山道《なかせんどう》経由で内定していた理由の一つに、東海道に大河が多かったことが挙げられていた。長い橋は、それほどいやがられていたのである。しかも当時は、橋梁の材料もほとんど海外からの輸入だったから、発注から納品まで年単位で時間がかかった。橋梁もレールも、鉄鉱石から自前で生産するだけの技術水準に達していなかったのである。

鉄道ファンであれば、肥薩《ひさつ》線がもとの鹿児島本線だったことは知っているだろう。海岸経由か内陸経由かで経路を検討していた話もどこかで聞いたことがあるかもしれない。しかし路線が決定するまでの経緯を、どれだけの人が承知しているだろうか。まさかたった一度、しかも二時間足らずの議論で内陸経由に決まってしまったことなど、想像の埒外《らちがい》だろう。

あるいは、東北本線を日本《にっぽん》鉄道という民間資本の会社が建設したことは知っていても、明治の陸軍が、盛岡以北の経路を現在の廻りではなく弘前《ひろさき》経由で敷設させようとした経緯をどれほどの人が知っているだろう。結局この企ては水泡に帰すのだが、このとき失敗した教訓が、その後徹底して内陸経由にこだわった奥羽本線の建設へとつながるわけで、まこと歴史は面白い。ところがその奥羽本線も、秋田から能代《のしろ》付近までは、海岸線沿いを通っている。なぜこの区間だけ海岸廻りの経路なのか。

明治時代の鉄道の経路を決めたものは、地形だけではなかった。敷設しやすい地形ということであれば、海岸を通すのが容易である場合が多い。だが陸軍は、海岸付近の鉄道が、敵艦からの艦砲射撃や敵兵上陸を招くという危機意識から、外洋に面した海岸沿いの線路を徹底的に避けるようになり、経路決定まで介入するようになった。

そうした状況が最も甚《はなは》だしかったのが、日清戦争直前の明治二五年ごろである。この時代に経路が決定した鉄道線は、徹底して海岸線を避けていた。それほどこの時期は、対外的な危機意識が大きかったのである。

昭和戦前期、再び軍部が鉄道に介入する時代を迎える。たとえば、敵からの艦砲射撃によって東海道本線が不通になった際の迂回線として建設された静岡県の二俣《ふたまた》線しかり、関《かん》門《もん》海峡直下を掘り抜く海底トンネル案を採用した下関《しものせき》と門司《もじ》の間の鉄道敷設しかり……。

「『戦争』と『地形』で解きほぐす」という本書のサブタイトルには、さまざまな場面で軍部が介入した鉄道の経路決定過程を明らかにしたいという意味が込められている。

当時の公文書や速記録の原文をそのまま掲載するようにしたのは、文語文独特の調子や当事者達の肉声の口吻《こうふん》を味わっていただきたいがためである。「有之候《これありそうろう》」を単なる「です・ます」調にしたところで、正しく原文に込められた意味は伝わらない。そのあたり、著者の意図をお汲み取りくだされば、幸いである。

ふしぎな鉄道路線――「戦争」と「地形」で解きほぐす　目次

はじめに……3

第一章　西南戦争と両京幹線――なぜ中山道ではなく東海道だったか……11
西郷隆盛の反対／海上に敷かれた線路／両京幹線建設の凍結
西南戦争と鉄道／琵琶湖の鉄道連絡船／民間資本の鉄道建設
両京幹線の再浮上／東海道ルートの逆転／フランス式からドイツ式へ
鉄道計画への陸軍の介入

第二章　海岸線問題と奥羽の鉄道――なぜ奥羽本線は福島から分かれているか……45
日本鉄道という「私鉄」／秩父事件の軍用列車／八戸を通らなかった理由
場当たり的な鉄道政策／軍部優先の鉄道建設／鉄道国有化への道
「鉄道会議」の誕生／アプト線か普通線か／四連続スイッチバック
一九本のトンネル工事／児玉源太郎の大演説／渋沢栄一の反撃
能代に迂回した奥羽線

第三章　軍港と短距離路線――なぜ横須賀線はトンネルが多いか……99
海路に頼っていた横須賀／陸軍の独自ルート案
軍艦を詠み込んだ鉄道唱歌／最も輝いた軍艦の進水式
風景写真が制限された鎌倉／閑職になった要塞司令官
貴顕が利用する路線／「長門」が標的になった空襲
戦時中の延伸工事

第四章　陸軍用地と都心延伸――なぜ中央線は御料地を通ることができたか……123
日本最大の軍事都市／「北線」か「南線」か／不可解な免許却下
市街線に反対した人物／軍用地と皇室御料地／幻の外濠環状線
日清戦争と軍用停車場

第五章　日清戦争と山陽鉄道――なぜ山陽本線に急勾配の難所があるか……153
ささやかな鉄道計画／瓢箪から駒の巨大私鉄
姫路以西の建設資金に窮す／岡山県境の迂回路を探す
禁忌を破った経路選択／日清戦争と山陽鉄道

海岸線と山間線／紛糾した経路選択／意外な解決策

第六章　日露戦争と仮線路――なぜ九州の巨大駅は幻と消えたか……189

九州に存在した幻の巨大駅／「仮線」という名の生命線
陸軍が示した交換条件／八日間だけの軍用停車場
日露戦争の戦時運行体制／さまざまな軍事輸送施設
混乱した一般輸送／総力戦だった日露戦争
寺内正毅の登場／内陸線への露骨な誘導
二倍に膨らんだ建設費／遅すぎた海岸線の開通

第七章　鉄道聯隊と演習線――なぜ新京成線は曲がりくねっているか……239

御犬屋敷の鉄道大隊／列強の鉄道修理競争／鉄道聯隊の千葉移転
二つの聯隊に拡張／平時は鉄道敷設に従事
泰緬鉄道を建設した鉄道聯隊／曲線を多用した意外な真相

第八章　総力戦と鉄道構想――なぜ弾丸列車は新幹線として蘇ったか……267

東海道迂回線構想／大正期の新線計画

全線単線の「丙線」／迂回列車、二俣線を走る
海峡へのトンネル建設／戦時下の開通
米軍の驚くべき探査／弾丸列車計画の進展
急勾配区間の改良／全船舶が沈められた青函連絡船

主な参考文献……300

＊本書の地図作成に当たっては、国土地理院長の承認を得て、同院発行の基盤地図情報を使用した。（承認番号　令元情使、第１６２号）

校閲　猪熊良子
図版作成　手塚貴子
ＤＴＰ　佐藤裕久

第一章　西南戦争と両京幹線
──なぜ中山道ではなく東海道だったか

西郷隆盛の反対

現在の日本で、交通の大動脈として位置づけられているのが東海道といって異論はあるまい。明治五年(一八七二)に最初に開業した新橋〜横浜間の鉄道が、東海道本線の一部として建設されたと信じて疑わない人がほとんどだろう。

だが、明治前半、東京と西京(京都)を結ぶ「両京幹線」として構想されていたルートは、東海道ではなく中山道だった。事実、横浜から西に向かって鉄道が延長される動きは皆無で、最初期に開通した上野〜横川《よこかわ》間と岐阜〜長浜《ながはま》間の鉄道は、旧中山道に沿って敷設された。そして、岐阜〜長浜の両端から延びる岐阜〜武豊《たけとよ》と長浜〜金ケ崎《かねがさき》(のちの敦賀港《つるがみなと》)の線路は、中山道幹線のための荷揚用支線としての性格を帯びていたのである。

東京付近の新橋〜横浜間の鉄道もまた同様で、当初は東海道線の一部として開業したのではなく、中山道幹線の荷揚用支線という性格を持っていた。なにしろ明治九年には華族組合に払い下げられる予定になっていたほどで、たまたま七年の年賦金支払いに支障を来したため、官営のまま留め置かれたというのが実情だった。

明治新政府の中で鉄道事業を強く推進したのが、イギリス留学の経験のある伊藤博文《いとうひろぶみ》や井上勝《いのうえまさる》らである。特に井上勝は、伊藤や井上馨《いのうえかおる》が長州藩による外国艦砲撃の急報を聞いて帰国したのちもイギリスに残り、鉄道建設と運営に関するノウハウを吸収している。新政府で大蔵少輔となった伊藤の上席である民部兼大蔵大輔の大隈重信も鉄道推進派だった。大隈・伊藤は、旧制度を一新して中央集権体制を確立するためには、交通手段の変革が必要という点で一致していた。

明治二年一一月五日、鍛冶橋《かじばし》門内(今の東京駅南側の線路付近)にあった右大臣三条実美《さんじょうさねとみ》邸に招かれたイギリス公使のパークスは、三条を補佐する大納言《だいなごん》職の岩倉具視《いわくらともみ》ら政府要人が列席する中、鉄道建設についての意見を具申した。この場には、大隈と伊藤も陪席していた。いち早く明治新政府を承認したイギリス公使のパークスは、政府首脳から信頼をよせられており、あたかも日本政府の後見人のような立場だった。

この日の会議で政府は、パークスに対し鉄道建設の方針を明かすとともに、具体的な細目は、近々来日するイギリス人技術者に依頼したいと要請した。パークスは、国家統一に果たす鉄道の政治的意義を述べ、東京と京都間の交通が鉄道によって改善されれば人心も落ち着くだろうと、政治的な面からも鉄道の効果を説いた。もし鉄道が整備されれば、たとえば米が余っている地域から足りない地域に迅速な輸送が可能になるとも指摘した。この年は東北と九州では凶作で、一揆が頻発して政府を悩ませていたのである。

この日を境に政府は急速に鉄道建設に傾き、わずか五日後の一一月一〇日、正式に鉄道建設を決定する。鉄道建設区間は、東西両京(東京・京都)を結ぶ幹線と、東京〜横浜間、京都〜神戸間、琵琶湖畔《びわこはん》〜敦賀間の各支線だった。

建設反対の急先鋒となったのは、意外にも兵部省《ひょうぶしょう》だった。兵部省の実質的トップである兵部大輔は、のちに下野して萩《はぎ》の乱の首謀者となる長州藩出身の前原一誠《まえばらいっせい》である。

兵部省が反対の意思を示すために最初に提起した行動は、用地問題だった。兵部省では、浜離宮周辺を海軍用地として使用したいと太政官《だじょうかん》政府に申し入れていたが、民部省は先に停車場の建設工事を開始してしまう。兵部省は太政官に抗議して停車場用地の変更を迫ったものの、太政官は回答せず、その間も工事が進行した。

反発した前原と兵部省は、明治三年六月、それぞれ鉄道反対の建議を行っている。前原の論は、武備の充実を図らずに鉄道建設に注力するのは不当であると述べた上で、鉄道が外敵の侵略の具となること、距離が短い東京〜横浜間になぜ巨額の費用を投じて万人が反対する鉄道を建設するのかといった趣旨だった。まるで旧世代の士族の不満を代弁したかのようである。

一方、兵部省は別の観点から反対論を展開していた。築地居留地《つきじきょりゅうち》付近に停車場を設ければ、外国人がやってきて日本人との不測の事態を招きかねず、それが外国軍隊介入の口実を与えかねないことや、鉄道用地が首都を防備する海軍根拠地の障害となることなどを述べていたのだ。

この時期、朝野を挙げて鉄道建設の是非についての議論が沸騰したが、その大多数が反対論だった。同年一二月には、鹿児島から太政官に請われて上京した西郷隆盛《さいごうたかもり》が改革意見書二五箇条を提出したが、その中にも、巨額の費用のかかる鉄道事業を中止し、武備を充実するべきだという内容があった。絶対反対というのではなく、限られた予算をどう配分するかという優先順位の問題ではあったが、財源の乏《とぼ》しい政府の内情を知っている西郷は、おのずと反対せざるをえなかった。

海上に敷かれた線路

明治二年(一八六九)一一月の鉄道建設の廟議《びょうぎ》決定に際し、鉄道建設は、東西両京を結ぶことが基本方針とされた。しかしその経路を中山道とするか東海道とするかは未定のままだった。最初に開業した東京〜横浜間は、東海道本線の一部ではなく、支線(両京幹線建設の資材運搬線の用途もあった)として建設が開始されたことに留意する必要がある。

東京〜横浜間は、のちの鉄道路線と比べればはるかに短い一八哩《マイル》(二九・〇キロ)という距離だったが、建設は難渋をきわめた。とりわけ困難だったのが用地取得である。まず、兵部省が反対したことで、浜離宮、芝新銭座《しばしんせんざ》の海軍操練所、八《や》ツ山《やま》の富士艦宿陣所などの引き渡しは遅れた。広大な薩摩藩下屋敷のあった高輪《たかなわ》付近では測量すら拒否したため、やむなく入間川《いりあいがわ》（浜松町の先。現在の芝浦ガード付近）から品川停車場手前の一・六五哩（二・六五メートル）については、高輪地先の海上に高さ三・四メートル、最上部は複線が敷設可能な幅六・四メートルの築堤を築いて、その上に線路（当初は単線）を敷設している。

明治三年三月、エドモンド・モレルが建築師長としてイギリスから招かれ、測量が開始される。当時の役人は江戸時代そのままに陣笠に羽織袴姿で大小の刀を差し、外国人の測量を手伝った。ただし刀は磁気を帯びていたため測量機器を狂わせ、羽織袴は動作が不便であったため、ほどなく洋装の軽服着用へと変わった。当時の品川の海は遠浅で、測量は干潮時に泥まみれになって行ったという。

鉄道建設は、外国人技師の指導監督のもと直営（一部請負）で施工。明治三年三月に芝口《しばぐち》汐留《しおどめ》付近から開始され、明治五年初め、ようやく大部分の区間が完成にこぎつけた。明治五年五月一七日からは、品川〜横浜間一四哩六二鎖《チェイン》（二三・八キロ）の仮営業が一日二往復で始まっている。所要時間は上り下りとも三五分だった。途中の停車場は鶴見のみだったが、六月に入ると川崎と神奈川の両停車場が加わっている。なお、品川停車場は現在の品川駅とほぼ同じ高輪地先に設けられ、横浜停車場は現在の桜木町《さくらぎちょう》駅付近にあった。

明治五年五月二七日には東京の始発となる汐留停車場が新橋停車場と改称された。最後まで残っていた高輪地先の築堤工事も完了し、七月二五日には新橋〜品川間の線路敷設が完了。

太政官は八月二五日、明治天皇臨幸のもと、九月九日の鉄道開業式を布告した。その日は重陽《ちょうよう》の節句にあたり、祝典にふさわしい佳日と考えたのである。しかし荒天がつづき(台風襲来だったようだ)、前日の八日に中止が決定。式典は三日後の一二日に延期された。

明治五年九月一二日は、快晴だった。直衣《のうし》を召した天皇は、午前九時に四頭立ての片幌馬車で皇城を出御。二重橋を渡り、西ノ丸大手門、桜田門を経て、新橋停車場に向かった。途中、幸橋《さいわいばし》門までの道筋には近衛歩兵《このえほへい》の二番三番六番大隊が、その先は東京鎮台《ちんだい》歩兵の三大隊がそれぞれ整列し、警護にあたっている。新橋鉄道館(停車場)には近衛歩兵の五番大隊を、横浜鉄道館には四番大隊をそれぞれ配置していた。新橋からは近衛歩兵五番大隊の二分隊が列車に乗車して天皇に供奉《ぐぶ》している。東京府に宿営する陸軍のほぼ全軍が、鉄道施設周辺に集結していたことになる。なお当時の近衛歩兵は、薩長土の三藩から出仕した兵士で構成されており、一~四番大隊が鹿児島藩(薩摩藩)、五~七番大隊が山口藩(長州藩)、八~九番大隊が高知藩(土佐藩)だった。

この日、新橋停車場には万国旗が翩翻《へんぽん》と翻《ひるがえ》り、樹葉で作った緑の大アーチが設置されていた。また、市中の目抜き通りには日の丸の提灯と紅白の幔幕《まんまく》が張りめぐらされていた。維新後五年を経て、曲がりなりにも一応の安定を見た明治の世の、空前の祝典だったといってよかった。

三ヶ月前から東京府知事となっていた旧幕臣大久保《おおくぼ》一翁《いちおう》の発案で、各戸には日章旗が掲げられていた。もともと日本船籍であることを示す航海旗として明治三年に制定された日章旗が、国旗として扱われるようになった瞬間だった。

馬車を降りた天皇を奉迎したのは、東京に駐在する外交官、内外の顕官たちだった。このなかには沖縄から上京中の伊江《いえ》朝直《ちょうちょく》（琉球の摂政《せっせい》）を正使とする琉球の維新慶賀使節もいた。二日後の明治五年九月一四日、伊江に対して天皇から冊封《さくほう》の詔勅《しょうちょく》が下され、尚泰王《しょうたいおう》は琉球藩王に冊封されている。

玉車《ぎょくしゃ》（御召《おめし》列車）は午前一〇時、国内外の顕官を従え、新橋停車場を出発した。この瞬間、日比谷練兵場（現在の日比谷公園）では、鹿児島藩兵からなる近衛砲兵隊一・二砲隊による祝砲一〇一発が轟《とどろ》き、品川沖に停泊中の帝国海軍の軍艦からは、二一発の祝砲が鳴り響いた。この日は産声を上げたばかりの帝国陸海軍の船出の日でもあったのである。そしてこの日、陸軍省（明治五年二月に兵部省を陸軍省と海軍省に分離）の要請で横浜での式場警備のため、近衛兵八〇〇名などを載せた臨時列車が運行されていた。列車による軍隊輸送の嚆《こう》矢《し》である。

午前一一時、御召列車は横浜停車場に到着。東京鎮台砲兵隊と横浜港に碇泊《ていはく》していた軍艦の祝砲が殷々《いんいん》と轟きわたり、邪気を祓《はら》う雅楽「慶雲楽《きょううんらく》」が奏される中、列車から降り立った天皇は、駅舎内の便殿に入り、勅語を下賜した。

横浜の式典を終えた天皇は、正午発の列車で新橋に戻った。新橋の式典でも横浜同様、勅語を下し、百官を代表して太政大臣三条実美が祝辞を奏した。

明治五年九月一二日は、グレゴリオ暦(太陽暦)では一八七二年一〇月一四日となる。鉄道開業を記念して、大正一一年(一九二二)に「一〇月一四日」が鉄道記念日として制定され、現在の「鉄道の日」に受け継がれた。なお、旧暦(太陰太陽暦)から新暦(太陽暦)への切り替えは、翌明治六年の実施である。

西洋流の時間表記が徹底された場が鉄道であり、その教育・修練の場となったのが、学校であり、軍隊生活だった。学校と軍隊という、文明開化で生まれたばかりの制度が、欧米流の時間感覚の習熟に役立ったのである。

両京幹線建設の凍結

明治五年(一八七二)の京浜間の鉄道につづいて、明治七年五月一一日には大阪〜神戸間二〇哩二七鎖(三二・七キロ)の鉄道が開業。二年後の明治九年七月二六日には大阪〜向日町《むこうまち》間二二哩五七鎖(三六・六キロ)が開業し、さらに約一ヶ月後の九月五日には大宮通《おおみやどおり》に仮停車場（今の京都貨物駅付近にあった）が設置され、向日町～大宮通仮停車場間三哩四七鎖（五・八キロ）が延伸開業。京阪神を結ぶ鉄道がほぼ開通していた。

ところが、明治二年以来宿願となっていた肝心の東西両京を結ぶ幹線の経路は、この時点でもいまだ決定をみていなかった。ただ、政府は手をこまねいていたわけではなかった。

御雇《おやとい》外国人として神戸で建築師長の任にあたっていたイギリス人のリチャード・V・ボイルに中山道幹線の調査を依頼し、二度にわたって中山道幹線の踏査を行わせている。一回目は明治七年五月、神戸を出発して京都を経て中山道に入り、高崎から新潟に赴き、東京に達する二ヶ月半の行程。二回目は明治八年九月に横浜を出発して、高崎を経て中山道を調査し、一一月神戸に帰着した。

明治九年九月にボイルが政府に提出した「中山道線調査上告書」によれば、東京～京都間の幹線鉄道は、「中山道ヲ以テ適当ノ地ト決定セリ」と結論づけ、中山道線とともに、信州の上田付近から松代《まつしろ》・飯山《いいやま》を経て新潟にいたる経路の鉄道建設を主張していた。

明治七年一二月には、当時の鉄道建設の東端だった京都を起点に、名古屋の南の熱田《あつた》までの区間で測量が始まっている。これには、御雇外国人の雇用期間が終わる前にできるだけ測量してしまおうという意図があったらしい（明治九年前後に雇用期限を迎える御雇外国人が多かった)。動員された外国人は一〇人以上にのぼり、彼らの指揮で測量を実施している。

この時点では、両京幹線が中山道沿いというのがほぼ既定路線だったため、中山道に沿った加納《かのう》(現在の岐阜駅付近)以西は両京幹線、熱田・名古屋から加納までは「尾張線」と仮称された支線という位置づけである。測量区間の終端が熱田なのは、資材の荷揚線として港町の熱田までの敷設が不可欠だと想定されたためである。熱田は宮《みや》という宿場で、江戸時代は桑名《くわな》を結ぶ東海道七里《しちり》の渡しの発着港でもあった。

ところが、この測量作業は、明治八年九月五日に中止が命じられる。鉄道建設の資金が枯渇《こかつ》したためであるが、政府内部に、莫大な資金を必要とする鉄道事業の先行きに不信を覚える者が多いことも大きかった。背景には、政府に復帰したばかりの井上馨らが主導した、国内運輸を海運中心で整備していく政府方針と海運保護政策の存在があった。事実、鉄道測量中止命令直後の九月一五日には、内務省は三菱商会に対して、船舶の無料払い下げと年額二五万円の補助金支給を骨子とする命令書を交付している。

征韓論に端を発した国内の不穏な情勢により、政府が動揺したのもこの時期である。西郷隆盛や前原一誠以下、新政府を支えてきた重要な人物が続々下野し、士族の不満は各地で高まりつつあった。新政府による国内統治そのものに対する軋《きし》みが、内外から顕在化し始めていたともいえる。

両京幹線の構想は事実上中断され、再び動き出すまでには、なんと一〇年近くの歳月を必要とした。

西南戦争と鉄道

明治一〇年(一八七七)二月五日、やっと京都停車場が落成し、明治天皇は京阪神鉄道開業式典に出席していた。式典への臨幸が実現したのは、孝明天皇十年式年祭のため、天皇が京都に滞在中だったからである。

御召列車は、午前九時三〇分に京都を発車し、一時間一〇分かけて大阪に到着した。その後、大阪、神戸の順に開業式典を終え、神戸停車場を午後二時に発った玉車(御召列車のこと)が京都停車場に還御したのは二時間後の午後四時。京都でも開業式典が挙行され、午後四時四〇分、天皇は輦《れん》で京都離宮に還幸した。翌二月六日から、京都〜大阪間二六哩六四鎖(四三・一キロ)の営業運転が開始された。

天皇が関西で鉄道開業式典に臨んでいたちょうどそのころ、九州では政府を震撼させるできごとが勃発していた。西南戦争である。

当時の鹿児島県は、明治九年に宮崎県を合併して日本最大の面積になっており、県民の数も約一二〇万人と日本有数の規模だった。日本の総人口が現在の四分の一程度の三四〇〇万人だった時代の話である。しかも鹿児島県は、藩政時代から士族の数が非常に多かったうえ、明治六年に下野して鹿児島に帰郷した西郷に賛同した六〇〇名もの旧薩摩藩士が、新政府の軍人や警察官、文官の地位を投げうち、続々と鹿児島に帰郷していた。その中には、桐野利秋《きりのとしあき》・篠原国幹《しのはらくにもと》・別府晋介《べっぷしんすけ》・村田新八《むらたしんぱち》ら、軍・政府の要職に就いていた人物も少なくなかった。

彼らは、鹿児島の城山に私学校《しがっこう》という独自の教育機関を創立し、私学校を拠点に行政命令を出すまでになっていた。新政府から派遣されていた鹿児島県令《けんれい》大山綱良《おおやまつなよし》もひそかに私学校と通じており、私学校の経費や薩軍《さつぐん》の軍資金も徴税した県費から提供。太政官政府の命令・通達が届かなくなった鹿児島県は、半ば独立国化していた。

薩軍挙兵が決定的となったのは、京都停車場開業とまったく同じ明治一〇年二月五日。この日、私学校の講堂に西郷隆盛、桐野利秋はじめ幹部一五〇人が参集。この席で挙兵が決議され、翌日、私学校は「薩軍本営」と改称される。そして二月一五日朝、五〇年ぶりといわれる大雪の中を、薩軍精鋭が熊本に向け出陣していったのである。蹶起《けっき》した総数は一万三〇〇〇名におよんだといわれる。

早くも二月六日、鹿児島の不穏な情勢を知らせる急報が続々京都に届いた。京都にいた三条実美(太政大臣)・木戸孝允《きどたかよし》(内閣顧問)・伊藤博文(参議兼工部卿《さんぎけんこうぶきょう》)らが協議した結果、内務少輔林友幸《はやしともゆき》と海軍大輔川村純義《かわむらすみよし》を乗せた高雄丸を鹿児島に差し向け、現地の様子を探らせることとなった。この段階では、大久保をはじめとする薩摩出身者のみならず、天皇、岩倉具視(右大臣)も西郷を信頼しており、まさか西郷が挙兵に加わることはないと見ていた。

そうした中で、山県有朋《やまがたありとも》の対応はすばやかった。西郷が加わっているとの確信を抱いたからである。京都滞留中の山県は、ことが表ざたになる前の一月二八日、東京で留守を預かる陸軍少輔大山巌《おおやまいわお》に、厳戒をひそかに命じ、九州小倉《こくら》の歩兵第十四聯隊《れんたい》から一個中隊を長崎へ派遣する一方、熊本鎮台司令長官谷干城《たにたてき》には不測の事態への備えを命じている。山県は、薩軍の攻略目標を熊本鎮台か長崎港かのいずれかであろうと判断していた。さらに山県は二月一〇日、三条の承認を得て、近衛歩兵一個聯隊、東京鎮台歩兵一個大隊、東京鎮台山砲兵一個大隊などの出師《すいし》(派兵)準備を大山に命じている。他方、東京に残った右大臣の岩倉と内務卿の大久保利通らは、内務省から熊本と長崎両県に邏卒《らそつ》(巡査)各二〇〇名を、佐賀と福岡両県に各一〇〇名をそれぞれ派遣していた。

大山巌は、二月一四日に薩軍の前衛が鹿児島を進発したという電報を受けとると、ただちに一四日の新橋発午後一時の列車で四〇〇人、午後二時の列車で九〇〇人の兵員輸送を工部省に要請する。工部大輔の山尾庸三《やまおようぞう》は、新橋停車場運輸課に対し、不都合のないよう取り計らうことを命じている。

ひきつづき二月一五、一六日も多数の兵員が鉄道で横浜港へと送られていった。当時、京浜間にあった客車はわずか五八両にすぎず、大量の軍事輸送はまかないきれなかった。こうした状況を打開するため、軍用列車が運行される日には、新橋~品川間に運行されていた短距離の列車を午後一時三〇分から午後六時四〇分まで運休させるとともに、京浜間の定期列車を軍用列車に充《あ》てる措置がとられた。

二月一九日、「鹿児島県暴徒征討令」が発せられ、有栖川宮熾仁親王《ありすがわのみやたるひとしんのう》に鹿児島県逆徒征討総督が命ぜられた。同時に、陸軍卿山県有朋と海軍大輔川村純義の両名が征討参軍(司令官)に任ぜられている。陸海軍のトップ(このとき海軍卿は空席だった)が天皇に供奉して京都にいたため、さながら京都に政府と大本営《だいほんえい》が置かれた感すらあった。

開戦とともに兵員・物資輸送は本格化し、二月二〇日以降、鹿児島の最終決戦を控えた九月五日までの間に新橋から横浜まで乗車した兵隊・邏卒などの総数は二万六〇〇〇人余、京阪神間では三万一〇〇〇人余にのぼった。

近衛兵にいたっては根こそぎ動員され、赤坂仮皇居を護衛する近衛兵の数はわずか一八人になってしまった。そのため近衛兵は、天皇の仮皇居正門・通用門、英照皇太后《えいしょうこうたいごう》(孝明《こうめい》天皇妃)の青山御所正門を警護するにとどめ、当分の間、東京警視本署(警視庁)の邏卒が守衛したほどだった。

結局終戦までに西南戦争に動員された兵士六万人のうち、約半数近くが京浜間の鉄道に乗った計算になる。その中には、北海道に置かれた行政機関の開拓使《かいたくし》の下で開墾の傍《かたわ》ら北方の警備にあたっていた屯田兵《とんでんへい》約五〇〇名も含まれていた。

運ばれたのは人員だけではない。兵器や軍需物資も定期貨物列車を利用したり、臨時列車を仕立てたりして運ばれていった。西南戦争における迅速な兵員・物資輸送に鉄道が果たした役割は、決して小さくはなかったのだ。

西南戦争がなければ二月二一日には京都を発つ予定だった天皇の東幸は大幅に遅れ、結局東京に戻ったのは、五ヶ月後の七月三〇日である。この時点で、薩軍は田原坂《たばるざか》、人吉《ひとよし》、都城《みやこのじょう》で敗北を重ね、日向路《ひゅうがじ》を南へと潰走中だった。戦局の大勢が決したとはいえ、戦いのさなかに天皇が東帰するというのは軍隊の士気に影響するのではないかという懸念は、もちろんあった。しかし京都滞在中、天皇は脚気《かっけ》を発症。転地療養が適当との侍医の意見が通ったのである。当時の天皇には男児が育っておらず、万一不測の事態になれば、皇統の危機が生まれかねない状況だった。皇族に属する男子はいたものの、その血縁関係は、最も濃い有栖川宮ですら一二親等離れており、きわめて薄かったからである。

西南戦争は、鉄道が軍事輸送の手段として用いられるようになった転機だった。半年以上にわたる戦いを通じて、軍事輸送手段としての鉄道の有効性を軍部に意識させる大きなきっかけともなったのである。

琵琶湖の鉄道連絡船

西南戦争を鎮定して自信を取り戻した政府は、明治一一年(一八七八)四月、参議兼内務卿大久保利通の建議にもとづく起業公債により、京都〜大津間と米原《まいはら》〜敦賀間の建設費、東京〜高崎間の線路測量費をそれぞれ調達することにした。

こうして京都〜大津間一一哩二六鎖(一八・二キロ)の工事が明治一一年八月に着工、明治一三年七月一五日に営業を開始している。大津までの経路は、現在の東海道本線とはまったく異なり、京都から稲荷《いなり》停車場を出たところまでは真南に現在の奈良線の経路を通り、そこから北東に向かって、大津に抜けていた。当時の終点だった大津停車場は、現在のびわ湖浜大津駅の位置にあった。

明治一五年には琵琶湖には民間資本で太湖汽船《たいこきせん》会社が設立され、鉄道のなかった大津〜長浜間を結んで、日本初の客貨連絡輸送が行われた。列車と船を乗り継ぐことで、神戸から大阪・京都を経て、日本海側の敦賀までの交通網が完成したことの意味は大きかった。

明治一六年五月一日には、長浜〜関ケ原《せきがはら》間一四哩二五鎖(二三・〇キロ)が開通している。

米原《まいばら》経由の現在の経路とはまったく異なり、北国《ほっこく》街道沿い(国道三六五号線)のルートだった。さらに、翌明治一七年五月二五日には、関ケ原〜大垣《おおがき》間八哩三八鎖(一三・六キロ)が開業している。

民間資本の鉄道建設

明治一四年八月、岩倉具視(右大臣)が提唱し、鍋島《なべしま》家や蜂須賀《はちすか》家といった有力華族がこぞって出資した日本鉄道が設立されていた。日本鉄道は、資金面こそ民間出資だったが、伊藤博文や井上馨といった政府有力者が推進し、建設も鉄道局が請け負うなど、いわば「第二官鉄」ともいえる組織だった。

当時、官設鉄道の行政官庁である鉄道局は、東京ではなく関西(明治七年以降大阪、明治一四年六月以降は神戸)にあった。これは、阪神間の鉄道工事の大幅な遅延(主な原因は、工事を建設業者の請負にせず直接雇用したため、統率の取れない烏合の衆と化していたことに起因するらしい)にしびれを切らした井上勝が外遊中の伊藤博文に直訴して実現したものだった。もし日本鉄道設立期、井上勝が東京に常駐していたら、日本鉄道という会社の創立がなされていたとは思えない。強硬な国有論者として鳴らした井上勝が座視しているはずはなく、徹底的につぶしにかかっていただろう。

ところが現実には日本鉄道は設立された。そればかりか、官設鉄道が測量まで実施済みの中山道幹線の一部たる東京〜高崎間の鉄道線建設まで日本鉄道に認可されてしまった。この時点では、既存の官営鉄道が日本鉄道に払い下げられてしまう可能性すらあったのである。

これらのことが、〝塩漬け〟にされていた官鉄主導の両京幹線構想の復活を大義名分に掲げた井上勝の反撃を呼んだ。明治一五年二月、井上は、関ケ原〜長浜間建設の重要性を説いた建言書(「井上鉄道局長等ヨリ鉄道建築建設見込建白之儀」)を作成し、新たに工部卿になった佐々木高行《ささきたかゆき》に提出。佐々木は太政大臣の三条実美に上申し、四月二四日に関ケ原〜長浜間の鉄道敷設が認可された。

この建言書は、関ケ原〜長浜間の建設促進が主題だったが、前年に設立された日本鉄道が東京〜青森駅間の敷設に携わることにもふれており、「架空トモ評スベキ東京ヨリ青森ニ至ル線路築造ノ会社論ニ眷恋《けんれん》シテ之ヲ翼賛《よくさん》シ且《か》ツ之ヲ恃《たの》ムカ如キノ状《かたち》アルハ果シテ何ノ意ゾ実ニ慨嘆《がいたん》ニ堪ヱザルナリ」などと痛烈に批判している。日本鉄道に認可された青森までの鉄道のうち、東京〜高崎間が中山道幹線の所属であることから、関ケ原〜長浜間と東京〜高崎間双方の敷設工事は鉄道局に任せるべきだとも強調していた。

両京幹線の再浮上

明治一五年(一八八二)の段階で東京〜高崎間と長浜〜大垣間の建設の目処《めど》がついたため、東西両京幹線問題は、ますます中山道経由が優勢になっていた。中山道経由の新規着工区間が高崎〜大垣間で済むのに対し、東海道経由だと、横浜以西を新規に建設する必要があった。

現代の目から見れば意外に思えるが、鉄道当局者の多くは当初から中山道線を支持していた。工部大輔兼鉄道局長の井上勝は、中山道経由に決定した理由として、のちに以下の点を挙げている。

曰《いわ》く、東海道には箱根の嶮《けん》をはじめ、富士川・安倍川・大井川・天龍川などの大河があり、工事の難航が予想される。それに東海道は海岸沿いに位置しているため、すでに車馬や船の便が良く、わざわざ鉄道を引くまでもない。一方中山道は、山岳地帯にせよ途中の河川にせよ、東海道より工事は容易で、幹線から分岐して一線を敦賀へ、もう一線を名古屋に延ばせば、太平洋側と日本海側を連絡でき、国家経済上きわめて有益である。

ただ、決定への強い後押しとなったのは、やはり陸軍の重鎮山県有朋の意向だった。当時、鉄道局の上部機関である工部省トップの工部卿代理を兼ねていた参議の山県は、明治一六年六月、太政大臣三条実美に「幹線鉄道布設ノ件」を提出している。その冒頭「有朋謹《つつしみ》テ白《もう》ス」という遠慮がちな文言とは裏腹に、「国ノ富強ヲ進ムルノ道四境交通ノ便ヲ図ルヨリ急ナルハ莫《な》シ而《しか》シテ交通ノ便ヲ起スニ最緊要トスル所ノ者ハ鉄道《てつどう》布設ニ若《し》ク者ナシ鉄道已《すで》ニ布設セハ人智ノ開明由テ以テ望ム可《べ》ク国産ノ蕃殖《はんしょく》従テ生ス可シ且《か》ツ一旦緩急アル日子《にっし》ヲ費ヤサスシテ能《よ》ク多数ノ軍隊ヲ千里ノ遠キニ達スヘシ鉄道ヲ布設シテ直接ニ収ムル所ノ利益ハ其費ス所ヲ償フニ足ラサルモ間接ノ利益ニ至テハ挙テ算ス可ラス故ニ我邦《わがくに》ノ今日ニ在テ鉄道ヲ布設スルハ実ニ第一ノ急務ナリ」と鉄道建設の意義を高らかに謳《うた》っていた。その上で、日本は細長い地形であり、周囲を大洋に囲まれ、いたるところに良港がある。そのため欧米諸国のような長大な鉄道は不要だとする。そしてこう結論づける。

「唯《ただ》国ノ中央ヲ劃《かく》シテ一幹線ヲ置ケハ足レリトス即《すなわ》チ先《ま》ツ東西二京ノ間ニ一ノ幹線ヲ布キ左右ニ枝線ヲ延《ひ》キ以テ東西ノ海港ヲ連接セシメハ事業全ク卒《おわ》ル者トス」

　具体的には、東京〜高崎〜小諸《こもろ》〜松本〜鳥居峠《とりいとうげ》〜木曾谷《きそだに》〜加納（岐阜）〜長浜〜大津〜京都〜大阪〜神戸にいたる本州中央を縦断する幹線と、上田から松代・飯山を経て新潟に通じる路線、加納から名古屋に通じる路線、長浜から敦賀に通じる路線という三本の枝線を挙げていたのだ。

　巷間いわれるように、山県の考えに、海岸線沿いを忌避する軍事上の見地が含まれていたことは否定できないだろう。だが、むしろ先述したボイルの意見書から強い影響を受けていることは注目に値しよう。

　山県は最後に、私設鉄道の弊害と早期の鉄道建設の意義を再三強調した上で、政府自ら鉄道建設に乗り出すよう進言し、擱筆《かくひつ》している。山県の建言は太政大臣、参議の閣議を経て合意され、明治一六年八月六日、政府は中山道幹線の建設を内定している。

　鉄道幹線にいたるやり取りがきっかけとなったのだろう。太政大臣の三条は、明治一七年二月二五日、鉄道を管轄する工部省に対し、「鉄道ノ布設変換ハ軍事ニ関係有之候条《これありそうろうのくだり》処分方詮議《しょぶんかたせんぎ》ノ節陸軍省へ協議可致此旨相達候事《いたすべくこのむねあいたっしそうろうこと》」（鉄道線の敷設・変更は軍事に関係するので、その決定に際しては陸軍省と協議すること）とした。これ以降、陸軍が鉄道政策に関与・介入するようになっていった。

　明治一六年一〇月、政府は工部省に対して、中山道線の建設工事に着手するよう命令。翌年度分として五〇万円の支出を通達している。しかし当然ながらこれだけで資金がまかなえるわけはなく、前後三回にわたって計二〇〇〇万円の鉄道公債を募集している。

　中山道線の建設にあたって、鉄道局長の井上勝は、東西両端から実測に着手し、測量が終わりしだい着工する方針を立てた。事実、中山道線工事は、大垣～加納（現在の岐阜）間から始まり、明治一八年九月には、支線部分の加納～名護屋《なごや》（現在の名古屋）間が着工。明治二〇年四月二五日までに大垣～名古屋（名護屋を改称）間が全通し、長浜～名古屋間に一日三往復の旅客列車が運転されている。

明治一八年八月には、中山道線の建設資材運搬のため、名護屋〜半田港《はんだみなと》間の半田線の建設に着手している。当初は熱田を荷揚港として予定していたのだが、船舶の発着に不適だったため、知多《ちた》半島の半田付近へと変更したのである。半田周辺の港域の測量が行われ、当時の知多郡武豊村に東海道線敷設のための荷揚港が整備された。ここから資材輸送用の軌道が敷かれ、明治一九年五月一日までに名護屋〜武豊間二四哩六四鎖(三九・九キロ)が全通。線名を武豊線と改称した。こうして武豊から長浜を経由して金ケ崎まで線路がつながったことで、太平洋・琵琶湖・日本海がレールで結ばれたことになる。

中山道線工事未着工東端部の高崎〜横川間一八哩(二九キロ)は、明治一七年一〇月から工事が開始され、翌年一〇月一八日に開通した。明治一八年七月には、日本海に面した直《なお》江津《えつ》〜上田間が資材運搬線として着工。明治一九年八月一五日には新潟県内の直江津〜関山間一八哩二一鎖(二九・四キロ)が開業している。中山道幹線が次第に姿を現わそうとしていた。

東海道ルートの逆転

ところが、中山道線各区間の工事計画が具体化するにつれて、予定区間の地形が思いのほか険しく、建設工事が困難であることが判明してきた。その典型が、群馬・長野県境の横川～軽井沢間の碓氷峠《うすいとうげ》で、標高差はなんと五五二・五メートルあった。そのほかにも和田峠《わだ》・塩尻峠《しおじり》・馬籠峠《まごめ》など、難所が目白押しだったのである。

内閣制度創設後、内閣直属の鉄道局長官となっていた井上勝は、明治一九年（一八八六）初頭、あらためて中山道と東海道の建設条件を比較してみることにした。具体的には東京～名古屋の未着工部分の検討である。すると、中山道経由がすぐれていたのは、建設距離の短さと橋梁の少なさだけで、総工費・トンネル・勾配などその他の諸条件はすべて東海道に軍配が上がった。心配された箱根の嶮も、酒匂川《さかわがわ》をさかのぼって御殿場《ごてんば》に迂回することで急勾配問題を解決できる目処がついた。

井上は、総理大臣の伊藤博文に「中山道鉄道ノ議ニ付上申」を提出して、両京の幹線鉄道を東海道経由に変更すべきことを建言。そのなかでは、中山道と東海道の優劣、さらに東海道に変更した場合の建設資金もすでに公募した鉄道公債の残金一〇〇〇万円でまかなうことが可能であると述べていた。

井上の上申は明治一九年七月一三日の閣議で可決、翌日裁可された。東海道線は、同年一一月ごろから順次着工し、まず明治二〇年七月一一日に横浜～国府津《こうづ》間三〇哩七四鎖（四九・八キロ）が開通。明治二一年九月一日には浜松～大府《おおぶ》間五五哩四三鎖（八九・四キロ）

が、明治二二年二月一日には国府津～静岡間七一哩二七鎖（一一四・八キロ）がそれぞれ開通し、同年四月一六日の静岡～浜松間四七哩三五鎖（七六・三キロ）の開通により、横浜～大府間二〇五哩一九鎖（三三〇・三キロ）が結ばれ、一部琵琶湖の連絡運輸を必要としたものの、東京と京阪神を結ぶ鉄道網が、明治二年の計画スタートからちょうど二〇年でようやく日の目をみたのである。

一方、琵琶湖水運に頼っていた大津～長浜間の鉄道は湖東線と仮称されたが、明治二一年五月に着工され、翌年七月一日に大津～長浜間四七哩七二鎖（七七キロ）が開通している。この日から関ケ原付近の路線が変更され、それまで長浜だった敦賀方面への分岐停車場は、開業したばかりの米原へと変わった。

湖東線の開通により、新橋～神戸間三七六哩三一鎖（六〇五・七キロ）が全通。明治二二年七月一日から、新橋から神戸まで一日一往復の直通列車が運転されはじめた。所要時間は二〇時間余りかかったが、当時の感覚では驚異的なスピードだった。

フランス式からドイツ式へ

陸軍大学校教官として明治一八年（一八八五）三月に来日したドイツ陸軍のクレメンス・メッケル少佐は、海岸防禦《ぼうぎょ》の発想を一新した。ちなみにこのメッケルは、川上操六《かわかみそうろく》や児玉《こだま》源《げん》太郎《たろう》といった明治期陸軍の逸材を育成したことで知られ、司馬遼太郎《しばりょうたろう》の『坂の上の雲』でもおなじみの人物である。

それまでの帝国陸軍の海岸防禦の方法は、国土の重要地点に砲台を多数建設して、海岸に攻め寄せる敵艦を撃滅する固定防禦法主体だった。実際、陸軍は明治初年からこの方法を研究し、明治一三年から浦賀《うらが》水道に面した観音崎《かんのんざき》での砲台建設に着手していた。その砲台跡は今も県立観音崎公園に残されている。

しかしメッケルは、敵上陸という有事に際して、迅速に部隊を上陸地点に移動、集中させた部隊で上陸軍を撃破する方が効率的な防衛策と主張。メッケルの指摘で、その後の国土防衛策は大きく変容していくのである。

こうした流れは、陸軍の編制にも影響を及ぼした。それまで平時においては治安警備を重視したフランス流の「鎮台」制が採用されていたが、明治二一年に部隊を機動的に運用して国土を防衛することを前提としたドイツ流の「師団」制へと移行するのである。

メッケルは、赴任して二年ほど経った明治二〇年初め、『日本国防論』をまとめている。そこには、強力な艦隊が存在しない島国の日本に敵は容易に侵攻し得るとし、敵の上陸行動をこう推理した。

まず敵は、良港またはその周辺に上陸し、港湾を攻略後、運送船で増援を行い、兵力を増やし、基地を拡張する。その後、長期戦に備えた敵は、国内で決戦を挑むだろうとした。

これに対する日本軍は、「敵兵上陸スルトキハ之ニ対シ勉メテ迅速ニ我ガ兵ヲ集合」し、敵が「大ニ其兵力ヲ増加スルニ先ンジ、彼ニ優ルノ兵力ヲ以テ之ヲ攻撃」しなければならないとした。しかしそのためには三つの条件が前提となっていた。

それは、「出師準備ノ際大ナル迅速ト整頓」「全国ノ諸部隊大ナル運動自由」「鉄道及ビ街道網(街道縦横ニ通ジ恰モ網ノ目ニ於ケルガ如キヲ云フ)ノ大ナル供用力《ライスツングスフエヒクカイト》」である。

メッケルは、有事の国土防衛における鉄道の有用性と鉄道敷設・整備の必要性についても説いている。

鉄道整備の具体策としてメッケルが挙げたのが、青森から下関に通じる本州縦断鉄道と、その鉄道から太平洋岸と日本海岸に通じる横断鉄道である。ただし、東京から名古屋までの経路が、中山道経由から東海道経由に変更されたことを非常に悔やんでいる。

メッケルは、鉄道は敵艦から破壊される危険から、海岸からできるだけ離して敷設するよう述べていた。もし東海道沿いに敷設した場合、メッケルは以下のように予測する。日本を攻撃する国は、開戦前に艦隊を日本沿海に派遣しておき、日本の派兵を困難にするため、日本側の出師準備とともに宣戦する。東海道鉄道を完全に破壊するため、ただちに敵は軍隊を上陸させるかもしれない。破壊される恐れのある線路は、藤沢《ふじさわ》から小田原《おだわら》までと、沼津《ぬまづ》から豊橋《とよはし》北西までの区間合わせて五〇里(約二〇〇キロ)。破壊を防ぐにはあらかじめ線路を看守警備する必要があるが、そのためだけに第一師団(東京)と第三師団(名古屋)の歩兵と騎兵の大部分をはりつけておかねばならなくなる。しかしそれでも完全に防禦できるという保証はない。そしてこう結論づける。

「抑《そ》モ長大ナル鉄道ノ警備ハ戦役ノ最モ困難ナル任務タルコト経験ニ依テ明カナリ。若《も》シ夫《そ》レ警備ヲ要スル鉄道敵艦ノ支配セル沿海ニ通ズルトキハ、其任務ノ困難之ニ十倍ス」(そもそも長大な鉄道の警備が戦争における最も困難な任務であることは経験上明らか。もし警備を要する鉄道が敵艦の支配する海域に敷設されている場合、警備の困難さは一〇倍に増す)。沿岸の鉄道、とりわけ東海道線に警鐘を鳴らしたメッケルは、「東海道線路ノ布設ヲ廃シテ之ニ代フルニ中仙道線路ノ計画ニ復ス可キコトハ敢《あえ》テ之ヲ建言セザルヲ得ズ」と、東海道敷設計画の白紙撤回と中山道線の復活を迫っていた。

メッケルの唱えた論が説得力を持ったのであろうか。明治二〇年六月、参謀本部は、参謀本部長有栖川宮熾仁親王の名で、「鉄道改正建議案」を作成し、鉄道局長官の井上勝に諮問《しもん》している。その内容は、主として六項目。「線路ノ位置ヲ防備上務メテ海岸ニ遠サカラシムルコト」(官設鉄道の東海道をはじめとして、日本鉄道線の一部、山陽鉄道線、九州鉄道線など、鉄道の幹線がいずれも海岸に沿う形で計画されていることは、国防上問題であること)、

「軌道ノ幅員ヲ一米突四三五ニ拡ムルコト」(現状の一〇六七ミリの軌間は軍隊の大量輸送に十分な機能を発揮しえないため、一四三五ミリに拡幅すること)、「幹線ハ必ス複線トナスコト」(幹線は必ず複線によって建設すること)、「隄道《ていどう》ノ高サヲ車輛ノ床板ト水平ナラシメ載卸《さいしゃ》ノ便ヲ増スコト」(プラットホームの高さを車両の床板に合わせ、積み下ろしを便利にすること)、「車輛ノ幅員ヲ増広シ其他構造ヲ改ムルコト」(車両の幅を広げ、構造を改良すること)、「陸軍官憲ヲシテ大《おおい》ニ鉄道ノ議ニ参セシムルコト」(路線決定など鉄道全般について議する鉄道の議論に陸軍や行政官庁を参加させること)だった。

これに対して井上は、七月一六日に答申書を提出した。軍部の要求に沿った線路選定、軌間の変更、複線化、停車場の改築・車両の改造は、いずれも膨大な費用を要するため、不可能との内容だった。唯一受け入れたのは、鉄道会議についての陸軍側の代表参加という提案のみ。これについては、鉄道に関する知識に熟達した有能な者という条件付きながら賛意を表明している。ともかく、海岸部から内陸部への幹線の変更、広軌(標準軌)の採用、幹線の複線化という三点については、まったく平行線をたどった。その後、井上と熾仁親王は、互いの部下とともに有栖川宮邸で会談したが、妥協をみることはなかった。

熾仁親王としては、日本における鉄道事業の第一人者で、国有化の急先鋒である井上の賛同を得た上で政府に提出するつもりだったが、井上の反対という意外な結果となった。

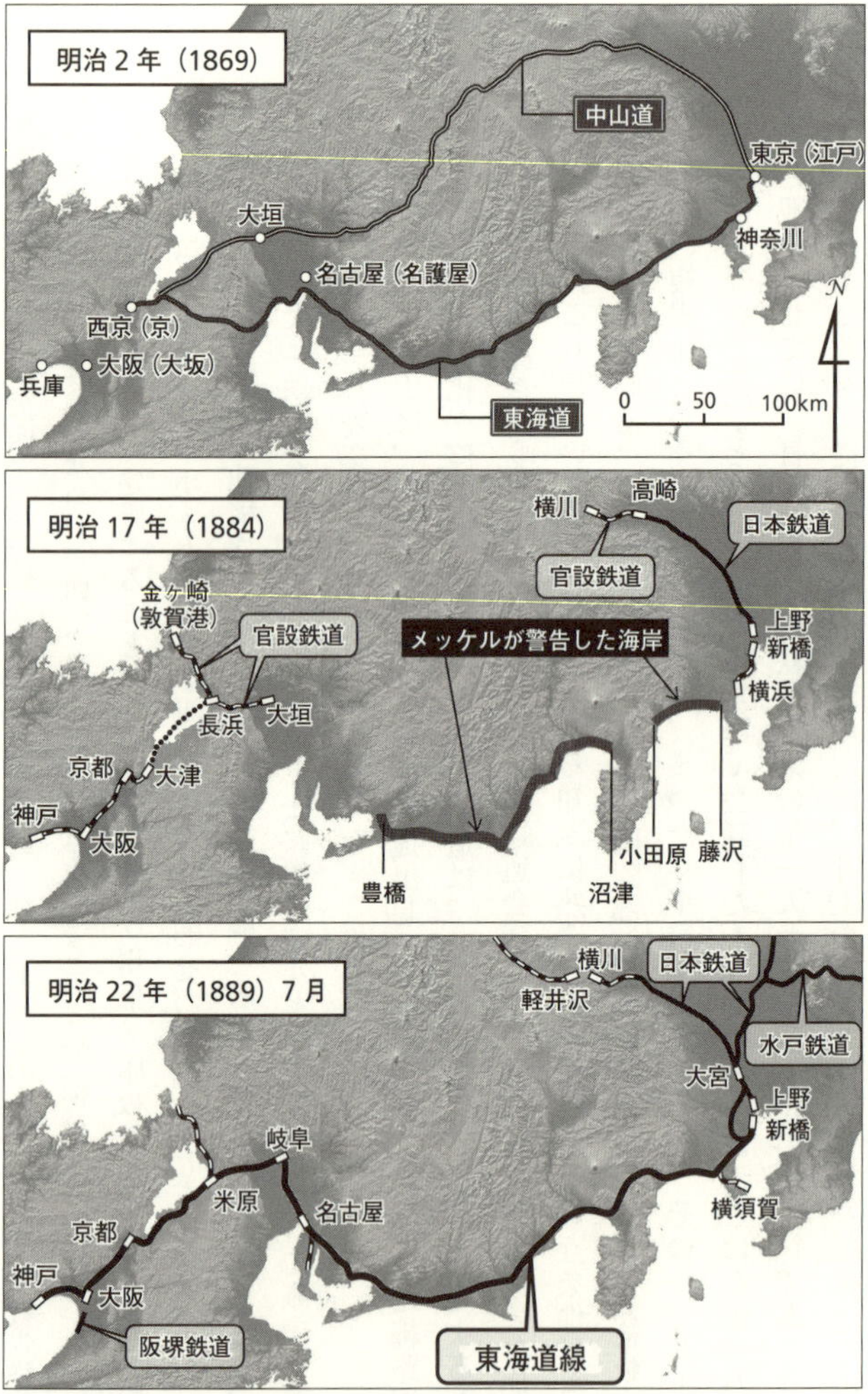

東海道本線の路線図を見ると、岐阜に立ち寄るために迂回しているように見えるが、時系列で見れば岐阜から西側の線路が中山道沿いに敷設されてきたためだったことがわかる。

鉄道計画への陸軍の介入

埒《らち》の明かない鉄道局に業を煮やしたのであろうか。明治二一年(一八八八)四月、陸軍の参謀本部は一冊の書物を公刊して、世論喚起を試みている。それが『鉄道論』である。内容は全八章。鉄道の沿革から論を起こし、鉄道の軍事的有用性を詳述、さらに現状における日本の鉄道がいかに不十分で軍事利用に適さないかを論じている。後半では日本と欧米の鉄道を比較し、鉄道と経済との関係を論じたうえで、欧米における鉄道の軍事利用例を紹介している。

啓蒙的な面をにじませた本だけあって、欧米の豊富な先行事例を紹介するなどしており、総ページは一二六ページにものぼった。ただ、言わんとすることは単純明快だった。まず、一刻も早く鉄道を軍用に適するよう改良することを強く訴えた。そのためには、「第一、陸軍官憲ヲシテ鉄道ノ議ニ参セシメ第二、本州ノ幹線ヲ定メ第三、複線ノ設備ヲ整ヘ第四、従来ノ軌道以下隧道停車所ヲ改良スル等着々歩ヲ進メ歩々宜《ほほぎ》ヲ制シ漸次《ぜんじ》完全ニ至ラシムルヘシ」(第一に鉄道の議論に陸軍・官憲を参加させること、第二に本州の幹線を定め、第三に複線の線路を敷設し、第四に従来の鉄道設備を見直し、線路幅・隧道・駅を改良するなどして、やがて完全に一新すること)を求めた。

「本州ノ幹線」とは、青森から下関に至る本州内陸を貫通する路線を意味し、四〇〇〇軸以上の車両(三軸の車両で一三〇〇両、二軸の車両で二〇〇〇両以上相当)を準備することを求めた。これらの数字の根拠は、五個師団を迅速に輸送する目的から導き出されたものだった。

鉄道の路線や施設改良についても具体的に言及している。線路は単線ではなく複線であることを求め、もし複線建設が不可能なら、橋梁とトンネルだけでも複線構造で建設しておくこと、軌間は一四三五ミリにすべきこと、曲線半径や急勾配を緩和すること、軌間拡張に合わせて客車・貨車の内部構造を軍用に適すよう改良すること、プラットホームを車両の高さに合わせること、軍隊の搭乗に適するよう、停車場は広大な敷地を確保し、軍用列車を留置可能な待避線を構築すること。機関車の給水・給炭設備も整備すること、効率的な列車運行のため、駅間距離を均等にすべきこと。おもに以上の点だった。

さらに、各師団の移動可能時間を調べ、最大で九昼夜(第三師団の名古屋〜長浜間)かかっていることなどを引き合いにして、「現今ノ鉄道ノ軍用ニ適セサル」(現在の日本の鉄道は軍用に適さない)と言いきっていたのだ。

その一方、経済の利害のみで鉄道を語る論を極端に警戒し、国防における鉄道の意義を強調していた。さらには国防に属する鉄道路線改良は政府が負担すべきとし、国防を完全にして国家の平和を保つためには、鉄道の改良が軍備の充実にほかならないと結論づける。正しいかどうかは別として、当時の陸軍の国防観が表出しているとみるべきだろう。

結論の部分で『鉄道論』は、「鉄道ハ国防ノ利器ナリ」とした上で、「鉄道ノ兵備ニ於ケル其必要堡塁《ほうるい》ニ過ク　乃チ其軌道車輛ハ砲熕《ほうこう》ニ劣ラサル軍器ナリ」（軍備における鉄道の必要性は堡塁にまさり、鉄道車両は大砲に劣らぬ兵器である）と喝破していた。これは明らかに、それまでの要塞偏重の思想から、鉄道を活用した兵力の集中移動による敵撃破へと重心を移すことを意味した。つまり国防思想におけるフランス式からドイツ式への転換である。

『鉄道論』は、鉄道の軍事利用の必要性を体系的にまとめた初めての文献であり、その後の鉄道と軍事利用のあり方を示すものとなった。同時にこれは、鉄道敷設をはじめとする鉄道全般を軍事に適したものにするための理論武装書でもあった。

明治二四年に参謀本部は、『鉄道論』をより具体化した『鉄道ノ軍事ニ関スル定議』を発表している。おそらく鉄道の軍事輸送を試行し成功を収めた前年の陸海軍聯合大演習に自信を得た結果であろう。野戦軍隊の拡張が不可能となった現今において、国防目的を達成する唯一の手段は、「軍事鉄道ヲ全国ニ布設スル良法アルノミ」とまで断言し、軍事鉄道敷設を要求。師管（師団の管轄する区域）ごとに必要な路線を列挙するなどしている。

同じ明治二四年、川上操六中将も『日本軍事鉄道論』を著《あらわ》している。メッケルの教え子でもある川上は、作戦立案の責任者である参謀次長という要職にあったから、陸軍内部に強い影響力を持った。

川上は、戦時鉄道の効用としてもっとも重要な点として、「軍ノ集中運用ヲ疾速ナラシムルモノ」を挙げるなど、内容はほぼ『鉄道論』をなぞるものだったが、欧州各国が鉄道隊を編成していることなど、興味深い事実も伝えていた。

注目すべきは、「国防上最重至用ナル縦貫鉄道及ヒ分岐鉄道ノ未設ニ属スル部分ハ政府自ラ之ヲ布設シ其ノ既設ニシテ民有ニ属スルモノハ漸次之ヲ買収シ遂ニ全国ノ鉄道ヲ国有トナスコトヲ最モ必要ナリトス」として鉄道国有化にも言及していることだった。

川上は翌明治二五年、発足したばかりの鉄道会議の初代議長に就任している。陸軍は、東海道本線開通と時を同じくするかのように、積極的に鉄道の軍事利用を進めようとしていた。

第二章　海岸線問題と奥羽の鉄道

——なぜ奥羽本線は福島から分かれているか

日本鉄道という「私鉄」

現在の東北本線を最初に建設して運営したのは、「私鉄」だった。その名を日本《にっぽん》鉄道会社という。現在の私鉄のように、特定地域に根ざした鉄道会社ではなく、社名からもわかるとおり、日本中に鉄道を張りめぐらそうとしていた。

明治一四年(一八八一)一月二〇日、宝田町《たからだちょう》(現在の皇居外苑)にあった岩倉具視邸で開催された設立集会で岩倉が述べた創立の覚書には、日本鉄道の予定路線として、「一　東京ヨリ上州高崎ニ達シ此《この》中間ヨリ陸奥《むつ》青森マテ」(東京〜高崎間のほか、その中間から分岐して陸奥青森に至る路線)、「一　高崎ヨリ中仙道ヲ通シ越前敦賀ノ線ニ接シ即チ東西京ノ連絡ヲナス」(高崎から中山道を経由して越前敦賀線に接続して京都に連絡する東西両京線)、「一　中仙道線路中ヨリ北越新潟ヲ経テ羽州《うしゅう》ニ達ス」(中山道線から分岐して、新潟経由で出羽〔山形・秋田両県〕に至る路線)、「一　九州豊前大里《ぶぜんだいり》ヨリ小倉ヲ経テ肥前長崎ニ達シ此中央ヨリ肥後ニ及ホス」(九州の大里〔今の門司《もじ》駅付近〕から小倉を経て長崎に至る路線、その中央から分岐して肥後〔熊本県〕まで延びる路線)が列挙されていた。日本の北から南まで、壮大というか、途方もない計画である。なにしろ政府が明治初年以来一〇年以上の歳月をかけても、この時点で鉄道が開業していたのは、わずかに関東の新橋〜横浜間と関西の大津〜神戸間。それに開拓が緒に就いたばかりの北海道の小樽《おたる》付近しかなかったのである。

日本鉄道の発起人に名を連ねていたのは、岩倉具視以下一六名。そのうち、七名（岩倉・蜂須賀茂韶《はちすかもちあき》・伊達宗城《だてむねなり》・万里小路通房《までのこうじみちふさ》・藤波言忠《ふじなみことただ》・武者小路実世《むしゃのこうじさねよ》・大久保利和《おおくぼとしなか》）が華族だった。旧大名・公家・元勲《げんくん》といった家の人々である。わずかひと月後の三月末には、六四八名の華族が日本鉄道への出資に応諾したという。当時の華族当主が約五〇〇人（その一家を構成する華族全体が約三〇〇〇人）だったというから、成人男子の大半が出資したのではないだろうか。岩倉以下発起人の威令のためか、あるいは鉄道事業によほど旨味があると考えたのか。華族というのは皇族に次ぐ特権的な身分だったから、これほど多数の華族が株主となったからには、政府も迂闊《うかつ》には手を出せない存在になったことだろう。

明治一四年一一月にこの鉄道会社の設立が正式許可された背景には、西南戦争後の政府の財政逼迫《ひっぱく》による鉄道建設資金の枯渇があった。前年の明治一三年二月に太政官から起工許可を受けた官設による東京～高崎間の鉄道事業は、測量が開始されたものの、着工にいたらぬまま、その年の一一月、財政上の理由から認可取り消しとなってしまう。この区間は、現在では高崎線となっており、新潟に直行する路線の印象が強いが、当時の位置づけは「中山道幹線」。つまり東京と京都を結ぶ幹線ルートに位置づけられていた。だからこの鉄道が工事中止となった意味は大きかった。政府による鉄道事業そのものへの疑問である。それほど財政は窮迫《きゅうはく》していたのである。

こうしたなか、右大臣岩倉具視が、それまで独自に鉄道事業に向けて動いていた大名華族や士族、実業家をまとめて、日本初の私設鉄道である日本鉄道会社の設立をはかった。外務卿だった岩倉は、明治四年から一年あまりにわたり、遣欧使節団を率いて特命全権大使として欧米を巡った際、西洋文明を文字どおり牽引していた「鉄道」という存在に衝撃を受け、鉄道建設の積極論者となっていたのである。東京府から会社設立の仮免許状が下付されたのは明治一四年八月。日本鉄道設立は、これまでもっぱら官設で進めてきた鉄道事業の大きな転換点となった。

ただしこの会社は、政府から利子の補給や利益補償を受け、当初は建設・営業まで鉄道局が代行するという運営形態をとっていた。また、線路や車両設備などは官設鉄道(官鉄)に準ずる規格となっており、相互乗り入れが可能だった。従来の官鉄と区別する意味で「私設鉄道」と称されたものの、実質的には「第二官鉄」という存在だった。現在の民営鉄道(私鉄)とは異なることに留意する必要がある。

秩父事件の軍用列車

第一期の建設は、上野〜高崎間だった。「第一区線」とよばれたこの区間六三哩(一〇一・四キロ)が全面開通し、営業を開始したのは明治一七年(一八八四)五月一日だったが、明治天皇が臨席した開業式が六月二五日に挙行されている。このとき天皇は、午前八時発の御召列車で高崎まで赴き、途中の熊谷《くまがや》停車場で線路敷設作業を視察し、正午に高崎到着。途中の停車場では車内で奏楽が行われるなど華やかな雰囲気だった。来賓や大株主とともに午餐《ごさん》をとり、午後三時に高崎停車場を発した列車が上野に戻ったのは午後七時。そして午後七時二〇分からの開業式に臨んだのである。ずいぶん強行日程のような気もするが、当時天皇は三三歳と壮健そのものだった。

日本鉄道は、会社設立時の「特許条約書」の文言にも、「非常ノ事変兵乱等ノ時ニ当リテハ会社ハ政府ノ命ニ応シ政府ニ鉄道ヲ自由ニ使用セシムル義務アルモノトス」という一項があった。「私鉄」とはいっても、政府の強い監督下に置かれていたのである。

日本鉄道開業からわずか半年後の明治一七年一一月、この第一区線を利用して、兵員輸送が行われている。自由民権思想を背景に蜂起した秩父《ちちぶ》事件を鎮圧するため、事件発生から数日後の一一月三日、憲兵隊一小隊を乗せた上野発午前一時四〇分の特別列車が熊谷に向けて発車した。ついで二小隊も現地へ向かったが、憲兵隊だけでは収拾できず、翌日には東京鎮台第三聯隊が投入される事態となった。一個大隊規模の鎮台兵を乗せた軍用列車は、四日正午に上野停車場を出発。大隊本部と三個中隊は深谷《ふかや》停車場で下車して寄居《よりい》方面に進出し、一個中隊は本庄《ほんじょう》停車場で下車して南西の八幡山《はちまんやま》方面に向かった。その夜、本庄

	1哩あたりの建設費	完成時期
	3万5320円	約1年
	4万9320円	2年以上

郊外の児玉郡金屋村《こだまぐんかなやむら》（金谷村）で困民党《こんみんとう》五〇〇名前後と交戦し、これを鎮圧。鉄道が兵員動員に役立つことが証明された象徴的な実例となった。

日本鉄道は、明治一七年八月二〇日に第一区線を延長して、高崎～前橋（旧駅、現存せず）間四哩六七鎖（七・八キロ）を開業させた。翌明治一八年三月一日には品川～赤羽《あかばね》間（新宿経由）間一二哩七六鎖（二〇・八キロ）が開業している。品川停車場で官設鉄道とレールが結ばれ、新橋～赤羽間には一日三往復の直通乗り入れ運転が開始された。所要時間は一時間一五分である。

そして明治一八年七月一六日、利根川《とねがわ》橋梁が未開通だったため、この部分のみ渡船連絡ではあったが、「第二区線」の大宮～宇都宮間が開業した。利根川橋梁部分が開通したのは、明治一九年六月一七日である。

第二区線のルートをめぐっては、大宮～栗橋《くりはし》～宇都宮という「甲線」と、熊谷～足利《あしかが》～館林《たてばやし》～佐野～栃木～宇都宮という「乙線」があり、甲線の分岐点も大宮のほか、浦和が候補に挙がっていた。乙線沿線は、当時ほとんど唯一の輸出産業だった生糸の生産地で、生糸業者の強い後押しがあった。これに対し、両案を実測した結果などを勘案し、鉄道庁長官の井上勝が明治一七年一一

日本鉄道第二区線比較表

案	新規施工区間の距離	大宮〜宇都宮間の合計距離	建設費
甲線（換算値）	48哩（77.2km）	48哩（77.2km）	169万5534円
乙線（換算値）	43哩（69.2km）	64哩（103km）	212万758円

新規区間は乙案が若干少ないが、大宮〜上野間の距離は甲案の方がずっと短い。甲案の方がすぐれていることは一目瞭然で、実際の線路も甲案の経路にしたがって敷設された。

月、「日本鉄道会社第二線区線路ノ儀ニ付上申」を工部卿の佐々木高行に提出している。この中で井上は、工費が安価で完成年月も一年ほど早く、将来の延長などを考慮し、甲線に軍配を上げた。「鉄道布設ノ本旨《ほんし》ニ就《つい》テ論スレハ此《この》線路ハ固《もと》ヨリ宇都宮ニ達シテ止《や》ムモノニ非《あら》ス乃《すなわ》チ東京青森間ヲ連絡スルノ幹線ニ非ラスヤ今数百里ヲ進行セントスル幹線ノ初程ニシテ一小地方ノ得失ヲ顧慮シ右旋左回佇望躊躇シテ前途ノ大計ヲ誤ル可《べ》キモノニ非ス」。要は、東京青森を結ぶ幹線ルートなのだから一地方の利害のみで線路を迂回させて大計を見誤ってはならないというのである。一方の乙線の評価は辛辣《しんらつ》だった。井上勝は、もし足利地方が従来の道では不可だというのであれば、鉄道幹線から馬車道あるいは鉄道支線を延ばせば事足りるとまで言ってのけた。第一区線との分岐駅については、「地形其他敷線ノ便」が最も優れた大宮が適切だとした。

第二区線開通に先立つ明治一八年三月一六日、大宮停車場が開業している。大宮発展の礎《いしずえ》はここに築かれたのである。

八戸を通らなかった理由

明治一九年(一八八六)以降、日本鉄道ではひきつづき、「第三区線」(白河《しらかわ》~仙台)、「第四区線」(仙台~盛岡)、「第五区線」(盛岡~青森)の鉄道建設に着手した。ここで問題となったのが、盛岡以北の第五区線の線路選定だった。明治二〇年一二月一〇日、鉄道局長官の井上勝は、陸軍大臣大山巌と一関《いちのせき》以北の建設ルートについて協議を行っている。同月二八日に大山は回答を寄せたが、「盛岡以北三戸《さんのへ》、百石《ももいし》、野辺地《のへじ》ヲ経テ青森ニ至ル部分ハ海浜ニ接シ戦時敵軍ニ破壊セラレ若《も》クハ利用セラルルノアレハ遠ク海岸ヲ離レ例《たと》ヘハ盛岡ヨリ田《でん》頭《どう》、大館《おおだて》、弘前《ひろさき》ヲ経テ青森ニ通スル如キ線路ニ改メン」ことを主張。つまり、盛岡以北の三戸~百石(現在のおいらせ町《ちょう》東部)~野辺地を経て青森に至る予定線が、海岸に接していることから強い難色を示したのである。代案として提示したのは、現在の花輪線・奥羽本線にほぼ相当する盛岡~田頭(現在の八幡平《はちまんたい》市内)~大館~弘前~青森ルートだった。内陸というか、完全な山岳ルートである。

翌明治二一年四月一八日、井上は総理大臣の伊藤博文に上申書を提出する。それは以下のような内容だった。

「日本鉄道会社鉄道盛岡青森間線路ハ客年《かくねん》十二月実測ヲ竣《お》リ候ニ付、其位置方向之儀ニ付陸軍省へ協議候処、該線ハ海岸ニ接近スルニ付盛岡ヨリ田頭大館弘前ヲ経由シテ青森ニ通

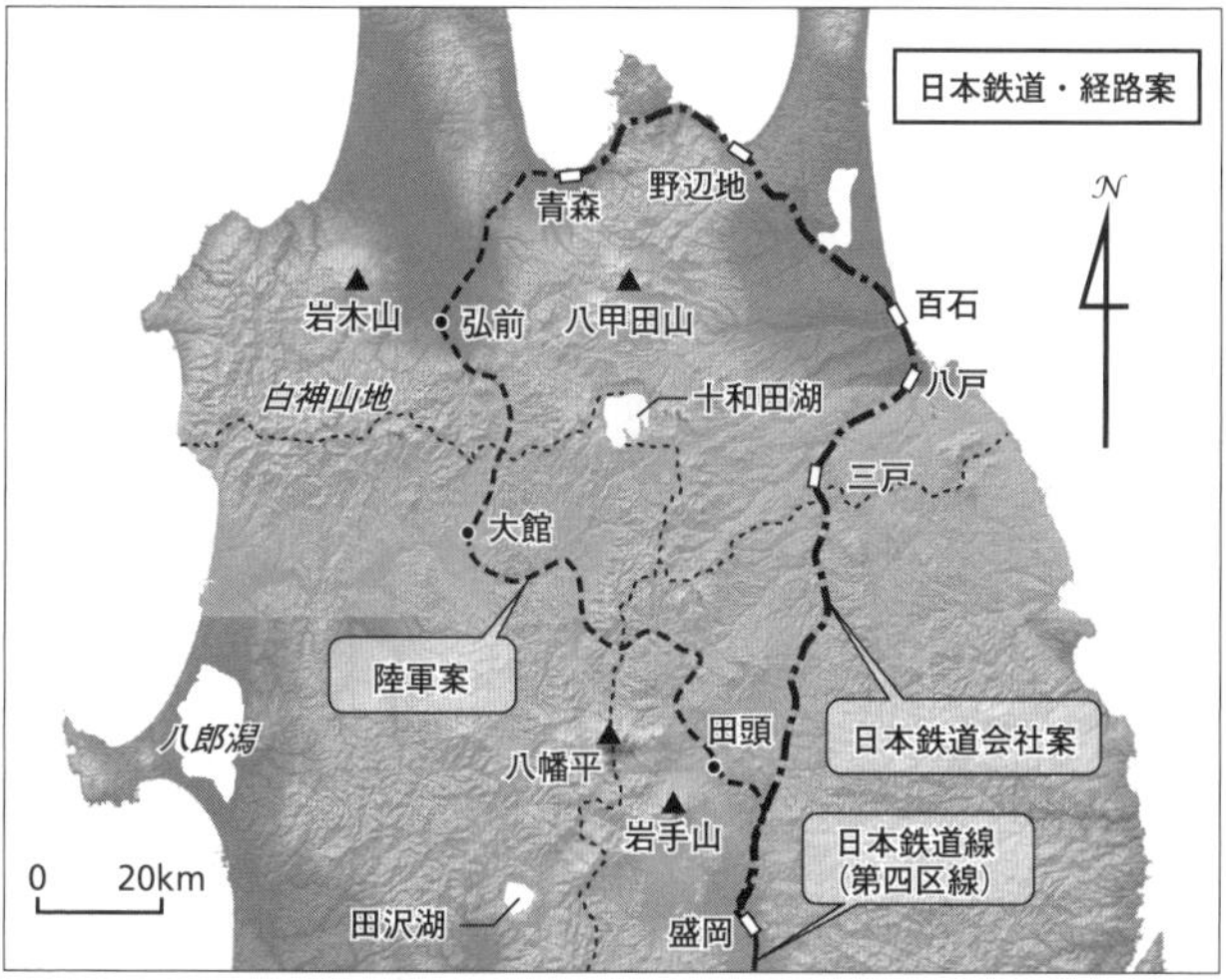

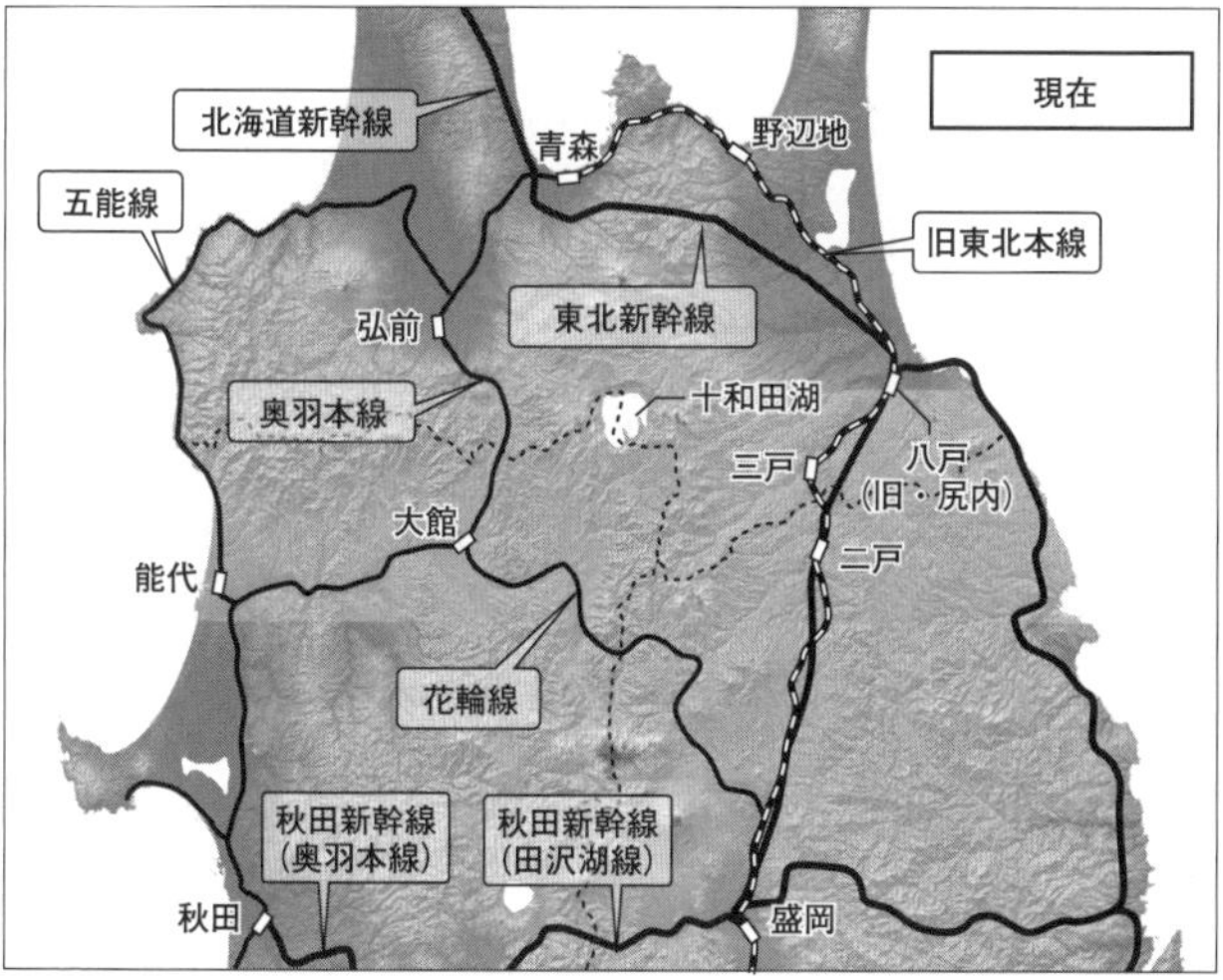

明治20年(1887)に日本鉄道が盛岡以北の鉄道線(第五区線)を申請した際、陸軍が代案として示したのが、上の図の左側に示した路線。内陸部を経由して青森に到達する。

スル様ノ線路布設致趣度、別紙甲号之通リ回答有之《これあり》、依テ右等地方ハ当初已《すで》ニ技師ヲシテ踏査セシメタルモノニハ候得共《そうらえども》、更ニ線路ノ方向地形ノ高低等ヲ概測セシメ、其結果ヲ考覈《こうかく》スルニ、布設工事甚《はなはだ》困難ニシテ費額ト施工年月ニ於テ之ヲ最前測定ノ線路ニ比スレハ非常ノ増加ヲ要スルノミナラス、仮令《たとえ》之ヲ布設シ得《う》ルモ列車走行ノ速度ハ甚タ遅緩ナラサルヲ得ス、営業費額モ亦大《またおおい》ニ増加スヘキハ瞭然ナルニ付、到底最前測量ノ線路ヲ採択スルノ外有之《ほかこれある》間敷《まじく》、尤《もっとも》線路中海岸ニ接近スル部分ハ可成《なるべく》海岸ヨリ離隔スル様《よう》変更出来《でき》候所《そうろうところ》ハ変更シ、施工スルノ計画ニ有之候旨乙号之通リ、再応協議ニ及候所《およびそうろうところ》尚又別紙丙号之回答有之、尚迂回曲折スルモ多少ノ障礙《しょうがい》ヲ避ケ少シニテモ之ニ優《まさ》ルノ線路発見致《いたし》度《たく》、若シ到底発見セサル時ハ仮令工費等ニ於テ増加アルモ願慮シ難ク、前途国防ノ大計ヨリ考察スレハ、会社営業上困難ヲ被《こうむ》ル儀ナレハ、政府ニ於テ特別ノ御処置相成可然《あいなりしかるべし》トノ意見ニ有之、然《しか》ルニ本局ニ於テハ已ニ十分ノ調査ヲ遂ケタルモノニシテ、此上《このうえ》更ニ冗多《じょうた》ノ歳月ヲ費ヤシ数線ノ測量ヲナストモ、地勢ノ全体上ニ就テ観察スルニ、今回調査シタルモノニ比シ格別優良ノ線路発見ノ見込ハ絶テ無之、元来参謀本部ニテハ兵備ノ整否ハ鉄道ノ得失ニ従フヲ以テ、大ニ鉄道ヲ改良セサル可カラサルトノ論アリテ、頃日《けいじつ》同部ニテ印刷頒布相成候鉄道論ノ如キ、専《もっぱ》ラ国防上ヨリ鉄道ノ得失ヲ論シ居候所《おりそうろうところ》、鉄道ノ得失ハ兵備ニ適スルト否トノミヲ以テ論定《ろんてい》スヘキモノニ無之、可成《なるべく》難ヲ避ケ易ニ就キ力《つと》メテ工費ノ適当ナランコトヲ図リ、其運輸ヲ営業スルニハ収支相償フノミナラス、幾分カ利益ヲ得ルヲ期セサル可《べか》ラス、要スルニ鉄道ヲシテ十分ニ殖産興業富国ノ実用ニ当ラシムルハ目今《もっこん》ノ急務ニシテ、富国ノ結果ハ自《みず》カラ兵備ニモ利用スルヲ得ヘキ歟《か》ト存《ぞんじ》候、況《いわ》ンヤ日本鉄道会社ノ線路ハ創業ノ際《きわ》ヨリ大体ニ於テ最前測定ノ線路ヲ採ルヲ予期致居候《いたしおりそうろう》儀ニシテ、其資本額ニモ又布設年月ニモ予定制限有之候モノナレハ、陸軍省回答之旨趣ノ如キハ何分実施難致事《いたしがたきこと》ト存候ニ付、最前測定ノ線路布設施工候様致度候得共、前陣《ぜんちん》之次第ニテ最早《もはや》同省ト協議スヘキ途《みち》モ殆《ほと》ント無之候ニ付、此上ハ何分ノ御裁定ヲ仰《あお》キ候無之《そうろうこれなし》、尤線路測量済ニ付テハ布設工事担任技師其他モ已ニ夫々出張為致居、且材料之準備等モ有之、今後尚工事着手ヲ遷延致候《せんえんいたしそうらえ》テハ甚差支候ニ付、速《すみやか》ニ御指揮《ごしき》相成候様致度此段《あいなりそうろうよういたしたくこのだん》具申候《ぐしんそうろう》也」

つまり、「陸軍省が主張するルートは当初すでに踏査し、今回あらためて詳細に調査しましたが、工事が非常に困難な上、工費も工期も増加するだけでなく、列車運行の速度も遅くならざるをえず、営業収支が悪化するのは一目瞭然。それゆえ最新の測量した線路を採択するほかありません。ただし海岸に接近する部分はなるべく海岸から離すように変更した計画を携え、再度陸軍省と協議しましたが、その回答によれば、『迂回や曲折してでも障害を避け、すこしでも優れたルートを発見すべきで、もしルートが発見できない場合、たとえ工費などが増加するのもやむをえない。そのときは国防の大計を考慮し、政府において特別の処置があるだろう』という意見です。しかし鉄道局は、すでに充分な調査をしたのであり、この上さらに無駄な時間を費やし測量したとしても、これ以上優良なルートを発見できる見込みはありません。鉄道の利益不利益というものは軍備にふさわしいか否かのみで結論づけてはいけません。なるべく困難を避けて通しやすいところを通し、適切な工費で利益を上げることを計画するべきです。日本鉄道会社は創業から予定ルート採用を前提にして資本額や敷設年月の制約を受けているわけで、陸軍省の回答を実施する謂《いわ》れはありません。すでに測定した線路敷設計画の実施を求めます」というのである。

ここで少しだけ陸軍省を弁護するならば、彼らが執拗《しつよう》にルートの「発見」を求めているのは、ひとつには地形図の未整備もあった。当時日本全土を覆う精緻な地形図は存在しなかった（五万分一地形図が日本の内地全土をカバーするのは大正一四年〔一九二五〕である）。したがって新規の鉄道ルートはその都度踏査して調べるほかなかったのである。それだけに、未発見のルートがあるのではないかという疑心暗鬼が生じる余地はあった。たとえば、現在の東海道本線が実現したのは、天下の嶮と謳われた箱根越えの目算が立ったからだが、それは、ひとりの測量技師が箱根で湯浴みをしていた時に、地元民の話などから、酒匂川をさかのぼる御殿場線ルートを「発見」したからなのである。

反面、井上勝にしてみれば、すでに案は出尽くしたのであり、無い袖《そで》は振れないといった心境だっただろう。それよりこの上申書で興味深いのは、次の箇所である。「元来参謀本部ニテハ兵備ノ整否ハ鉄道ノ得失ニ従フヲ以テ、大ニ鉄道ヲ改良セサル可カラサルトノ論アリテ、頃日同部ニテ印刷頒布相成候鉄道論ノ如キ、専ラ国防上ヨリ鉄道ノ得失ヲ論シ居候所、鉄道ノ得失ハ兵備ニ適スルト否トノミヲ以テ論定スヘキモノニ無之」(元来参謀本部は、鉄道が軍隊の移動に影響するがゆえに、大規模に鉄道を改良しなければならないという論があり、最近参謀本部で刊行した『鉄道論』〔註：第一章で内容紹介〕なるもののごとき、もっぱら国防上の観点のみで鉄道の利益不利益を論じているが、鉄道は軍隊の移動に叶うかどうかのみで議論すべきものではない)という参謀本部への鋭い批判である。井上勝は、鉄道国有論者ではあったが、鉄道が軍備に従属する考えには批判的だった。なお、大正一〇年(一九二一)に鉄道省が発行した『日本鉄道史　上巻』にもこの上申書が部分引用されているが、参謀本部批判のくだりは削除されている。

結局、一週間後の四月二五日、井上勝の原案どおり、今の東北本線ルートで第五区線が認可されている。回答はわずかに「稟申《りんしん》ノ趣ハ其局ニ於テ実測済ノ路線ニ依リ起工スヘシ」だけである。

八戸《はちのへ》回りに軍配が上がったわけだが、なるべく海岸から離す計画で陸軍省と協議した経緯があったからだろう。伊藤博文からの回答があった四月二五日、井上勝は現地の技師

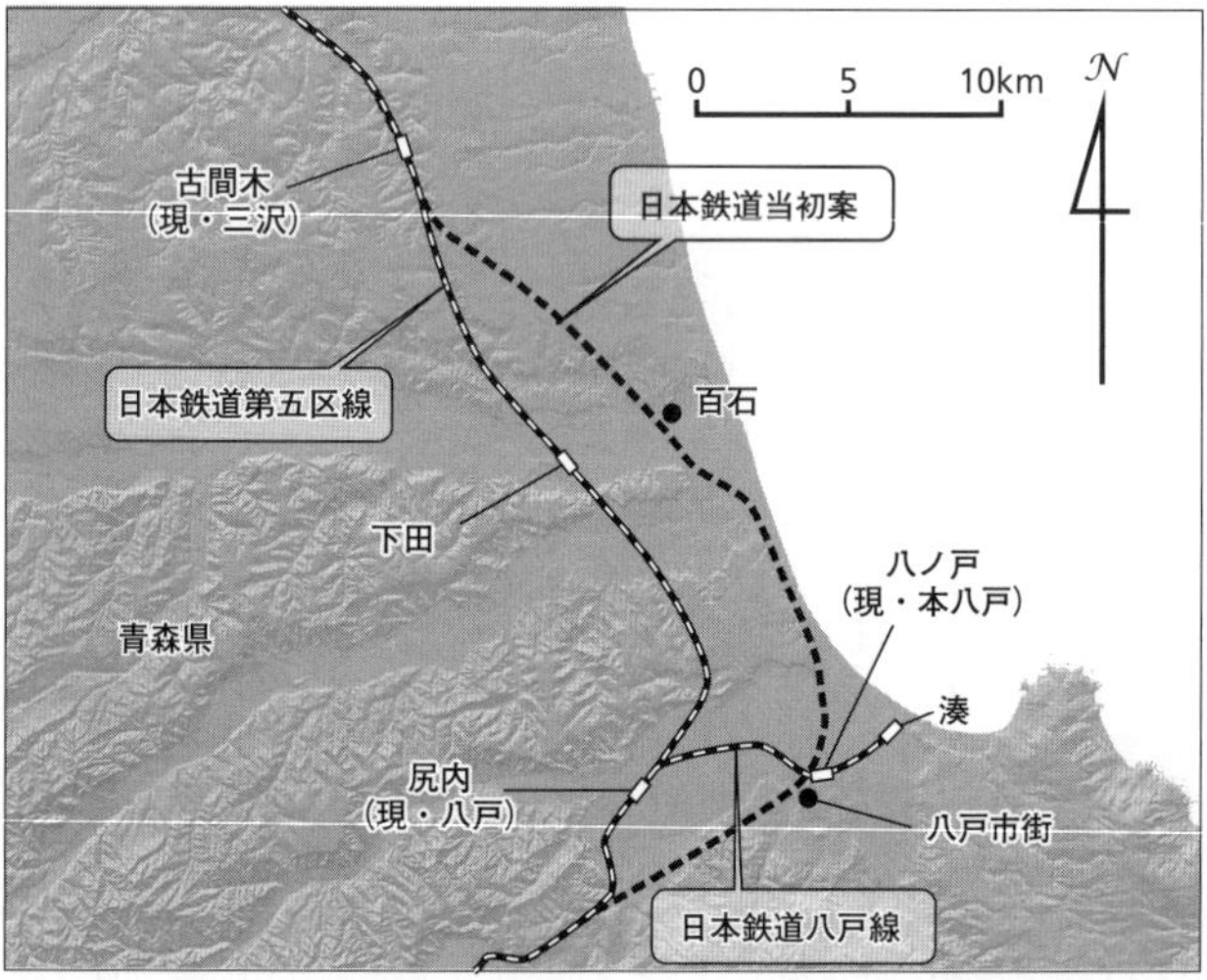

日本鉄道の第五区線は、陸軍の反対にも拘わらず原案で了承されたが、海岸から離すことが条件だった。鉄道が八戸を離れて敷設されたため、八戸までの支線が建設されている。

に電報を打ち、八戸近傍に関しては、海岸から離隔するよう指示を出した。おそらく軍部の顔を立てる意味合いがあったと思われる。こうして、海岸沿いの八戸～百石《ももいし》を通るはずだった線路は、内陸寄りの尻内《しりうち》（現在の八戸駅付近）～下田《しもだ》（現在のおいらせ町西部）経由になった。海岸からは約三キロ離れている。

古く領海が三海里（五五五六メートル）とされた根拠は、大砲の射程距離外だという理由だった。とはいえ、すでに一九世紀後半の艦砲の射程距離は約一〇キロあり、海岸線から三キロ離して敷設したとしても、海からの砲撃や敵兵の上陸の危険性が現実的な恐怖をもって論じられていた。陸軍としては、線路を多少海岸から離したとしても、もはや一度烙印《らくいん》を押した欠陥線という結論は変えなかったと思われる。ほどなく陸軍は、奥羽線という第二幹線の建設に全力を挙げるからである。

その一方、八戸から鉄道が遠のいたことで、明治二五年には新たに第五区線の支線（八戸線）の建設が決議された。明治二七年一月、尻内から分岐し、八戸（当時は八ノ戸停車場）までの支線が開業している。実は現在の八戸駅は八戸市街からはずいぶん離れており、昭和四六年（一九七一）までの約八〇年間尻内駅を名乗っていたのである（八戸線本八戸《ほんはちのへ》駅が八戸駅だった）。

日本鉄道の上野〜青森間が全通したのは、明治二四年九月一日である。その距離は四五四哩六六鎖（七三一・〇キロ）だった。開業当時、上野〜青森間の直通列車は一日一往復、下り列車の所要時間は二六時間二五分、上り二六時間四〇分だった。

東北で産する米の搬出はそれまで船に頼っていた。しかしこの鉄道の開通により、米の輸送も沿岸航路から鉄道輸送に転換した。これにより、迅速で細かな集荷が可能となり、東北米の生産高が増大したことも副次的な効果として挙げられるだろう。日本鉄道線の開通によって東北地方は、大消費地東京への物資供給地としての地位を固めるのである。

場当たり的な鉄道政策

明治二三年(一八九〇)末には、官鉄と私鉄を併せた鉄道総延長は一三九九哩(二二五一・五キロ)に達していた。その割合は、官鉄が四割、私鉄が六割である。しかも、日本列島を縦断する幹線のうち、官設だったのは東海道だけで、北海道・東北・山陽・九州の各地方では私鉄による運行が行われていたのだ。

この時点では鉄道建設・経営に関する政府の明確な方針は固まっていなかった。国の財政が窮乏した時は官鉄の建設が滞《とどこお》り、反対に私鉄建設の認可が行われるなど、そのときどきの経済状況で場当たり的な対応がなされていたのである。その結果、山陽鉄道や阪堺《はんかい》鉄道など、各地に私設鉄道が続々誕生した。また九州では、主要幹線の門司〜八代《やつしろ》を九州鉄道という私設鉄道が建設し、九州鉄道が食指を動かさなかった八代以南の路線を官設鉄道が建設するといった、本末転倒の状況も生まれていた。

これは、根っからの鉄道国有論者であり、鉄道庁長官として鉄道事業を統括する井上勝にとっては憂慮すべき状況だった。かつて井上は、山陽鉄道の建設に際して、「民間会社というのは、工事が容易で収益の高い路線を選択するもので、そのあとに政府が建設する区間は、工事困難かつ収入が少ない区間ばかりになってしまう」とこぼしたが、事態は懸念したとおりに推移しつつあった。

井上勝は、その場しのぎの鉄道政策が横行する現状を憂い、明治二四年七月、当時の総理大臣松方正義に「鉄道政略ニ関スル議」を提出する。井上の建議は、すでに官鉄・私鉄によって完成および完成見込みの一六〇〇哩(約二五八〇キロ)以外に、さらに三五五〇哩(約五七〇〇キロ)の鉄道建設が必要であると説いた上で、今後敷設する路線は採算性が悪いため、新線建設は国家的事業として政府自らが敷設するべきで、予定線の調査・測量、新線建設の着工、私鉄の買収を政府が行うべきとの考えを表明していた。原文の結論部分は、以下のような強い調子である。

「速《すみやか》ニ著手《ちゃくしゅ》スヘキ事項ヲ掲レハ左ノ如シ

一　全国鉄道布設見込線路調査及測量ノ事

二　拡張布設スヘキ線路ヲ選定シ其工事ヲ起ス事

三　私設鉄道ヲ政府ニ買収スル事」

そして、最後はこう結ばれていた。

「以上開陳スル所ハ鉄道ヲ国家ノ事業トシテ漸次《ぜんじ》全国ニ普及セシメ其利用ヲ完全ナラシムルニ緊要ナル条件ニシテ実ニ永遠ノ大計ヲ確定セムトスルモノナレハ茲《ここ》ニ別紙五通ヲ付シ進達スルニ付深ク其得失ヲ窮《きわ》メ高裁アランコトヲ乞フ」

これまで三〇年にわたって情熱を傾けてきた鉄道事業に関する総決算というか、鉄道拡張・国有化論者井上の面目躍如ともいうべき文言である。

当時、日本国内には最初の経済恐慌が起こっていた。そのため、私設鉄道も大きな打撃を受け、私鉄経営者の側からも、政府による買収を求める「鉄道買上論」が唱えられる状況が生まれていた。「鉄道政略ニ関スル議」は、私鉄経営者からもある意味、渡りに船の面があったことは否定できない。

井上が唱えた鉄道拡張と国有化論は、政府も認めるところとなり、明治二四年一一月一八日、当時の井上の上司にあたる内務大臣品川弥二郎《しながわやじろう》は、「鉄道政略ニ関スル件」を閣議に提出した。閣議でこれを修正し、一二月一八日に「鉄道公債法」「私設鉄道買収法」という二法案にまとめ、帝国議会に提出した。私設鉄道買収法案は否決され、鉄道公債法案は衆議院解散のため廃案となった。しかし翌年五月、この両法案は再提出され、さらに議員提案の「鉄道拡張法」などの法案と合わせ、本会議に「鉄道敷設法」案として提案、可決され、明治二五年六月二一日、鉄道敷設法として公布された。この法律により、鉄道建設と事業に関する国の関与がますます強まることとなる。やがてくる国有化への布石でもあった。

ところで鉄道敷設法には、北海道は含まれていない。当初の法案には「北海道線（殖民鉄道）」として具体的な路線が記載されていたものの、調査不十分だとして衆議院議員の反対に遭い、北海道線の項目全体が法案から削除されたのである。北海道内の鉄道については、明治二九年の北海道鉄道敷設法で規定されることになる。

軍部優先の鉄道建設

鉄道敷設法は、第一条こそ「政府ハ帝国ニ必要ナル鉄道ヲ完成スル為漸次予定ノ線路ヲ調査シ及敷設ス」と一般論を述べたものの、第二条で、中央線・北陸線・北越線・奥羽線・総武線及常盤《ママ》線・近畿線・山陽線・山陰線・四国線・九州線の予定区間を列挙していた。

注目すべきは、第七条である。「予定線路中左ノ線路ハ第一期間ニ於テ其ノ実測及敷設ニ著手ス」としたうえで、第二条に挙げた区間のうち、最優先に着工すべき区間を明記し、一二ヶ年で六〇〇〇万円の予算を投じて建設することを定めていた。具体的には以下の各線である。

「一　中央予定線ノ内神奈川県下八王子《はちおうじ》若《もし》ハ静岡県下御殿場ヨリ山梨県下甲府及長野県下諏訪《すわ》ヲ経テ伊那《いな》郡若ハ西筑摩《にしちくま》郡ヨリ愛知県下名古屋ニ至ル鉄道

一　北陸予定線ノ内福井県下敦賀ヨリ石川県下金沢ヲ経テ富山県下富山ニ至ル鉄道

一　北越予定線ノ内新潟県下直江津又ハ群馬県下前橋若ハ長野県下豊野《とよの》ヨリ新潟県下新潟及新発田《しばた》ニ至ル鉄道

一　奥羽予定線ノ内福島県下福島近傍ヨリ山形県下米沢《よねざわ》及山形秋田県下秋田青森県下弘前ヲ経テ青森ニ至ル鉄道

一　山陽予定線ノ内広島県下三原《みはら》ヨリ山口県下赤間関《あかまがせき》ニ至ル鉄道及広島県下海田市《かいたいち》ヨリ呉《くれ》ニ至ル鉄道

一　九州予定線ノ内佐賀県下佐賀ヨリ長崎県下長崎及佐世保《させぼ》ニ至ル鉄道及熊本県下熊本ヨリ三角《みすみ》ニ至ル鉄道

一　近畿予定線ノ内京都府下京都ヨリ舞鶴《まいづる》ニ至ル鉄道若ハ兵庫県下土山《つちやま》ヨリ京都府下福《ふく》知山《ちやま》ヲ経テ舞鶴ニ至ル鉄道

一　近畿線ノ内大阪府下大阪若ハ奈良県下高田《たかだ》若ハ八木《やぎ》ヨリ五条《ごじょう》ヲ経テ和歌山県下和歌山ニ至ル鉄道

一　山陰山陽聯絡《れんらく》予定線ノ内兵庫県下姫路《ひめじ》近傍ヨリ鳥取県下鳥取ヲ経テ境《さかい》ニ至ル鉄道又ハ岡山県下岡山ヨリ津山《つやま》ヲ経テ鳥取県下境ニ至ル鉄道若ハ岡山県下倉敷《くらしき》ヨリ鳥取県下境ニ至ル鉄道」

いわゆる「第一期線」と呼ばれたこれらの路線は、軍部が早急に建設を希望するものが大部分だった。呉・佐世保・舞鶴といった軍港、あるいは弘前・秋田・山形・新発田・金沢・富山などの聯隊衛戍地《えいじゅち》（予定地）に至る路線が列挙されていた。また、有事の軍事輸送を考慮してであろう、奥羽地方・中部地方の内陸部を縦貫する路線が挙がっていた。

私設鉄道が路線を延ばす当時の状況でも、陸軍は鉄道の一体経営という考えを捨てたわけではなかった。井上勝も陸軍もともに鉄道国有論を掲げていたが、目指すところはずいぶん離れていた。両者の念頭にあったのは、一八七九年に国内の四大鉄道会社を国有化したプロイセン政府だったと思われるが、その中身は同床異夢といっていいだろう。なぜなら、井上勝にとっての鉄道国有化とはあくまで鉄道事業の公共性に基づくものだったが、陸軍にとっては、一八七〇年の普仏《ふふつ》戦争において、鉄道輸送による迅速な動員でフランスを撃破した衝撃が、鮮烈な記憶として刻まれていたからである。

鉄道国有化への道

鉄道敷設法は、のちの鉄道政策に大きな影響を及ぼす内容が含まれていた。「既成私設鉄道ニシテ第二条ニ依リ敷設スヘキ線路ノ為買収ノ必要アリト認ムルモノハ政府ハ其ノ会社ト協議ノ上価格ヲ予定シ帝国議会ノ協賛ヲ求ムヘシ」(第一一条)という条文である。これはすなわち、政府が必要と認めた場合、私設鉄道を国有化できる道を開いたのだ。この考えは、一四年後、明治三九年(一九〇六)に公布された鉄道国有法で実現することになる。

一方、鉄道国有化を目論んだ鉄道庁長官井上勝の構想は、鉄道敷設法案審議の過程で、国有化に反対する議会勢力から修正された。成立した鉄道敷設法の第一一条「既成私設鉄道ニシテ第二条ニ依リ敷設スヘキ線路ノ為買収ノ必要アリト認ムルモノハ政府ハ其ノ会社ト協議ノ上価格ヲ予定シ帝国議会ノ協賛ヲ求ムヘシ」と第一四条「予定鉄道線路中未《いま》タ敷設ニ著手《ちゃくしゅ》セサルモノニシテ若《もし》私設鉄道会社ヨリ敷設ノ許可ヲ願出ル者アルトキハ帝国議会ノ協賛ヲ経テ之ヲ許可スルコトアルヘシ」などは、読みようによっては、私設鉄道の買収を制限するとともに新線の建設を容認する表現に変えられていた。当初の方針が骨抜きにされ、ある意味正反対となった内容に、井上は憤《いきどお》りを隠せなかった。

鉄道敷設法が施行された翌年にあたる明治二六年三月、井上勝は鉄道庁長官を依願免官した。鉄道創成期の明治五年七月以来、鉄道寮・鉄道局・鉄道庁と、名称や所管官庁(工部省・内閣・内務省)が幾度変わっても二〇年余りほぼ一貫して坐《すわ》りつづけた鉄道事業のトップの座を自ら下りたのである。鉄道庁や政府部内で孤立したことが主因だったとする見方がある一方、鉄道敷設法が自分の考えと異なり、私設鉄道敷設の道を残したことが原因だったともいう。

井上はこのあと、機関車国産の実現を目標に、日本初の車両製造会社設立に情熱を燃やすことになる。この取り組みは、明治二九年九月の汽車製造合資会社設立で実を結び、この会社は昭和戦後期にいたるまで数々の車両を世に送りだすことになる。

「鉄道会議」の誕生

鉄道敷設法では、第一五条以下に、政府の鉄道政策決定の諮問機関として、新たに鉄道会議を設けることを定めていた。

鉄道敷設法公布と同時に公布された勅令の「鉄道会議規則」によれば、鉄道会議は内務大臣の監督に属し、予定線の工事着手の順序、新設鉄道の線路・設計、私設鉄道買収の方法・順序などを審議することになっていた。いわば鉄道建設の大方針を決定する機関だったのである。これは、主として鉄道官僚中心だった鉄道政策決定の主導権が、鉄道会議に移ることを意味した。同時に鉄道建設に関する手続きの簡素化を図る意味合いもあった。それまで鉄道建設にあたっては、鉄道庁がさまざまな懸案について個別に各省庁と折衝する必要があったのである。たとえば予算については大蔵省と詰めなければならず、路線の選定にあたっては陸軍省・海軍省との折衝が不可欠であり、架橋・隧道《ずいどう》など土木工事の設計に関しては、内務省土木局との交渉が必要だった。

鉄道敷設法の施行によって、それまで方針の定まらなかった鉄道事業に一定の方向性が打ち出され、その後の日本の鉄道は、政府の指導・監督のもとで発展を遂げていくことになる。

さて問題は誰がこうした重要事項の決定に関与するかである。明治二五年(一八九二)一二月に開催された第一回鉄道会議の議長を務めたのは、陸軍の軍事作戦の立案責任者だった参謀次長の川上操六だった。前年に『日本軍事鉄道論』を著すなど、鉄道の軍事利用に関する第一人者である。議員には、内務省・鉄道庁・陸軍省・参謀本部・海軍省・大蔵省・農商務省・逓信《ていしん》省の高等官が任命されるとされ、鉄道庁長官の井上勝や、陸軍次官と軍務局長を兼務していた児玉源太郎ら錚々《そうそう》たるメンバーが名をつらねていたが、臨時議員を含めて二六名の構成員のうち、陸軍軍人が五人を占めた。単に員数を揃えただけではない。陸軍を代表する俊才である川上操六と児玉源太郎を起用したところに、陸軍の強い意向を感ずることができる。また、当初鉄道会議に経済界の代表は含まれていなかったが、鉄道事業に関心を寄せていた東京商工会議所が政府に陳情した結果、第一銀行頭取の渋沢栄一《しぶさわえいいち》が臨時議員に加わることになった。

初期の鉄道会議では、軍部が主導する幹線鉄道の広軌化と複線化がたびたび議題に上った。たとえば明治二五年一二月一五日の会議では、貴族院議員だった谷干城が「鉄道ニ付建議」を行っている。谷干城は、西南戦争の際に熊本鎮台司令長官として熊本城籠城《ろうじょう》戦を戦い抜いたことで名高い。

「一日本鉄道中央ノ幹線ハ経済上ヨリハ寧《むし》ロ軍事上ヲ主眼トス可《べ》キコト

一已《すで》ニ軍事ヲ以鉄道ノ主眼トセハ青森ヨリ東西両京ヲ貫キ馬関《ばかん》ニ達スル幹線ハ今日ヨリ

広軌道ノ主旨ヲ取ラサル可カラス
一広島ヨリ山口ヲ経テ馬関ニ至ルノ線東京ヨリ甲府ヲ経テ名古屋ニ至ルノ線福島ヨリ山形秋田ヲ経テ青森ニ至ルノ線ハ広軌道ノ手初メトシ他ノ幹線ニ当ル既成ノ分ハ漸々《ぜんぜん》変更スルコト
一支線及特別線ハ旧来ノ狭軌道ヲ用ユルコト
　但《ただし》軍港及要塞ニ連接スルモノハ成ルヘク広軌道ヲ用ユルコト」

ここでいう「広軌道」とは、欧米で広く用いられていた四呎《フィート》八・五吋《インチ》（一四三五ミリ）の標準軌を指し、「狭軌道」とは日本の鉄道開業以来用いられてきた三呎六吋（一〇六七ミリ）の軌間を指す。つまりこの建議は、鉄道幹線については、既設線を含めて、輸送力の大きな広軌で造り直せという主張である。

谷干城は、陸軍では川上操六や児玉源太郎といった主流派とは距離を置く反主流に属し、議会でも政府に反対することが多かった。おそらくこの建議についても、谷干城の義憤から発したことで、現役の陸軍首脳と示し合わせたわけではなかったのだろう。だが、結果的にこの建議については、陸軍の代弁者として振る舞ったことになる。結局のところ、この建議を実現するとすれば予算規模も莫大となるため、鉄道会議では棚上げされた格好になったが、鉄道の軌間をめぐる論争はその後も長く尾を引き、大正時代は二大政党の有力な対立点となって、鉄道政策を猫の目のように変える要因ともなった。

アプト線か普通線か

明治二四年(一八九一)、鉄道庁は東北地方二本目の鉄道幹線を予定していた。それが、山形と秋田を経て青森に到達する奥羽線だった。

内陸部を縦貫する奥羽線は、初めて鉄道が乗り入れる山形・秋田両県への経済効果もさることながら、有事を意識した路線でもあった。八戸付近で外海に面した沿岸部を通る日本鉄道線(のちの東北本線)とは異なり、海岸沿いをまったく経由しないため、敵艦からの砲撃や敵兵上陸によって破壊される心配がないのである。

日本鉄道線のルートが陸軍の思いどおりにならなかった反動もあったのだろう。明治二五年の鉄道敷設法第七条にある「福島県下福島近傍ヨリ山形県下米沢及山形秋田県下秋田、青森県下弘前ヲ経テ青森ニ至ル鉄道」の地名を追えば、徹底して内陸を通る路線であることがわかる。江戸の仇《かたき》を長崎でという気がしないでもないが、陸軍は真剣だった。清《しん》国をはじめとした、対外的脅威を深刻にとらえていたということだろう。

明治二六年の鉄道会議では、奥羽線が集中して討議されている。議論となったのは、福島~米沢間と秋田~鷹《たか》ノ巣《す》間だった。

当然ながら、山岳地帯の多い奥羽線は難工事区間が多い。なかでも福島〜米沢間は、測量した結果、最急勾配が一五分の一（六六・七パーミル）に達したため、中間の六哩二二鎖（一〇・一キロ）は直江津線（のちの信越本線）の横川〜軽井沢の碓氷峠越えと同じく急勾配用のアプト式軌道を採用する予定だった。

この区間は、「板谷《いたや》第一線」（庭坂線《にわさか》）と呼ばれた。日本鉄道の福島停車場から分岐して西に向かい、庭坂を経て山間に入り、四〇分の一勾配（二五パーミル）で松川《まつかわ》沿いに大日向《おおひなた》（福島・山形県境付近）に至る。「此間《このかん》川状屈曲岸崖《きしがけ》懸絶ノ間ヲ経過スルニ依リ深谿《しんけい》ヲ塡《う》メ岩石ヲ剷《けず》リ三百十七呎乃至《ないし》三千三百呎《フィート》ノ隧道ヲ穿《うが》ツ四ケ所百呎乃至四百二十呎ノ橋梁ヲ架シテ同川ヲ渡ル三回等工事頗《すこぶ》ル巨大ナリ夫《それ》ヨリ上流ハ地勢倍〻《ますます》険峻ニシテ普通勾配ノ範囲内ヲ以テ布線スル能《あたわ》ハサルニ依リアブ《ママ》ト式施行《ママ》ノ計画ヲ以テ二十分一乃至十五分一ノ勾配ヲ取リ二百九十七呎乃至七百七十二呎ノ隧道ヲ穿ツ四ケ所福島山形ノ県界大沢ノ深谷ヲ渡ルニ四百呎ノ橋梁ヲ架シ板谷駅ノ裏面ヲ上ル二哩程ノ所ニ於テ二千二百四十呎ノ隧道ヲ穿チ十四哩六十一鎖（福島起点ヨリノ累計ナリ以下倣之）ノ所ニ至リ僅少ノ水平線ヲ置クヲ得タリ此地本線中ノ最高点ニシテ海面ヲ抜ク二千三百八十七呎ナリ夫ヨリ十五分一ノ勾配ヲ以テ西下スル」（明治二六年二月二二日の鉄道会議速記録による）という、文字を見ただけでも震え上がりそうな険路が立ちはだかっていた。

大意は以下のとおり。「川は屈曲し断崖絶壁がつづくので、谷を埋め岩肌を削り、一〇〇～一〇〇〇メートルのトンネル四本、三〇～一三〇メートルまでの橋梁三本など、工事は大規模にならざるをえない。それより上流は、地勢はますます峻険になり、普通の鉄道では敷設が不可能なため、アプト式を施工し、五〇パーミルから六六・七パーミルの勾配で九〇～二四〇メートルのトンネル四本を掘削。福島・山形県境の大沢の深谷を渡るために一二〇メートルの橋梁を架け板谷宿の裏手約三キロに七〇〇メートルのトンネルを掘り、海抜七三〇メートルの地点から六六・七パーミルの勾配で西に下る」というものである。そこからは地勢が緩やかになり、二五パーミルの勾配で羽黒川《はぐろがわ》沿いを下り、大沢宿《おおさわじゅく》、関根《せきね》を経て、白籏《しらはた》官林を縦貫して米沢の東はずれの花沢《はなざわ》町に到達する。

実施案の「板谷第一線」のほかに二つの比較線が検討された。それが「板谷第二線」と「茂庭《もにわ》線」である。

「板谷第二線」は板谷第一線の福島県側のルートを変えたもので、松川と摺上川《すりかみがわ》の中間である福島停車場の北三三八〇メートル地点から分岐し、西に向かい、小川に接した山腹に三〇分の一（三三パーミル）の勾配で松川の岸辺に出て、板谷宿北側の山腹を回り、大沢宿を経て関根に至る路線である。この比較線は、実施案の板谷第一線と比較して、距離は一哩余りの増加に留まり、実施案と比べて勾配が緩和されるためアプト式を採用しなくても

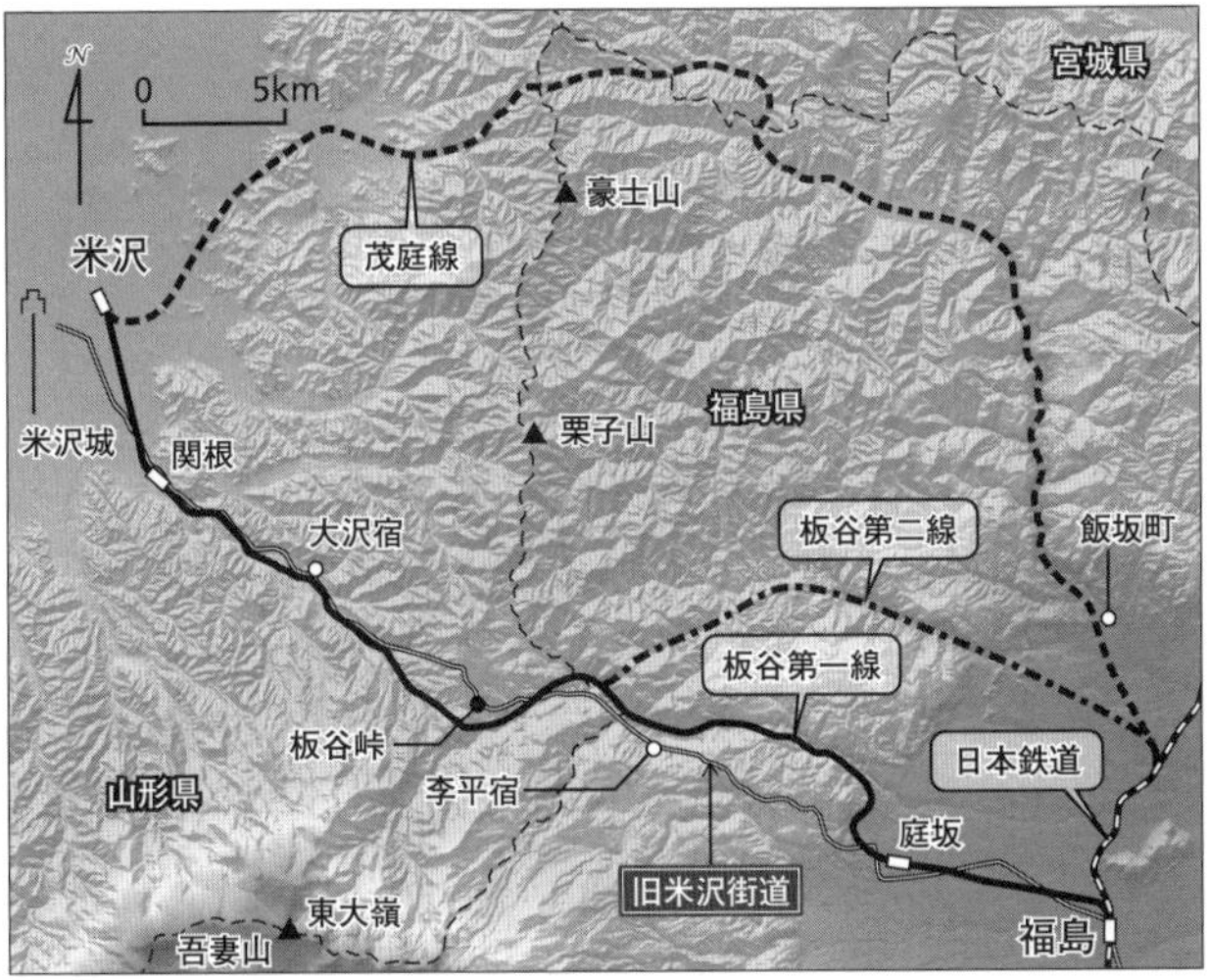

板谷第一線が実施案で、残る2線が比較案。この時点では板谷第一線の勾配が碓氷峠（横川〜軽井沢間）と同じ66.7‰だったため、アプト式の鉄道で提案されていた。

すむが、橋梁や隧道などを多数必要とするため、土木工事にかかる費用は二倍以上と見込まれた。

「茂庭線」は、板谷第二線の同位置から分岐し、飯坂町《いいざかまち》を経て山中に分け入り、湯野《ゆの》、茂庭、梨平《なしだいら》、名号《なごう》の村々を経て稲子沢《いねござわ》を詰め、茂庭峠の下に達する。山腹を蹄鉄形《ていてつがた》に迂回して和田村に下り、平野を横断して米沢に達する。最急勾配は三〇分の一（三三パーミル）だが、板谷第一線と比較して五哩半余りの増加、工費は巨額となり、「板谷第二線」「茂庭線」とも「右ノ概況ナルニ依リ到底二線トモ板谷第一線ヨリ数等ヲ下ルモノトス」と鉄道庁は判断していた。

四連続スイッチバック

鉄道会議の席上、実施案におけるアプト式の採用を問題視したのが委員の谷干城だった。速記録に曰く、「日本の鉄道は、軍事を除いてほか、どうも経済に引き合わぬ。殊《こと》に青森より秋田を経て福島に達するということをやりましたところが、到底経済に引き合うという道理はない。これを軍事について縦貫線としてこれを用いるということとなれば、それは万一の時の助けになる。しかるにすでにこの米沢よりは福島に来たる間の六哩のアブト《ママ》式というものは、これらは軍事上から最も忌むべきものである。これは一の軍事の障害と思う」（現代仮名遣い、ひらがなに直した）というのだ。輸送力が極端に落ち、軍事上の障害となりうるアプト線をやめるよう主張したのである。

おそらくそうした意見は、谷干城のみならず鉄道当局者も抱いていたのであろう。いったんはアプト式の実施案（板谷第一線）が、ほかの奥羽線区間と合わせて包括的に合意されたにも拘《かか》わらず、明治二六年（一八九三）七月一五日の鉄道会議では、「奥羽線路福島米沢間設計変更ノ件」が、鉄道を所管する逓信大臣の黒田清隆《くろだきよたか》より議案として提出され、審議されている。

それによれば、「奥羽線福島米沢間ハ板谷峠ノ嶮峻ナル山岳ヲ貫通スルモノニシテ昨年予測ノ結果ニ拠リ十五分一ノ勾配ヲ以テアブト《ママ》式ヲ用ルモノト三十分一ノ勾配ヲ以テ普通ノ機関車ヲ用フルモノトヲ比較セシニ三十分一線路ハ工事困難ニシテ工費モ多額ニ上ルヲ以テ十五分一線路ヲ採用スルモノトシ鉄道会議ニ於《おい》テモ之ヲ是認セシカ本年四月以来建築準備ノ為メニ更ニ精細ナル測量ヲ施シ略《ほぼ》ホ之ヲ完了セリ其結果十五分一線路モ予測ノモノヨリハ頗《すこぶ》ル改良ヲ加ヘ工費ニ於テモ五万余円ヲ減額シ得ルノ見込アリ而《しか》シテ三十分一線路ハ非常ニ改良変更ヲナスコトヲ得タリ今此三十分一新線ヲ以テ曩《さき》ニ議決セラレタル十五分一線ニ比スレハ其工費ノ差ハ三十七万余円ニ過キスシテ改良ヲ加エタル十五分一線ト比スルモ其差額ハ四拾弐万余円ニ止マレリ依テ熟考スルニ本線ハ奥羽ノ幹線ニシテ可成《なるべく》運輸上効力ノ多キモノヲ撰定スルノ必要アルハ論ヲ竢《また》サルモノナレトモ工費ニ於テ莫大ノ差異アルヲ以テ十五分一ノ勾配ヲ採ルノ不得止《やむをえず》ニ至リタルモ其差異四拾弐万余円ニ止マル以上ハ寧ロ三十分一線ヲ採用スル方将来運輸上大ニ得策ナルヘシ

　元来急勾配線ヲ用ルノ必要ト利益ハ勾配ヲ急ニスルカ為メニ大ニ距離ヲ短縮シ得ルノ場合ニ於テ最モ顕著ナリト雖《いえど》モ本区間ノ地形ハ自然ノ傾斜概ネ三十分一ナルカ故ニ勾配ノ緩急ハ距離ノ長短ニ比例ヲ及ホサヽル一種特別ノモノタルハ今回ノ実測ヲ以テ復タ疑ヲ容レタルニ至レリ是レ三十分一線ニ於テ非常ナル改良ヲ施スヲ得タル一原因ナリトス右理由ナルヲ以テ十五分一勾配ノ設計ヲ変更シ三十分一勾配ト為シ工事ヲ施行スルヲ允当《いんとう》ナリト認ム

右ノ如ク設計ヲ変更スルトキハ奥羽線路工費予算全体ニ対シ三拾七万余円ノ増額ヲ見ル

ト雖モ他工区ノ工事施行ニ就キ予算上ヨリ減額シ得ル場合アルヘキヲ以テ其決算ニ至テハ大差ヲ生セサルノ見込ナリ」

大意は次のようになる。

「奥羽線の福島～米沢間は峻険な山岳を貫通するもので、昨年予測した一五分一(六六・七パーミル)の勾配でアプト式を用いる板谷第一線と三〇分一(三三パーミル)勾配で普通機関車の用いる比較線(板谷第二線、茂庭線)とを比べた結果、三〇分一線(板谷第二線、茂庭線)は工事困難で工費も多額に上ることにより板谷第一線を採用するものとし、鉄道会議でもこれを認めた。ところが本年四月以来建設準備のため精細な測量をした結果、一五分一線(板谷第一線)も当初予測より改良を加えれば五万余円の工費の減額が可能な見込みである。しかしながら三〇分一線(註：ここでは板谷第一線の改良案)は非常な改良変更が可能なことが判明した。三〇分一線を先に議決した一五分一線と比較すれば工費の差は三七万余円にすぎず、改良を加えた一五分一線と比較してもその差額は四二万余円に留まる。よくよく考えてみれば、この路線は奥羽地方の幹線にして、なるべく輸送効率の良い案を選定するのは当然である。工費に莫大な差異を生ずるのであれば一五分一勾配のアプト線を採用するのもやむをえないが、その差がわずか四二万余円にとどまる以上、むしろ三〇分一線を採用する方が将来の運輸上大いに得策である」と現状を分析した上で、「元来急勾配線にしなければならない必要と利益は、勾配を急にする代わり大幅に距離が短縮できる場合に最も顕著なのだが、本区間の地形は自然の傾斜がおおむね三〇分一なるがゆえに勾配の緩急が距離の長短に比例しない一種特別の場所であることは、今回の実測により確信を深めた。以上により、一五分一勾配の設計を変更して三〇分一勾配として工事を施行することが理にかなっていると認識している」とつづける。要は、当初一五分一の勾配でアプト式でなければ列車の通行が不可能と思われた板谷第一線のルートでも三〇分一の勾配に収める見込みが立ったので、この区間を普通鉄道で建設したいという提案である。アプト式を普通鉄道に改める件は鉄道会議委員の全員が賛成してすんなり決まった。

福島〜米沢間は、明治二六年一〇月から測量が始められ、翌年二月、平坦部の福島〜庭坂間五哩九鎖(八・二キロ)を着工。順次西進することとなった。板谷峠越えの工事は難航を極め、庭坂停車場から赤岩付近までの三哩六〇鎖(六・〇キロ)地点まで、材料運搬目的の手押し(動力は人力と馬力)軽便《けいべん》鉄道を敷設している。

結局この区間はルートを変更してアプト式を避けたわけだが、最急勾配三〇分の一(三三パーミル)(実際には一部三八パーミルの勾配も存在)という急勾配区間であることに変わりはなく、途中のトンネルも一九ヶ所、橋梁は三〇ヶ所にのぼった。勾配緩和のため、途中の板谷と峠《とうげ》の各停車場がスイッチバック構造になったほか、赤岩・大沢の各信号場(のち停車場に格上げ）もスイッチバックとなっていた。ここでいうスイッチバックというのは、急勾配を緩和するのと斜面に停車場を設けるため、Z字型に造られた線路を指す。四連続スイッチバックというのは全国でもここだけで、それほど険しい山岳路線だった。

余談になるが、峠駅前に立地する峠の茶屋は、旧米沢街道にあった助《たすけ》茶屋を継承したものだといい、峠停車場が開業した明治三二年に旧街道沿いから現在地に移転している。峠の茶屋では今も峠の力餅が作られており、峠駅ホームでは昔ながらの立売風景が見られる。ぜひ現地で味わってほしい。

一九本のトンネル工事

奥羽本線の板谷峠越えは、碓氷峠（信越本線横川～軽井沢《かるいざわ》）、箱根越え（東海道本線国府津～沼津《ぬまづ》）、瀬野八《せのはち》（山陽本線八本松《はちほんまつ》～瀬野）、矢岳《やたけ》越え（鹿児島本線人吉～吉松《よしまつ》）と並んで、鉄道の難所として天下に名を轟かせた。箱根と矢岳越えが線路付け替えで本線からはずれた昭和期になっても残る三ヶ所は機関士泣かせだったのである。

最も難渋したのが、一九本ものトンネル工事だった。なかでも第一六号板谷第二隧道（板谷大隧道）は、板谷峠直下にあって、長さ五三四三呎（一六二九メートル）。当時は国内最長だった。しかもトンネルは、標高二〇五五呎（六二六メートル）の高さにあったから、手

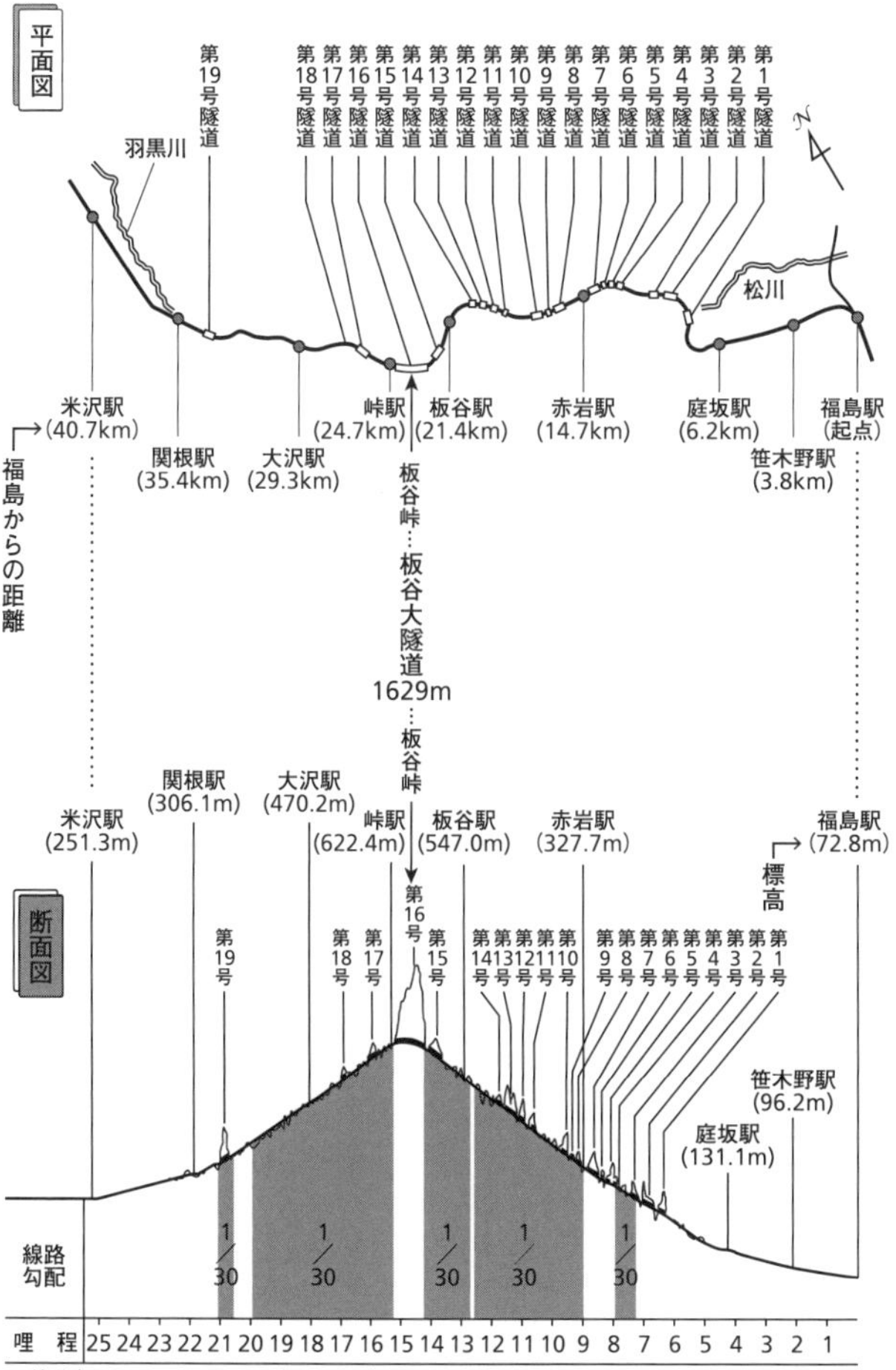

※線路勾配 1/30 は 33.3‰(パーミル)

福島～米沢間の平面図と断面図。急勾配のため、赤岩・板谷・峠・大沢の４駅にはスイッチバックが設けられた。現在は改軌され、山形新幹線の車両が難なく通過してゆく。

前の第一五号板谷第一隧道（一五二一呎〈四六四メートル〉）とともに全区間中最も難しい工事となった。材料や労働者の食料などを軽便線や荷駄《にだ》で板谷宿まで担ぎ上げ、それをさらに人力で現場まで運ぶのである。そのため、板谷宿から板谷第一隧道の東西坑口、板谷第二隧道の東口まで一哩四〇鎖（二・四キロ）の軽便線を敷設し、板谷第二隧道の西口までは二軒助《たすけ》の物置場から羽黒川の渓谷沿いに半哩（〇・八五キロ）の軽便線を敷設している。

板谷峠近い尾根の直下には、深さ約九〇メートルもの巨大な立坑を掘っている。当時は換気用のコンプレッサー（導入されるのは二年後の中央本線小仏《こぼとけ》隧道工事から）もなく、坑内は照明のカンテラの油煙や爆薬から出るガスが充満していたというから、排煙目的だったのだろう。開業後もこの立坑は機関車の排煙用煙突として活躍した。急勾配の区間は石炭をたくさん焚かなければならず、したがってトンネル内に煙が充満するため、機関士はつねに窒息の危険と隣り合わせだったのである。

明治二七年（一八九四）一〇月に着工した板谷第二隧道は、明治二八年一一月に導坑が貫通、明治二九年六月に竣工した。難工事を見越して早期着工した福島〜米沢間は、明治三二年五月一五日に開業の日を迎えている。明治一一年に入域したイギリスの旅行家イザベラ・バードが「エデンの園」に喩え、「アジアのアルカディア（理想郷）」と激賞した置賜《おきたま》の地に、鉄道が初めて乗り入れたのである。

児玉源太郎の大演説

福島～米沢間は、山岳地帯をどうやって越えるかという方法論に関する問題だった。だが、秋田～鷹ノ巣間は、幹線鉄道敷設の目的を根本から問う原則論をめぐるものだっただけに、議論は紛糾した。鉄道庁が用意した路線案が四つ存在したことだけでも、その難しさが理解できるだろう。まずはこの四案を説明する。

実施案（最有力候補）は、「仁別《にべつ》線」という内陸案である。秋田から旭川《あさひかわ》に沿って上流を目指し、濁川村《にごりかわむら》、仁別村を経て、仁別川に沿ってさらに上り、銚子の沢を詰めて新城《しんじょう》山脈に九五七〇呎（約二・九キロ）のトンネルを掘り、馬場目川《ばばめがわ》上流に出て、渓谷に沿って北ノ又、落合を経て山内川《さんないがわ》の渓谷に沿って笹森峠に一万四〇五八呎（約四・三キロ）のトンネルを穿《うが》ち、南沢に出て小阿仁川《こあにがわ》に沿って下り、大阿仁川と米代川《よねしろがわ》沿いに鷹ノ巣に達するというものだった。秋田から鷹ノ巣までは四五哩七二鎖（七三・九キロ）で、山岳地帯を通過するため、勾配は最大四〇分の一（二五パーミル）。当時最長のトンネルだった敦賀線（のちの北陸本線）の柳ケ瀬《やながせ》隧道でさえ、その長さが四四三六呎（一三五二メートル）だったことを考えれば、鉄道庁自身、議案の結論部分に「土工モ巨大ニシテ且《かつ》困難ノ区域トス」と記したのも無理はなかった。

「仁別線」に対抗しうる有力な比較線が「檜山《ひやま》線」だった。結果を最初に漏らしてしまうようで気が引けるが、檜山線は、能代《のしろ》付近を除いてほぼ現行の奥羽本線と同じルートである。

「仁別線」と「檜山線」の比較が八四〜八五ページの別表である。表を見れば一目瞭然だが、仁別線がまさっていたのは距離の短さだけで、そのほかの項目はすべて檜山線が優れているという結果が出た。

このほかの比較線として、「五十目線《ごじゅうめ》」と「能代線」が挙がっていた。「五十目線」は、「仁別線」と「檜山線」の中間ともいえるもので、途中までは「檜山線」のやや内陸寄りの平野部を進み、五十目(五城目《ごじょうめ》)に出た後は山内川(富津内川《ふつないがわ》)を上り、一九〇呎(約五八メートル)と五二八呎(約一六一メートル)の二本のトンネルで落合に抜け、あとは仁別線と同じ。「能代線」は、「檜山線」の途中区間のみ異なるもので、鹿渡《かど》から分岐し、八郎潟《はちろうがた》に沿って鵜川《うかわ》を通り、能代に到達するもので、能代からは折り返して米代川を上り、鰄淵《かいらげふち》や扇田《おうぎた》を経て「檜山線」に再び合流する。「能代線」は、「檜山線」よりも五哩七四鎖(九・五キロ)大回りしているが、建設費は一五〜一六万円減少する見込みだった。「檜山線」の鹿渡〜鶴形《つるがた》間が山あいを通る関係で、距離は短くても余計にかかるのである。また、「檜山線」と「五十目線」の建設費の差はだいたい二六一万四〇〇〇円と見積もられていた。つまり費用だけを考えた場合、「能代線」「檜山線」「五十目線」「仁別線」の順にすぐれて

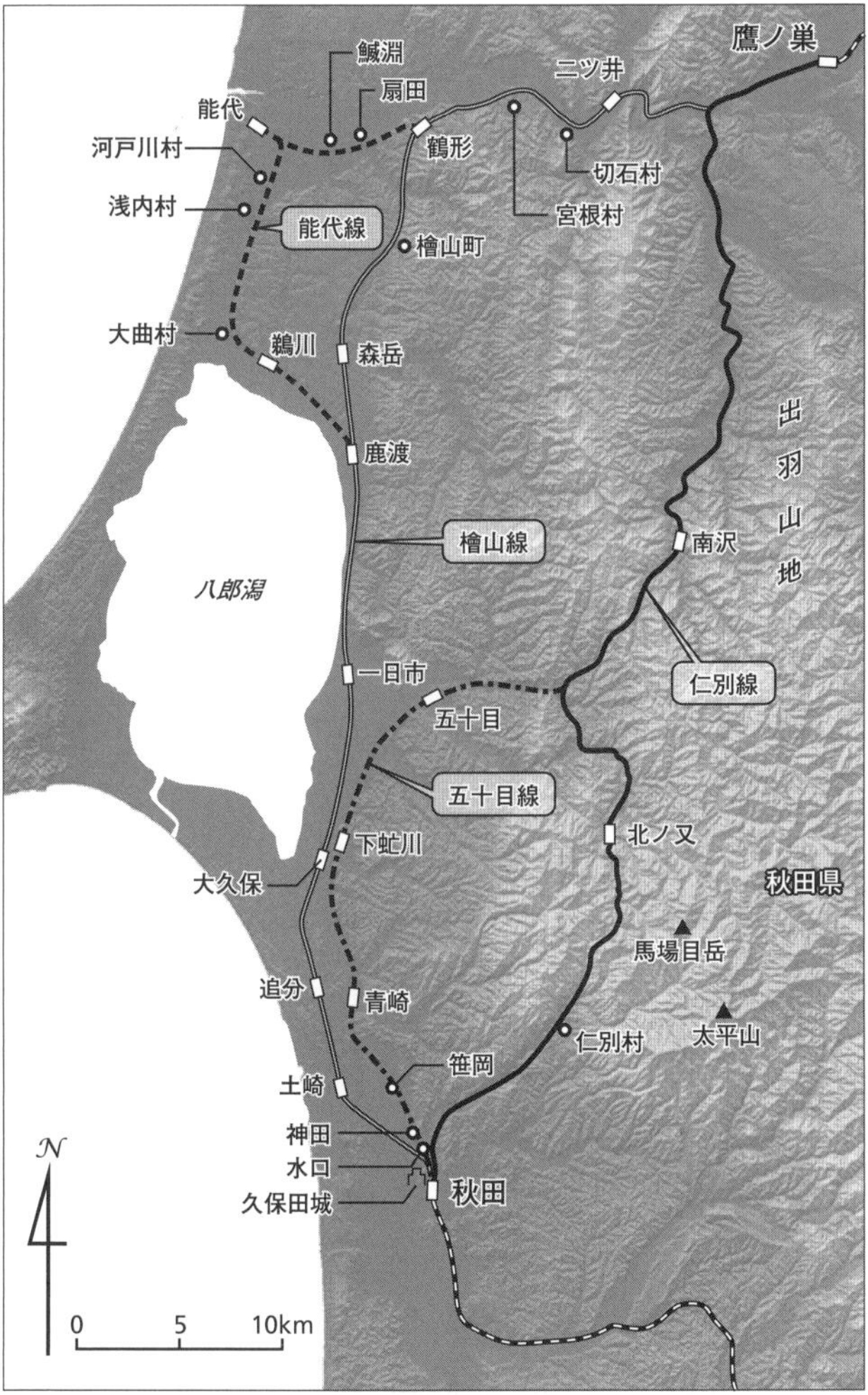

仁別線が実施案で、他の3線が比較案。全区間内陸を通るはずだった奥羽線が、鉄道会議の激論の末、秋田以北だけ海岸沿い（ほぼ檜山線経由）を通るように変更された。

隧道	隧道延長	停車場数	建設費	1哩あたり建設費
33	5万6790呎（17310m）	45	2108万1859円	7万2340円
30	2万8574呎（8709m）	48	1585万7658円	5万3155円
3	2万8216呎（8600m）	-3	522万4201円	1万9185円

いることになる。

秋田～鷹ノ巣間の距離で比較するならば、「能代線」が五八哩五八鎖（九四・五キロ）、「檜山線」が五二哩六四鎖（八五・〇キロ）、「仁別線」は四五哩七二鎖（七三・九キロ）。「五十目線」の距離は明示されていないが、「檜山線」と「仁別線」の中間程度である。

渋沢栄一や伊藤大八《いとうだいはち》、箕浦勝人《みのうらかつんど》、村野山人《むらのさんじん》、田村太兵衛《たむらたへえ》といった実業家出身の委員は、「檜山線」あるいは「能代線」を推す肚《はら》づもりのようであった。山形郡部選出（月山《がっさん》山麓の西村山郡海味村《かいしゅうむら》生まれ）の代議士佐藤里治《さとうさとじ》も同様である。午後一時五分、議長の川上操六は休憩を宣言する。ところが四〇分後に再開された議事で、劣勢を悟ったためか、陸軍の児玉源太郎が、実業家委員の勢いを押しとどめようとするかのような大演説をぶつ。速記録は児玉の口吻《こうふん》まで伝えている。

「十五番（註：議員は番号で呼びあうのが通例で、児玉は「十五番」だった）は、一寸《ちょっと》奥羽線について、軍事上の目的より仁別線を

奥羽線・福島〜青森間比較表

案	距離	土工	橋梁数	橋梁延長
仁別線経由（換算値）	291哩34鎖（469.0㎞）	428万7232立坪（25.77㎦）	237	2万3899呎（7284m）
檜山線経由（換算値）	298哩26鎖（480.1㎞）	356万1388立坪（21.41㎦）	202	2万2722呎（6926m）
両者の差（換算値）	-6哩72鎖（-11.1㎞）	72万5844立坪（4.36㎦）	35	1177呎（359m）

仁別線が実施案で、檜山線が比較案（代案）。仁別線の距離が若干短いことを除けば、すべての点で檜山線の条件がまさっていた。ただし陸軍は、内陸部を通る仁別線を推した。

賛成いたします。しかるに、ただ今の有様で見ますると、仁別線は、檜山線とは全然この会議に出ました、ほとんど比較線というような有様をこの議場に現出しました。いかにもこの経費の点について見ますると、五二二万余の差があるように思います。またその間に檜山線と仁別線との間に、またほかに能代に廻《まわ》るということがもう一つ出て、それから一つは五十目線というのも出ましたが、これはいずれになりましょうか、とにかく奥羽線の軍事に必要ということにつきましては、そもそも縦貫線の定まる、斯《か》くの如く青森から福島まで行かなければならぬというのも、その因《よ》って起きるところがあるであろうと思う。すでにただ今、日本鉄道会社で持っておりまする線が青森まで達しております。それにも拘わらず、特に縦貫線としてこれを撰《えら》まなければならぬというのは、いずれの点にあるかと申しますれば、青森付近の海岸に露出しておって、これは軍用の目的の達せられぬというところから、この縦貫線が起こった。して見れば今後計画するところの他はとにかく、奥羽縦貫線については海岸を離れて軍事の目的に叶うというようにというのがこの主眼であろうと思います。全体最初にこの全体の鉄道計画というものについて銘々《めいめい》どもが一番深く考え、またそのために深く御論じにならんと申しますものは、このうちにもおのおの緩急と申しましょうか、是非この、無くてならぬという場合こういうことを希望するという場合と二つがございましょう。是非とも、こう無くてはならぬという問題はすなわち仁別線であります。それとすでに決せられた八王子線と御殿場線というものである。八王子線と御殿場線というものは、満場の諸君が軍事に重きを容れられて多数をもって八王子を御決定になりました。この精神をもってこの議場に推される以上はこの仁別線に決まることとは自分は信じておりますし、先刻から御質問なり、あるいは飯食い話なりに(註：奥羽線の議論は昼食を挟んで再開された)経済上の比例なり、あるいは鉄道の工費なりの点について見ますれば、いかにも大いなる差が生じております。すでに檜山線と五十目線とは三と六、それから上《のぼ》って仁別線にいけば三と九という違いが出て、つまり仁別(線)と檜山(線)の差は五二二万円という大差を生じております。しかるにこの大差は免かれない大差である。すでに前々来、十九番即ち谷中将(註：谷干城)閣下でございましたか述べられまして、この鉄道の経済の上についてはこの軍事の経済と比例を立て、これを深く考えなければならぬということは、あるいは今の鉄道の敷設をもし誤れば、場合によれば今より兵を増やさなければならぬ場合を生じてくるかもしれぬ。これを軍事の目的に叶うように敷設しておけば、ただ今の兵でなおこれに倍するということもございますまいが、幾分かこれより以上の働きを生じてくるゆえに、この鉄道の経済というものは、国家経済とこれこれの関係を生じてくるということを深く論ぜられたように考えます。これもすなわち、その点であろうと思います。ただ今、工費の点について斯くの如く差を生じまするが、一《いっ》朝事《ちょうこと》あった時分にこのただ今の工事の差は購《あがな》い得るということに、ここに一つの考案を立てなければならぬ本《もと》になると考えます。のみならず、行政上の鉄道経済においても、いくぶんか檜山線よりは仁別線の方がよろしいということも鉄道に詳しい方より承ったこともございます。いかにもそうでございましょう。しかしその行政の経済のためにこれを一朝軍事の目的に叶わない檜山線を採りましたならば、やはりただ今、日本鉄道会社が架けております盛岡青森二間の線路と同じ性質を持つものである。もちろんこの法律となって縦貫線を貴《たっと》ばれたのは、無くては叶わぬから縦貫線を択《えら》ばれたという精神に毫《ごう》も相違ありませぬ。つまり極論をすれば、すでに秋田から先の奥羽線というものは暫《しばら》く不用だということに、あるいは論じ及ぼしようと思います。しかしすでに斯《か》く大体が決まって、この鉄道を敷設するという暁になって見ますれば、為し得るかぎり最初の縦貫線というものの目的を違えないようにしなければならぬ。また、これもいかにも人の力で為し得られぬということならば致し方のない次第でありますが、幸いにこの仁別線というものは、出来るには出来るに違いありませぬが、ただ工費の上において檜山線に比して高くかかるというだけであります。これだけをもって斯くの如く重大なる軍事の目的を顧みぬということになりましては、ほとんど秋田以北の鉄道は、有っても無くてもよろしいというくらいに極論し得ることができるだろうと思う。もはや軍事の海岸に出てはならぬということは諸君も十分これまでに御承知のことでありますから、ことさら私が述べぬでもよろしいと思いますが、かような関係を持っておるものでありますから、銘々の考えではほとんど比較線という考えを持っておられますが、私は比較線となってここに上るべきものではあるまいと思います。しかし現在平坦な地形があって、鉄道にはしごく適当な地形があるものを当局者が見捨てそれを御考えの中に置かれぬということは、またできぬ次第でありますから、これはここに出ましたことも困《くる》しからぬ次第でございますが、精神上から申せば、たぶん他の総体の諸君も仁別線に御賛成になることとは考えますが、自分はこの仁別線に賛成することにつきまして、ただ今申し述べておきたいと考えます」（原文を現代仮名遣いとひらがなに変え、句読点を補った。以下同じ）

児玉源太郎発言の大意をかいつまんで要約すれば、「軍事上の観点から仁別線に賛成します。経費の点だけを見ればたしかに五二二万余円の差があります。しかし、日本鉄道会社の路線（のちの東北本線）の盛岡〜青森間が海岸沿いを通るがために、これでは軍用目的が達せられぬというところから今回の奥羽縦貫線の議論が起こったわけで、この線については、軍事目的にかなうように海岸から離すというのが前提だったはずです。八王子線と御殿場線の問題（第一期線に定められた「中央予定線」の甲府に、八王子と御殿場のどちらから接続するかの議論）では、全員が軍事の重要性を理解して八王子接続に決まったわけですが、今回もその精神で仁別線に決まることと信じています。工費の点について大差があるのも事実ですが、有事の際に十分帳消しになることを考えなくてはいけない。もし内陸を通る路線が技術上不可能とあれば別ですが、幸い仁別線は開通できます。仁別線の問題は、工費の面で檜山線より余計掛かるということだけなのです。この点のみことさら取り上げ、重大な軍事目的を顧みぬということでは、秋田から先の奥羽線はしばらく不用とさえ考えます。この件に関して比較線という考え方はふさわしくないと思います」

懇願からはじめて、最後の方はほとんど恫喝《どうかつ》になっている。要は、費用には目をつぶり軍事上の観点から仁別線に決めてほしいと、軍の立場を代弁しているのである。もし海岸沿いに敷設すれば兵を増やさなければならない事態を招くという詭弁《きべん》にも似た「論理」は、陸軍の参謀本部が明治二一年に上梓《じょうし》した『鉄道論』そのままの内容だった。明治陸軍のスタンスがあからさまに出た発言といえるだろう。

渋沢栄一の反撃

しかし児玉源太郎の直後に発言した渋沢栄一は、まったく意に介せずといったふうに、「能代線」を推した。この自信は、持論に合理性があるというだけでなく、午前中の議論や昼食での会話で、檜山線が多数派であることを確信したのかもしれなかった。産業界の意見を代弁しているという自負もあったのだろう。渋沢栄一の特徴ある口ぶりを伝えるために、こちらもまずは原文を引用する。

「この奥羽線につきまして、原案も詳《つまび》らかに拝見し、質問も丁寧に承りました心得でござります。しかし私どもはその実地を経過しました場所もあり、もしくは経過せぬ場所もございまするで、甚だ地の理に詳《くわ》しうないのは、いかにも遺憾千万に存じまする。しかしこの原案により、あるいは説明によりて詳かに考えてみましたところでは、私は仁別線には全くの反対でござりまして、檜山線に賛成を致したい。一歩進めて、むしろこの附記してございまする能代線というものを採用致したいとまで希望致します。ちょうど十五番（註：児玉源太郎）の御説と正反対になるように考えます。今十五番の御説は縦貫線に重きを置いて国家捍衛《かんえい》上から縷々《るる》述べられました。我々といえども国家の捍衛を重んぜぬことはありませぬ。国防は大事なということは、いかに商売人百姓でも皆覚えておるべきことであります。さりながら、この鉄道会議がもしその点のみでするものであったならば、我々ごとき者がこの会員を任命されるはずはない。すなわちこの商売興業ということを共に含味したものであろうと私は信じまする。しかるうえには、我々の満腔《まんこう》にあるだけの説は、もし反対するために国家捍衛の心掛けが薄いと御叱りをこうむるとも御憤りをこうむるとも申さねばならぬと考えます。今もしも線路を貫通するについて仁別線(註：檜山線の間違いだと思われる)を採るならば、秋田に止《とど》めてもよろしいではないかということの十五番は御説でござりましたが、元来この鉄道というものは途中にちぎれることがよろしいというものであるか、それは甚だ不利であると私は考える。で、この仁別線を採るというは、ただまったく海に近からざらしめんために申さば、商売とか工業とかにはいささかも利益のない線路を採ったと申さなければならぬ。而《しか》してその費用はいくら違うというと、ここに附記してある能代線から比較すると、五三八万円概算相違を生ずるです。鉄道の経済というものの将来について、一と三との差を予算上にも見ておる。里程はなるほど能代を通ると一二哩以上延びますが、能代を通るためにこの鉄道の経済が仁別線より増すということは、細かに調べは致しませぬけれども、ほとんど経済上想像し得らるることと私は考えるのでござります。而してこの能代という場所が、港も適当でない、人家も左《さ》まで稠密《ちゅうみつ》というものでない、貨物の聚散《じゅさん》すべきほどの価ある土地ではないということに聞き及びますけれども、これは他の立派な場所から比較したので、とにかく縦令《たとい》遠浅たりとも港湾を備えてある、彼辺《あのへん》について秋田人のすべて謂《い》うところは、秋田土崎《つちざき》、つづいてまず能代であると申します。必ずそれだけの秋田地方の貨物を聚散せしむる寄せ場たることは、必ず持っておると思う。寄せ場たることを持っておれば、それに附属するその地方地方も必ずあるに相違ない。五〇〇万円以上価を安くし、斯かる将来に経済の見込みのある場所を除いて、縦貫線だからその方だけにすると言えば、我々どもこの議席に列したのは何の了見で連なったか訳がわからぬと言わなければならぬ。ゆえに徹頭徹尾十五番に反対、すなわち能代線を私は採用致したいと考えます」

大意は以下のとおり。

「私は仁別線には全くの反対であります。国防が大事なことはこちらも理解しているつもりです。しかし鉄道会議がもし国防の観点のみ考えるのであれば、そもそも我々のような者が任命されるはずはない。つまり、商売や産業についても考慮すべきだという含みをもたせたものと確信します。それゆえ、国防の心掛けが薄いとお叱りを受けようが、主張すべきは主張せねばなりません。海岸を通すくらいなら鉄道を秋田止まりにしてもいいという意見でしたが、元来鉄道というものは分断されていては非常に不利益があると思うのです。まず、内陸を通る仁別線というのは、商売とか工業とかには全く利益がありません。能代線と比較すると仁別線の工費は五三八万円も余計にかかります。たしかに距離は、能代廻りだと一二哩（註：一九・三キロ）以上延びますが、能代を通ることで鉄道収入が仁別線より増加するのははっきりしています。能代という場所は、良港でもなく人家もさほど多くなく、貨物の集散地として価値がないと聞いたことがあります。けれども、これはほかの立派な場所と比較してのことであり、たとえ遠浅でも一応の港湾設備を備えた能代の町は、秋田、土崎に次ぐ存在だと秋田人は皆言います。秋田地方の物資の集散地になり得る存在であります。五〇〇万円以上工費も安く済み、かつ将来有望な土地を通さないで、縦貫線だから仁別線しか選択の余地がないというなら、我々が会議に参加したのは何の意味があるのでしょう。それゆえ私は仁別線を推す意見に徹頭徹尾反対し、能代線の採用を求めます」

語調こそ慇懃《いんぎん》だが、一歩も退かなかった。再び児玉が発言を求めた。

「いかにもごもっともでございます。二十四番（註：渋沢栄一のこと）がこの席に列したのは、斯くもあるべき意味合いからこの議場に御出になったと思いますが、それは私は御論じになるのは平時にあると思います。すでに、あるいは直江津線とかあるいは北越線とかいう如きものにつきましては、銘々どうも致し方がなく、つまり御譲り申すような次第でございますが、これはおのおの考えのあって、そう致しますことでございますが、この線におきましては、銘々どうも御考えの下しようが無いのでございます。いかにも能代に出て、あの平原を通って行くということが経済の上から見ればよろしいに違いない。それは自分も承知しておる。あるいは能代の港は悪いにしたところが、ただ今の御説のとおり、北海の一の港に違いない。いかんせん、軍事の目的というところについては、ことさら能代に出れば、甚だ悪くなります。で、御考えを私がただちに悪いという次第でもございませぬが、この縦貫線というものは、いかなる働きをいずれの時期に足すものであるか、あるいは軍《いくさ》というものは、一〇年に一回ございましょうか五年に一回ございましょうか、また縦令軍があっても、この北海は二〇年に一遍犯されぬ場合があるかもしれませぬ。しかれども、これをもって軍の利器とする暁においては、いつ何時《なんどき》、どういうことが生じようやらわからぬということは、おのおの頭の中に入れておかなければならぬと思います。それでつまり、銘々どもがこの議場に出ておる性質上から言わなくてはならぬというただ今の御話でございますが、またその中には、二十四番の如きも、決して国家捍衛のことについては忘れはしないと、こうおっしゃるのですが、その国家捍衛という上について御忘れになりますまいが、事実の上について、この国家捍衛ということをほかに御置きになる有様である。それだけを……」

渋沢の口調を真似るかのように丁寧に、しかも皮肉を交えて、渋沢の論を批判している。こちらの大意も掲げておこう。

「御説ごもっともですが、今のは平時の議論です。直江津線とか北越線とかはしかたなく海岸沿いに決まったのですが、奥羽線に関しては仁別線以外の選択はありません。能代に出て平野に敷設するのは、経済面だけみれば確かによろしいでしょう。それは自分も承知しております。あるいは能代の港が北国随一の港に違いないかもしれません。しかし軍事面を考慮すれば、鉄道が能代に出るのは非常によろしくない。縦貫線がいかなる働きをし、何れの時期に活躍するものなのか。戦争が起きた際、鉄道を兵器として使用することがあることは、それぞれの頭に入れておかなければならないのです」

その後、児玉を遮るかのように発言を求めた田村太兵衛、村野山人が次々渋沢栄一に賛意を示す。その直後、ひとりの委員が、すでに逓信大臣が仁別線を含む路線の議案を衆議院に提出したことを暴露し、これでは議論する意味がないと席を立とうとするなど、会議は空中分解寸前になる。なんとか議長の川上操六が押しとどめ、翌日議事を再開し、無記名投票で決することとなった。仁別線と檜山線とで投票することとし、両方賛成というのも可とした。すると……。

結果は、総数二三

檜山線一二

仁別線一一

一票差だった。

まったくきわどい結果で、民間委員らが推す檜山線に決まったのである。このあと五十目線と能代線の採決も行われたが、それぞれ少数だったとして否決された。この時点では檜山線が秋田〜鷹ノ巣間のルートに決まったことになる。

能代に迂回した奥羽線

六年後の明治三二年（一八九九）一一月二五日の鉄道会議では、「福島青森間鉄道ノ内線路変更ノ件」が討議されている。これは明治二六年に議論された秋田以北の路線検討のつづきともいうべきもので、鹿渡〜鶴形間を、当初案（檜山線）の能代を経由せずに山あいを直線で結ぶルートから、能代郊外まで北行して、その後米代川沿いに敷設する案への変更を求めるものであった。檜山線決定まであれほど紛糾したのだから今回もひどく揉《も》めたかと思いきや、たいした議論もせずに全会一致で承認されている。これが今の奥羽本線のルートである。結果として渋沢栄一が主張した能代廻りの案がほぼ完全に達成されたことになる。ただし明治三二年の鉄道会議には児玉源太郎も渋沢栄一もいなかった。両名とも

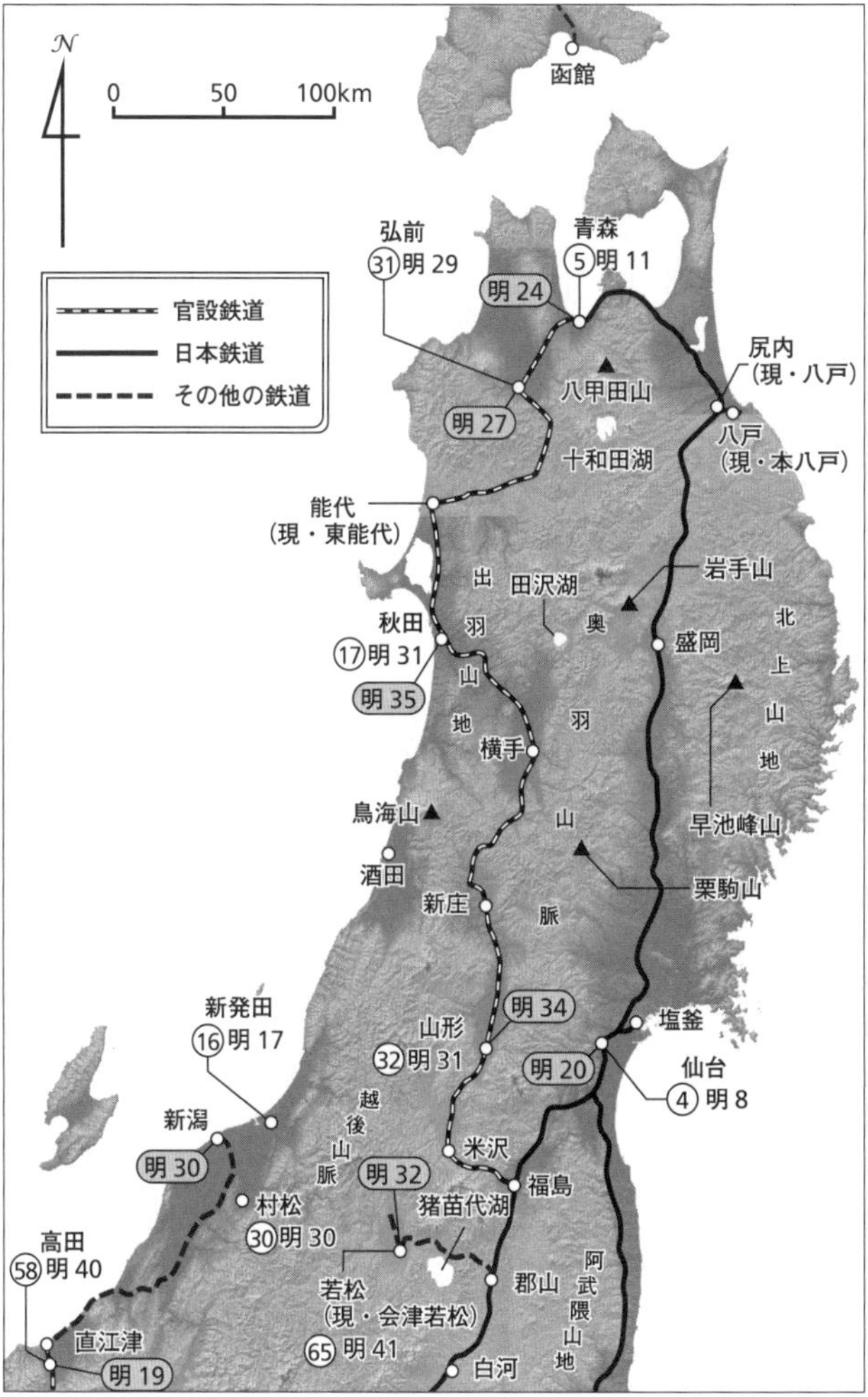

明治38年（1905）の東北地方の鉄道敷設状況。丸数字は歩兵聯隊の番号で、その脇が移駐年。フキダシは最寄り駅の開業年。鉄道敷設と軍隊の移駐時期の連動がわかる。

委員を退いていたからである。

奥羽線は、南北から順次工事が着手された。最初に着工された青森〜鼠ケ関《ねずがせき》の区間の工事は明治二六年七月に始まり、翌明治二七年一二月一日には、青森〜弘前間二三哩二〇鎖(三七・四キロ)が開業していた。弘前に歩兵第三十一聯隊が編制されるのは、開通から一年半後の明治二九年五月。明治三一年には、弘前に第八師団が新設されている。

余談ながら、弘前の歩兵第三十一聯隊は、明治三五年一月、青森の歩兵第五聯隊とともに八甲田山《はっこうださん》の雪中行軍演習を実施した聯隊である。事前の情報収集や雪山に対処する装備を徹底した弘前聯隊が一名の落伍者・遭難者もなく山中横断に成功したのに対し、厳冬期の山を甘く見て準備をおろそかにした青森聯隊は、二一〇名中一九九名が死亡している。

日露戦争開戦時までに開通した区間は、奥羽北線が青森〜和田(秋田の南)間、奥羽南線が福島〜新庄《しんじょう》間だった。奥羽線の全線が開通するのは、日露講和条約調印直後の明治三八年九月一四日である。

児玉源太郎をはじめとする陸軍があれほど「縦貫線」に拘った奥羽本線だったが、全通から一〇〇年以上経った現在、「山形新幹線」(福島〜新庄)と「秋田新幹線」(大曲〜秋田)の区間が広軌化された関係で、四つに分断されている。時代の趨勢《すうせい》の変化を思わずにはいられない。

第三章　軍港と短距離路線

——なぜ横須賀線はトンネルが多いか

海路に頼っていた横須賀

横須賀といえば、昔も今も「海軍」の町である。三浦半島に抱かれるように内側を向いて湾口が狭く、しかも湾内は艦船の航行や停泊が可能という条件を備えた横須賀は、軍港にうってつけだった。しかも背後には小高い山が幾重も連なり、防備のための要塞建設も可能だった。これらの地形は、のちに軍港となる呉・佐世保・舞鶴にも共通していた。

最初に横須賀に目をつけ、フランス人ヴェルニーの指導の下、いずれ造船所にすべく横須賀製鉄所を開所したのは、幕府の勘定奉行や軍艦奉行を歴任した小栗忠順《おぐりただまさ》だった。横須賀を選んだのは、フランスのツーロン軍港と地形が似ていたためだという。その後幕府は瓦解し、小栗忠順も志半ばにして命を落とすが、明治の世になっても製鉄所の建設はつづけられ、明治四年(一八七一)に完成している。明治六年以降は、横須賀周辺に水兵屯営所や海軍病院をはじめ、海軍施設が次々と開設されていた。明治一〇年、夏島《なつしま》から猿島《さるしま》にいたる横須賀一帯は軍港に指定され、明治一七年一二月には横須賀鎮守府《ちんじゅふ》が開庁。この鎮守府は、横浜に仮設された東海鎮守府が発展して誕生した、艦隊を統轄する軍令機関である。

当時寒村にすぎなかった横須賀が軍港に指定されたのは、ひとえに地形が要因だったわけだが、大きな欠点があった。それが陸上交通の脆弱さである。横須賀付近の地勢は、十三峠《じゅうさんとうげ》をはじめ、馬車も通れないほど険しい悪路で、海上輸送に頼るほかない状態だった。

しかも、気象や風波の影響を受け、運航不能となる場合も少なくなかった。

初代横須賀鎮守府長官に着任した中牟田倉之助《なかむたくらのすけ》は、鎮守府が開庁して間もない明治一八年二月、海軍卿の川村純義《かわむらすみよし》に、神奈川近辺から横須賀に至る直線馬車道の開設を上申している。一方の陸軍側も、明治一三年以降建設の始まった東京湾要塞の観音崎《かんのんざき》砲台に関して、兵器・糧食の補給が海上輸送頼みという不便さを痛感しており、海軍とは問題意識を共有していた。

こうしたなか、軍事と鉄道との関係はいよいよ密接なものとなっていった。この時期の陸軍の軍制は、フランス流から急速にドイツ流へと変わってゆく時期にあたっていた。たとえば、それまでの陸軍の海岸防禦の方法は、国土の重要地点に砲台を多数建設して、海岸に攻め寄せる敵艦を撃滅するフランス流の固定防禦法主体だった。実際、陸軍は明治初年からこの方法を研究し、浦賀水道に面した観音崎での砲台建設に着手していた。

一方ドイツ流の軍制は、敵上陸という有事に際して、迅速に部隊を上陸地点に移動、集中させた部隊で上陸軍を撃破する戦略だった。そのためには鉄道が不可欠だった。つまりフランス流が要塞・鎮台を拠点に外敵・内敵の攻勢を防ぐ「守勢重視」だったのに対し、ドイツ流は鉄道で迅速に軍を集中運用する「攻勢重視」だったから、鉄道の整備は陸軍からの要請でもあった。

当時の東京周辺の鉄道は、明治五年に開業した官設鉄道の新橋〜横浜間に加えて、上野〜宇都宮間が私設鉄道の日本鉄道によって開業していたが、明治一八年三月には、官鉄停車場の品川から当時郊外だった渋谷や新宿などの西郊の台地を経由して赤羽を結ぶ日本鉄道品川線が開業していた。折りしもこの時期、いったん内定していた中山道経由の「両京幹線」を東海道経由に変更しようとする試みが、鉄道局長官の井上勝を中心にひそかに進んでいた。のちに東海道本線と呼ばれることになる鉄道建設が正式に決まるのが、明治一九年七月である。

陸軍の独自ルート案

明治一九年(一八八六)二月、横須賀までの馬車道案は鉄道建設案に変わり、同年六月二二日、海軍大臣西郷従道《じゅうどう》と陸軍大臣大山巌は、総理大臣の伊藤博文に対し、横須賀または観音崎までの鉄道を整備するよう連名で建議書を提出、閣議を要請した。軍事上の必要性から鉄道敷設を求めた初めての事例である。

陸軍海軍両大臣が上請した建議書「横須賀観音崎近傍汽車鉄道布設ノ儀」の内容は、まず、軍港たる横須賀と、東京湾口を防備する観音崎の重要性を指摘したうえで、「東京ヨリ横須賀観音崎ヘハ独リ海運ノ便アルノミ神奈川或《あるい》ハ横浜ヨリハ連岡其間《れんこうそのかん》ヲ隔テ峻坂険《しゅんぱんけん》路車馬《ろしゃば》ヲ通セス陸運ノ便ナキヲ以テ平時ト雖《いえど》モ風波ノ為メ輒《やや》モスレハ運輸ノ途《と》全ク断絶シ困難ヲ生スルコト尠《すくな》カラス」と、この地への交通が甚だしく脆弱なことを挙げていた。そしてこうつづける。「況《いわ》ンヤ一朝事《いっちょうこと》アルニ際シテハ兵器糧食ヲ横須賀ニ運輸シ陸軍軍隊ヲ長井湾地方ニ派遣シテ敵兵ヲ防禦セントスルモ運輸ノ途ナキ為《た》メ軍機ヲ失スルコトナキヲ保《や》ス可《べ》カラサルニ於《おい》テヲヤ」。つまり、有事の際は、兵器・食糧を横須賀に運輸することもできず、陸軍軍隊を長井湾に派遣して敵兵を防ごうとしても、運輸手段がないため機会を失してしまう。そこで「此際《このさい》汽車鉄道ヲ神奈川若《も》クハ横浜ヨリ横須賀又ハ観音崎近傍便宜ノ地へ布設スルハ陸海両軍軍略上最モ緊要擱《お》クヘカラサルノ事業ニシテ大ニ両軍勝敗ノ関係スル所ニ有之候条汽車鉄道布設ノ義至急御詮議《ごせんぎ》有之度《これありたく》此段請閣議候也」という結論に達していた。

　陸海軍の両大臣が建設を求めた建議書に基づき、井上勝は七月、経費を五〇万円と見積もり、予定経路などを含めた調査結果を伊藤博文に提出している。この結果をもとに、横須賀線建設の儀は翌明治二〇年三月一〇日の閣議に付されたのだが、建設資金不足を理由に大蔵大臣松方正義《まつかたまさよし》の賛同を得られなかった。これは東海道線の建設費から一時流用することで合意をみて、四月二二日に横須賀線の建設が決まっている。横須賀線建設が、東海道線よりも優先されたのである。

測量作業に着手したのは明治二〇年七月で、一二月に完了。その途中の一一月二四日、鉄道局長官の井上勝は陸軍・海軍両大臣宛てに、戸塚《とつか》〜藤沢間から分岐し、鎌倉、長浦港《ながうら》（現在の田浦《たうら》駅付近）を経て横須賀水兵営南端（現在の横須賀駅付近）にいたる路線案を提示。選定理由として、「地勢嶮阻ニシテ海浜ニ接シ工事容易ナラズ」、したがって「鑿山填海《さくざんてんかい》ノ労費」（山を削り海を埋める手間と費用）はかかるだろうが、線路が「直行ニ近キ」ことと水雷局がある長浦を通ることを長所として挙げている。そのあとにつづけて、そのほかいくつかのルートを試測してみたが、どれをとっても工事の困難さと工費の増大など、提示した案より条件が悪いこと、横須賀以東の延長については、市街地の大改造を必要とするため、予算上無理と回答した。一一月三〇日、陸軍大臣と海軍大臣は同意する旨回答している。

陸軍省は参謀本部に打診し、参謀本部も同意した上での回答だったわけだが、どうもそれは海軍に遠慮したもので、参謀本部の本心は完全な同意ではなかったようだ。なぜなら一二月二八日に参謀本部は、参謀本部次長の小沢武雄《おざわたけお》の名で陸軍次官の桂太郎《かつらたろう》宛に意見書を送っているからである。それによれば、鉄道局案は、鎌倉と逗子《ずし》付近で外洋近くを通り、敵艦の砲撃や敵兵の上陸の危険が高い。また、守防線から離れているため、利用・監視とも不便であるという評価だった。参謀本部の提案は、横浜から大岡村《おおおかむら》（横浜市南区《みなみ》）、

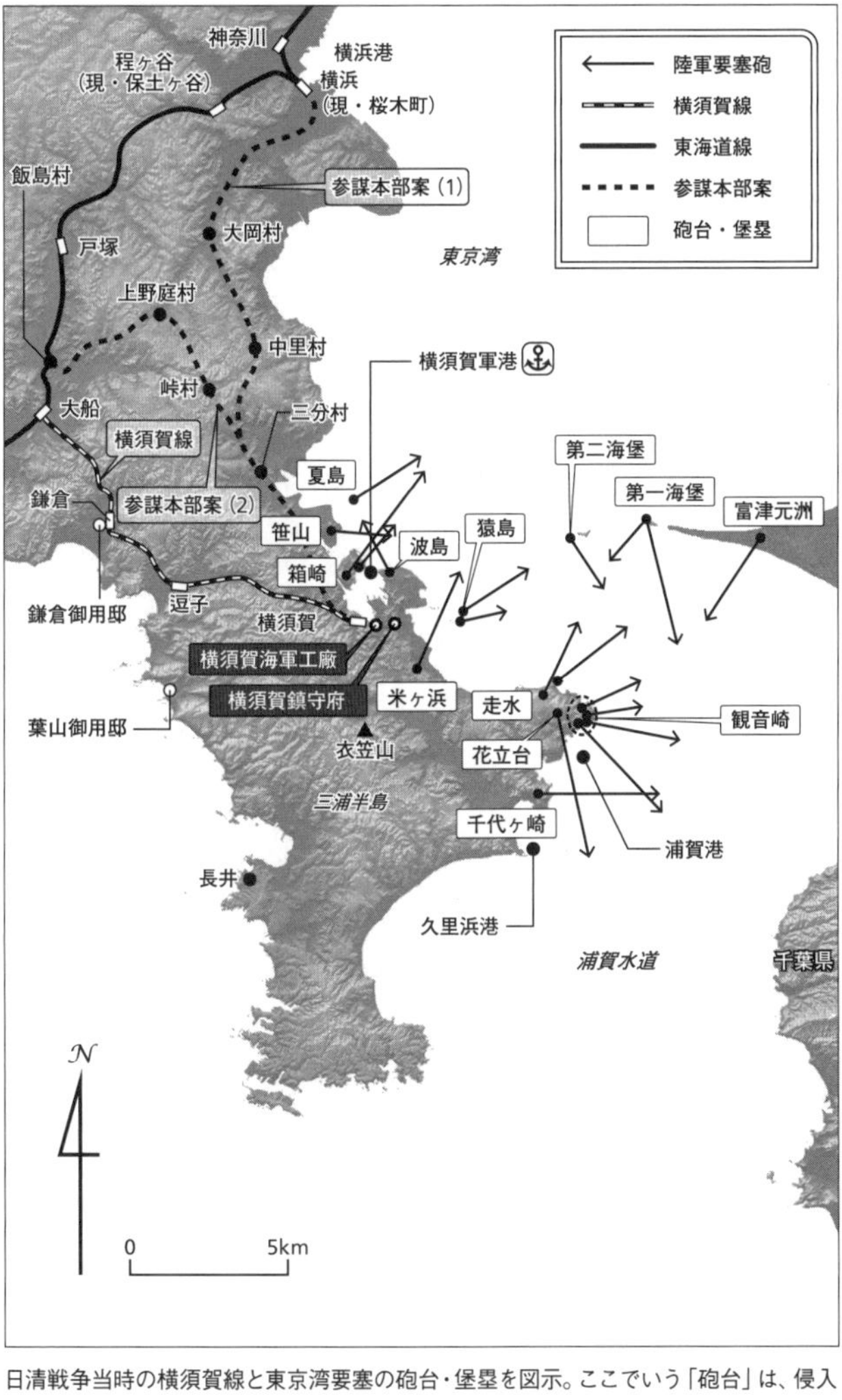

日清戦争当時の横須賀線と東京湾要塞の砲台・堡塁を図示。ここでいう「砲台」は、侵入した敵艦に対して砲撃する砲台を、「堡塁」は上陸した敵兵に対して砲撃する砲台を指す。

中里村《なかざと》(港南区《こうなん》)、三分村《さんぶん》(金沢区《かなざわ》)を経て横須賀に至る路線が望ましく、予算不足であれば、戸塚~大船《おおふな》間の飯島村《いいじま》(栄区《さかえ》)から左折して、上野庭村《かみのば》(港南区)、峠村《とうげ》(金沢区)を経て横須賀に至る路線をとるべきだとした。徹底して外洋の海岸線を忌避したい陸軍の指向がここでも見てとれるが、結局陸軍側がその案を省外に示すことはなかった。おそらく三浦半島は海軍のナワバリだという意識が働いたのだろう。

昭和五年(一九三〇)に横浜の黄金町《こがねちょう》から横須賀中央を経由して浦賀まで開通した湘南《しょうなん》電気鉄道線(現在の京急本線)が参謀本部案に近いといえなくもないが、五〇分の一(二〇パーミル)以上の急勾配や曲線が連続する線形で、大小二〇ものトンネルが必要だったこの経路は、工費・工期とも現行ルートの横須賀線より多くを費やすばかりか、明治の非力な蒸気機関車では通行困難だった。

軍艦を詠み込んだ鉄道唱歌

測量作業を終えた明治二一年(一八八八)一月に着工、明治二二年六月一六日に大船~横須賀間一〇哩三鎖(一六・二キロ)が開通している。井上勝の見通しどおり、八ヶ所もトンネルが連続するなど、難工事の連続だった。横須賀付近では線路敷用地にあった横須賀屯営の兵舎三棟と鍛冶工場などの建物を移転し、横須賀停車場はトンネルを掘削した残土で埋め立てて造成している。

開業当日は、停車場に飾り付けをして花火を揚げたというが、華々しい開業式典や皇族の臨席はなかった。おそらく三ヶ月前の明治二二年三月一二日、横須賀海軍造船所で竣工した軍艦「八重山《やえやま》」の命名・進水式が天皇も臨御して盛大に挙行され、その際に横須賀まで御召列車が運行されていたことが大きかったただろう。因みにこの列車は、新橋停車場を午前八時一五分に発車し、二時間一〇分で横須賀に到着したといい、途中折り返しが必要な横浜に短時間停車したほかは無停車だった。開業当時の横須賀線の一般列車は分岐駅の大船止まりだったため、東京や横浜からは乗り換えを必要としたが、東京〜横須賀間が日帰り圏内になったという効果は大きかった。

日清戦争後の海軍は、一等戦艦六隻と一等巡洋艦六隻建艦を骨子とした「六・六艦隊」建設に邁進し、明治三五年に艦隊が完成する。明治三三年の「鉄道唱歌」(大和田建樹《おおわだたけき》作歌、多梅稚《おおのうめわか》作曲)には、「汽車より逗子をながめつゝはや横須賀に着きにけり見よやドックに集まりしわが軍艦の壮大を」とあり、新鋭戦艦「敷島」を題材にした明治三五年の「敷島艦行進曲」(阪正臣《ばんまさおみ》作歌、瀬戸口藤吉《せとぐちとうきち》作曲)にも、「隧道つきて顕《あら》はるる横須賀港の深みどり潮に浮かぶ城郭は名も香《かんば》しき敷島艦」と、トンネルを抜けた先に現れる印象的な軍港風景を歌いあげている。

最も輝いた軍艦の進水式

横須賀線開通当初、途中の停車場は鎌倉と逗子に置かれたが、鎌倉屈指の名刹円覚寺《えんがくじ》境内を横断し、鶴岡《つるがおか》八幡宮の正参道である段葛《だんかずら》を分断して線路を敷設したことは、用地買収が強引に行われたという巷説を生むこととなった。だが、北鎌倉の円覚寺の場合、狭隘《きょうあい》地《ち》の谷底まで境内が延びる円覚寺を避けて線路を敷設することは困難だった（昭和初期に開業した北鎌倉駅の用地の一部も円覚寺が無償で提供している）といえるし、鎌倉市街地を縦断して海岸まで延びる鶴岡八幡宮の段葛にいたっては、鎌倉中心部を通るかぎり、避けて線路を敷設することは不可能だったといえるだろう。

横須賀線の見どころはトンネルにもある。たとえば、横須賀駅の一つ手前の田浦駅は、ホームの両端がトンネルに挟まれている珍しい構造。峰と峰に挟まれた狭い谷戸《やと》に立地しているため、一一両編成だと一両分がホームを飛び出してトンネルにかかってしまう。ホーム両端のトンネルのうち、逗子寄りに二つ並んだ赤煉瓦《あかれんが》の坑門のトンネルが田浦隧道（九四メートル）といい、下り線は坑門付近に明治期の特徴を残す。横須賀寄りの七釜《しっかま》隧道（九六メートル）は、坑口が三つ（一つは戦時中に建設された旧引込線用）並んでおり、明治・大正・昭和の特徴を表している。もともとこのあたりは、農作業で使う鎌を見失うほど草が繁茂していたため、「失鎌《しっかま》」と呼ばれていたが、蒸気機関車を意味する「罐《かま》を失う」につながることから「失」の字を避け、同じ発音の「七釜」に文字を変えたと伝わる。

終着駅となった横須賀の現行駅舎は、昭和一五年（一九四〇）に改築された三代目といわれているが、実質的には開業時の駅舎を改修して使用しており、終端ホームが残され、かつての終着駅らしい風情が漂う。バリアフリーを意図したわけではないだろうが、開業当初から改札とホームは緩やかなスロープになっており、階段は存在しない。ホーム上屋《うわや》は、おそらく御召列車到着を意図したせいだろう、戦前からホーム全体を覆っていた。上屋を支える古レールにも、明治期のものが多数用いられており、イギリス製やドイツ製といった輸入品のレールに混じって、生産を開始したばかりの官営八幡《やはた》製鉄所のレールも混じっている。

戦前、横須賀駅のすぐ前は横須賀海軍工廠となっており、終戦までは改札に憲兵が立っていたという。駅前からは海軍工廠の巨大なガントリークレーンが目を奪った。空母「飛龍」などを建造したガントリークレーンのある第二船台は、戦後住友重機械工業横須賀分工場となったが、老朽化のため、昭和五〇年に解体。跡地はショッピングセンターになっており、往時の面影はまったく失われた。ただ、駅と向かい合うように建っていた横須賀軍港逸見《へみ》門だけは、ヴェルニー公園と名を変えた工廠跡地の緑地の一角に保存されている。

横須賀線が最も賑わいを見せたのが、大型軍艦の進水式の日だった。過去最大の混雑だったのが、大正元年（一九一二）一一月二一日に挙行された巡洋戦艦「比叡《ひえい》」の進水式。下車する客が一日平均三〇〇〇人程度だった横須賀に、進水式前々日が四〇〇〇人、前日が七五〇〇人、進水式当日はなんと一万五七〇〇人が下車したという。当日午後二時に進水式が終わると、帰路に就こうとする客が一斉に横須賀停車場に押し寄せた。停車場は大混乱となり、出札口の窓ガラスが壊されるなどの騒ぎとなった。臨時列車を運行してなんとか乗客を乗せきったという。

風景写真が制限された鎌倉

一〇五ページの地図は、日清戦争当時の横須賀線と横須賀軍港、東京湾要塞を示している。東京湾要塞は、東京湾口の浦賀水道防備と横須賀軍港防備を主目的とする日本で初めての近代式要塞だった。明治一三年（一八八〇）から観音崎第一・第二砲台の築造が始まり（完成は明治一七年。観音崎第三砲台・第一海堡《かいほ》・猿島砲台・富津元洲堡塁《ふっつもとすほうるい》も同時期の完成）、昭和期にいたっても巡洋戦艦の主砲を流用したといわれる要塞砲が睨《にら》みを利かせた。横須賀線開通直後の明治二三年には東京湾を防御管区とする要塞砲兵第一聯隊が横須賀に配備された。また、日清戦争開戦直前の明治二七年七月には臨時東京湾守備隊司令部が置かれ、翌年五月には東京湾要塞司令部へと発展する（要塞砲兵第一聯隊内に開設）。

要塞という存在は、昭和二〇年(一九四五)まで有形無形に周辺住民の生活に影響を及ぼした。というのも、明治三二年に成立した要塞地帯法により、要塞に近接した地域での勝手な建築や現状変更が禁じられたほか、風景写真まで厳しく制限されていたからである。東京湾要塞の例を挙げれば、房総《ぼうそう》半島南半部と三浦半島全域、さらに鎌倉、大船、金沢八景《かなざわはっけい》まで含む広範囲が「要塞地帯」に指定され、測量・撮影・模写が禁止されていた。一大観光地だった鎌倉も、山の形が写った絵葉書などは修正して東京湾要塞司令部の許諾を得なければ販売できなかったのである。

昭和一〇年には、東京日日新聞(現在の毎日新聞)が有楽町駅前の本社社屋(現在の新有楽町ビルの場所)から銀座の服部《はっとり》時計店(現在の和光)越しに白帆を立てた打瀬舟《うたせぶね》が浮かぶ東京湾を撮影し、紙面に掲載した写真が問題になった。漁船の背景にうっすら房総半島の山影が写っていたからである。これが、要塞地帯法違反ではないかと問われた。房総の要塞地帯が写っていた(といっても写っていたのは軍事施設ではなく単なる海岸線なのだが)ことで、東京日日新聞の写真部長が警視庁に始末書を出す事態になった。

因みに戦前の日本では、防諜上写真撮影を取り締まる法令は、要塞地帯法のほか、軍機保護法、軍用資源秘密保護法、軍港要港規則、陸軍輸送港域軍事取締法、台湾国防用防御営造物区域取締規則、関東州防御営造物地帯令と七つ存在した。

閑職になった要塞司令官

日清戦争の戦訓に鑑《かんが》みてであろう、陸軍には新たな部署が設置されていった。明治三〇年九月九日、砲兵方面と輜重廠《しちょうしょう》を廃止して、新たに築城部と陸軍兵器廠が設立された。築城部とは、国防用防禦営造物の建築・修繕・保管を管掌し、東京に本部を、各要塞所在地に支部を置いた。陸軍兵器廠は、四つの本廠と支廠から成り、兵器弾薬、器具、材料の購買、貯蔵、保存、修理及び支給交換を行い、要塞の備砲の工事を掌《つかさど》った。本廠は東京、大阪、門司《もじ》及び台北《たいほく》に置かれ、師団司令部、要塞司令部には支廠が置かれた。当時の日本の国防が、要塞を重要拠点として考えていたことがわかる。

日清・日露の戦役で、日本本土の要塞が実戦に用いられることはなかった。だが、要塞が無用の長物かと問われれば、けっしてそうではない。日露戦争当時、東京湾要塞の存在がロシア軍艦の東京湾侵入を防いだ事例があったからである。

日露戦争は朝鮮半島や満洲で戦われたと思われがちだが、その一方でウラジオストクを母港とするロシア艦隊(いわゆる浦塩《ウラジオ》艦隊)が日本近海に進出していた。明治三七年(一九〇四)七月には、津軽海峡を抜けて太平洋に進出した巡洋艦三隻が沿岸航路の商船を襲撃する事例が相次ぎ(七隻撃沈、五隻拿捕《だほ》・臨検)、沿岸航路の途絶と米価高騰を招いた。ロシア艦隊は東京湾口をうかがい、駿河湾付近まで進出したが、艦隊は五日間ほどで北上して帰港の途に就いたので、それ以上の作戦、たとえば西進しての東海道線砲撃などは実施されなかった。もし東京湾内に侵入をゆるしたとすれば、幕末の黒船騒ぎどころではないパニックを引き起こしただろう。だが、東京湾要塞がプレゼンス(軍事的威圧感)を発揮したために防ぐことができたのである。

また、明治三七年八月から始まった日露戦争の旅順《りょじゅん》(ロシアが総力を上げて築いた世界屈指の軍港要塞都市だった)攻囲戦においては、東京湾要塞が持つ二八糎《サンチ》榴弾砲五二門中一四門(米ヶ浜《よねがはま》砲台から六門、箱崎高砲台から八門)を抽出して旅順の第三軍陣中へと送り込んでいる。攻略の決め手を欠いた陸軍の苦肉の策だったが、一〇月の第二回旅順総攻撃以降、二八糎榴弾砲がロシア軍陣地攻撃と旅順港砲撃に使用され、要塞陥落の原動力となった。

もっとも、日露戦争の後、日本本土の要塞の地位は急速に低下する。これは、日露戦争の勝利で大陸進出への基盤を得た日本が積極的な攻勢作戦を採用したことの影響が大きかった。日露戦争後の明治四〇年に定められた「帝国国防方針」に基づく「帝国軍ノ用兵綱領」では、「我帝国方針ニ従テ作戦スル帝国軍ハ攻勢ヲ以テ本領トス乃《すなわ》チ海軍ハ敵手ニ対シ努メテ機先ヲ制シ其海上勢力ヲ殲滅《せんめつ》スルコトヲ目的トシ陸軍ハ敵ニ先チテ所望ノ兵力ヲ速カニ一地方ニ集合シ以テ先制ノ利ヲ占ムルヲ目的トシテ作戦ス」と明記されていた。従来のような守勢作戦重視では、拡大する国益を守ることができないと認識したのである。さらに第一次世界大戦後の軍縮の風潮や航空兵力の進歩も相まって、大正中期以降の要塞司令官は完全な閑職ポストになっていった。その典型例が満洲事変の首謀者のひとりだった陸軍の石原莞爾《かんじ》の処遇である。東条英機《とうじょうひでき》を批判し、昭和一二年(一九三七)七月の盧溝橋《ろこうきょう》事件不拡大を唱えた石原莞爾少将は、その年九月に参謀本部第一部長という要職を外されて関東軍参謀副長に転出、さらに昭和一三年一二月には舞鶴要塞司令官へ左遷されているのである。

貴顕が利用する路線

横須賀線は、その後も東京と横須賀軍港を直結する路線として重視された。大正八年(一九一九)に発表された芥川龍之介《あくたがわりゅうのすけ》の短篇「蜜柑《みかん》」は、当時の横須賀線の風景をみずみずしく描き、今なお魅力的だ。芥川は当時、横須賀にあった海軍機関学校の英語担当の嘱託《しょくたく》教官をしており、鎌倉から通勤していた。

横須賀線は、大正六年までに大船~逗子間の複線化が完了し、大正一三年には全線複線化が実現。翌大正一四年には電化が完成し、昭和五年(一九三〇)三月からは、それまでの電気機関車に代わって電車運転が始まり、一〇月からは長距離用クロスシートの新型電車モハ三二形が導入された。

戦前の横須賀線は、海軍士官はじめ、華族や名門子弟が多数利用した。鎌倉や葉山《はやま》などに本邸や別邸を構える華族が少なくなかったからである。そのためだろう、大正八年までは近距離区間にもかかわらず一等車が連結され、その後もコンパートメント付きや、もと一等車だった車両を使用した、普通より上等の二等車が連結されていた。

皇室との縁も深かった。明治二七年（一八九四）には逗子の南の葉山村一色《いっしき》に英照皇太后《えいしょうこうたいごう》（明治天皇の嫡母）のために葉山御用邸が新築され、明治三二年には富美宮允子《ふみのみやのぶこ》内親王（明治天皇第八皇女、のちに朝香宮鳩彦《あさかのみややすひこ》王妃）と泰宮聡子《やすのみやとしこ》内親王（明治天皇第九皇女、のちに東久邇宮《ひがしくにのみや》稔彦《なるひこ》王妃）の避寒用として鎌倉御用邸が新造（殿舎は麻布《あざぶ》第二御料地〔麻布市兵衛町《いちべえちょう》〕にあった旧梨本宮《なしもとのみや》邸〔以前の和宮《かずのみや》こと静寛院宮《せいかんいんのみや》御殿〕を移築）された。このほか葉山には、明治期から昭和期にかけ、有栖川宮《ありすがわのみや》家・北白川宮《きたしらかわのみや》家・東伏見宮《ひがしふしみのみや》家・秩父宮《ちちぶのみや》家（建築年順）といった皇族の別邸が次々建築（有栖川宮家別邸は高松宮《たかまつのみや》家が継承）された。そのためだろう、逗子駅にはつねに二両の貴賓車が準備されていたという。

「長門」が標的になった空襲

戦時色の濃くなった大戦間際になると、トンネルとトンネルの間に横須賀湾が広がる田浦～横須賀間には、コンクリート塀が築かれ（コンクリート塀は一部現存）、海側（北側）の窓の日除けは全部降下させられ、車内を憲兵が警乗巡回したという。軍艦が停泊し、多数の軍事施設が設けられた横須賀軍港を覗かれないようにするためだった。

昭和一六年(一九四一)一二月、日本は米英に宣戦布告する。戦争が始まると、横須賀軍港は緊迫の度を加えた。横須賀の高台などの要所には、高角砲《こうかくほう》(海軍側呼称。陸軍施設においては高射砲《こうしゃほう》と呼んだ)や機関砲、機銃などが多数配備された。陸軍の砲台があった猿島は、大正一四年(一九二五)以降海軍の管轄となっていたため、第一砲台の位置には高角砲が配備された。因みに当時、三浦半島から房総半島西側の防空については海軍担任区域とされていた。

真珠湾《しんじゅわん》の鮮やかな奇襲攻撃からわずか五ヶ月後の昭和一七年四月一八日、空母ホーネットを発艦したドゥーリットル隊のB25一六機による日本本土空襲が敢行されたが、一三番機の標的が横須賀軍港だった。一三番機は犬吠埼《いぬぼうざき》付近から九十九里海岸《くじゅうくりかいがん》沿いを経て房総半島を横断、三浦半島に向かった。海軍が設置した館山《たてやま》海軍航空隊近くの城山《しろやま》砲台の高角砲が最初に反応し、つづいて観音崎の小原台《おばらだい》防空砲台が機影をとらえたが、高角砲の配備前だったため小銃で応戦。無傷で横須賀上空に侵入したB25は、横須賀海軍工廠敷地などに爆弾三個と焼夷弾《しょういだん》を投下、同時に無差別に機銃掃射を加えている。対する海軍は、築造途中だった楠ヶ山《くすがやま》と吾妻山《あづまやま》の防空砲台が機銃で応射したほか、湾内に停泊していた巡洋艦

「高雄」や「愛宕」なども応戦したという。この空襲では、第四船渠(ドック)で空母(「龍鳳」となる）に改装中だった潜水母艦「大鯨《たいげい》」の舷側に爆弾が命中、修復に四ヶ月を要した。また第四船渠に投下された焼夷弾の爆発により、兵士五人が負傷。このほか機銃掃射で市民三人が負傷している。

アメリカ軍の硫黄島《いおうとう》上陸を控えた昭和二〇年二月以降、横須賀にも空襲が始まる。対艦用に構築された旧来の要塞砲はまったく役に立たず、市内各所に配備された海軍の高角砲や機関砲が応戦の主力だった。最大の空襲は昭和二〇年七月一八日。燃料不足のため艦種を「特殊警備艦」と変更して防空砲台として停泊していた「長門」は、空母「エセックス」ほか二隻から発艦した艦載機の猛攻にさらされ、五〇〇ポンド爆弾が戦闘指揮所に命中し、大塚幹《おおつかみき》艦長ほか多数の戦死者を出した。「長門」は、真珠湾攻撃当時の聯合艦隊の旗艦だった。

因みに横須賀線は、東京〜大船間では空襲の被害で何度か一時不通になったものの、六月までは大船〜久里浜《くりはま》間では目立った被害はなかった。だが、昭和二〇年七月一八日の横須賀空襲では、逗子〜久里浜間が一時不通になっている。翌日には復旧を果たしたというから、鉄道線の復旧の早さには舌を巻く。

戦時中の延伸工事

大戦末期の昭和一九年（一九四四）四月一日には、海軍の要請で久里浜まで横須賀線が延長されている。横須賀線は建設当初、東京湾要塞の砲台が築造されていた観音崎方面に延伸する意図があったわけだが、南東の久里浜方面へと方向を変えた。その背景には、久里浜村が昭和一二年に横須賀市と合併して以降、海軍施設が次々建設されていったことがあった。昭和一四年に海軍通信学校が開校し、昭和一六年には海軍工作学校と海軍機雷学校が開校。昭和一九年に入ると、海軍工廠機雷実験部や海軍軍需部倉庫、久里浜防備隊などが続々と建設されていった。久里浜港を横須賀軍港の副軍港とするために、昭和一七年からは築港工事が着工されていたのである。

横須賀線延長工事は昭和一六年八月に着工され、資材は、単線化して取り外された御殿場線の線路などを流用したといわれる。途中、全長二〇八九メートルの横須賀隧道が突貫工事で開削された。最大の難工事だったこのトンネルは、当時、関東では上越線の清水隧道に次いで第二位の長さを誇っていた。通常のトンネルは排水面を考慮してトンネル中央部を高くする（通称「拝みトンネル」）ものだが、京急本線（当時は東急湘南線）のトンネル直下を掘り抜くためにトンネル中央がいちばん低くなっており、東京湾の満潮潮位とほぼ等しい。そのため、揚水ポンプ施設を汐入町《しおいりちょう》に設け、地表に排水することにした。これが現在も稼働している汐入ポンプ室である。

延長された横須賀～久里浜間の途中駅は衣笠《きぬがさ》だけだったが、昭和二〇年四月ごろ、寄宿舎から横須賀海軍工廠に通勤する工員を対象に、横須賀隧道を出てまもない場所に相模金谷《さがみかねや》仮乗降場が設置された。ただしこの乗降場は終戦とほぼ同時に廃止されたため、わずか四ヶ月ほどしか使われなかった。

横須賀線以外にも久里浜への交通路が整備されていった。東急湘南線（現在の京急本線）の横須賀堀内《ほりのうち》（現在の堀ノ内）と久里浜を結ぶ東急久里浜線（現在の京急久里浜線）が昭和一六年に着工し、昭和一七年一二月に仮駅で開通。主要道路網も、昭和一八年には軍用三四号国道（横須賀市内の大津～久里浜）が完成していた。

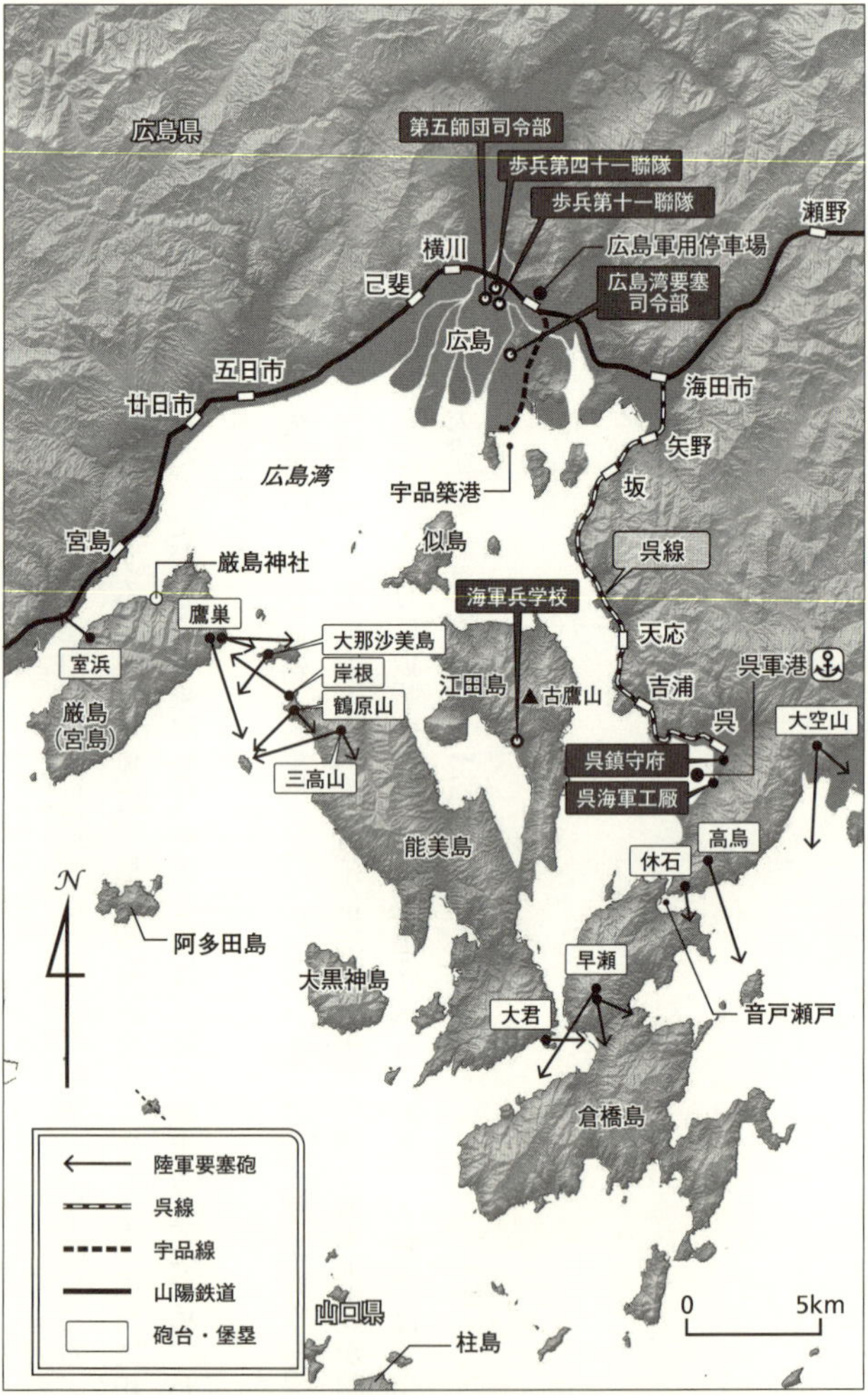

日露戦争当時の呉軍港周辺。横須賀軍港同様、軍港と鉄道と要塞の連携が確認できる。呉線は、日露開戦のわずか１ヶ月余り前の明治36年（1903）12月27日に開業している。

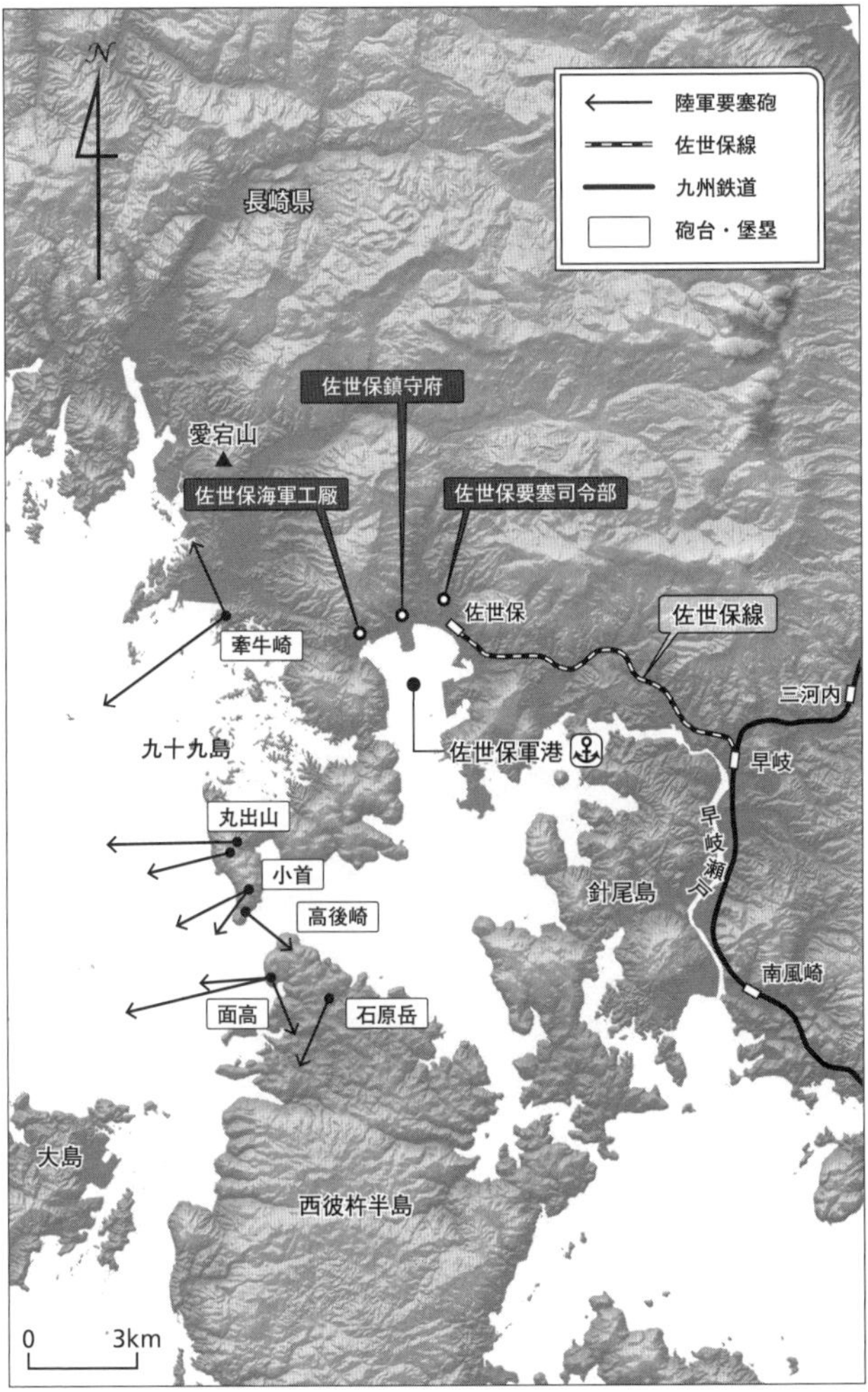

日露戦争当時の佐世保軍港周辺。佐世保鎮守府開庁は呉鎮守府と同じ明治22年（1889）7月。佐世保線開業は明治31年1月。当初の佐世保線は、早岐〜佐世保間のみだった。

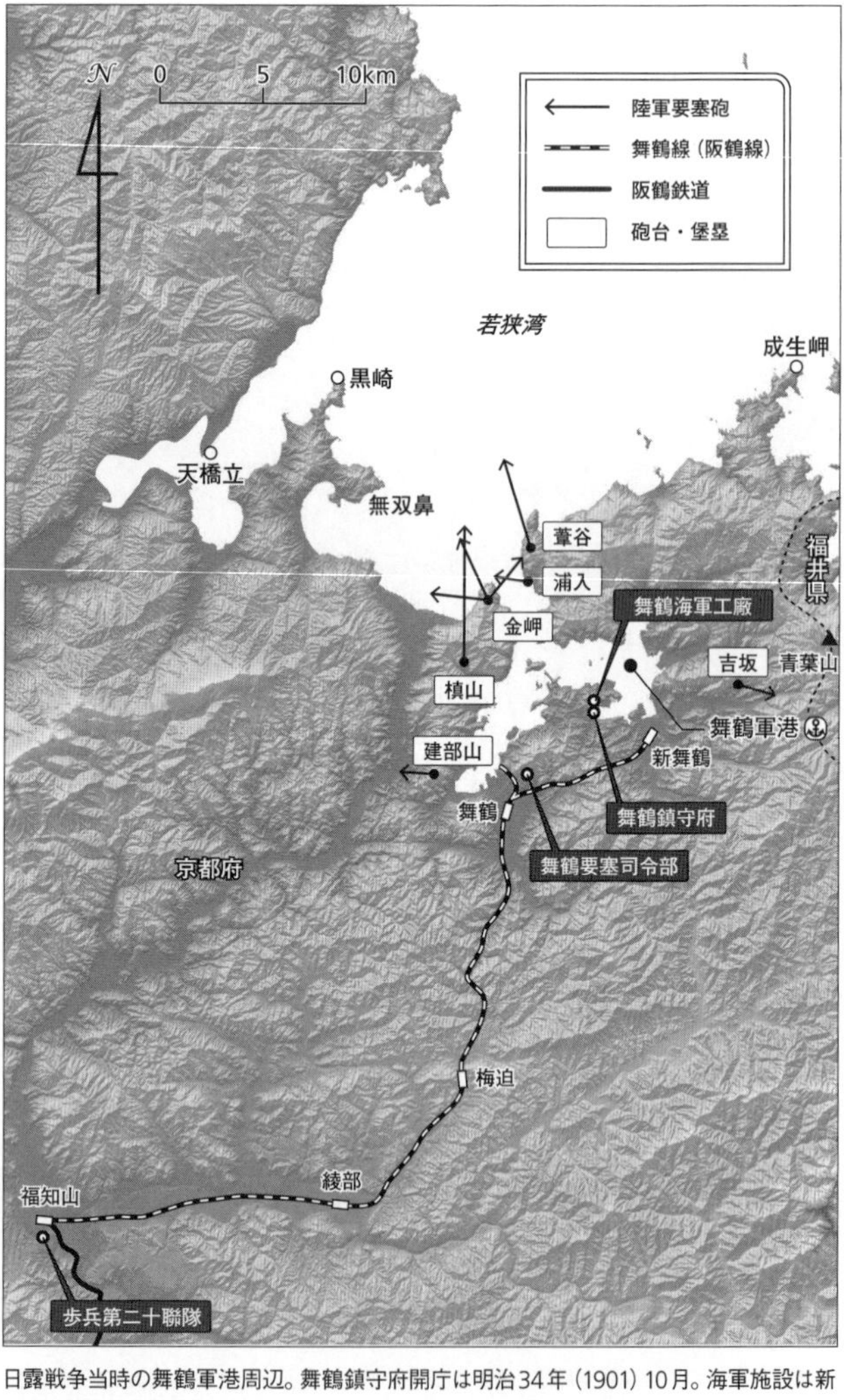

日露戦争当時の舞鶴軍港周辺。舞鶴鎮守府開庁は明治34年（1901）10月。海軍施設は新舞鶴（現在の東舞鶴）周辺に建設され、街路には当時の軍艦の名前がついている。

第四章　陸軍用地と都心延伸

――なぜ中央線は御料地を通ることができたか

日本最大の軍事都市

帝都となった明治の東京は、同時に日本最大の軍都でもあった。都心にあった大名屋敷は、たくさんの軍施設に取って代わられた。たとえば旧江戸城の内郭だけでも、北ノ丸には近衛歩兵営、二重橋前には近衛騎兵兵営が立地し、有楽町から日比谷にかけては、陸軍の官衙《かんが》や兵営、倉庫が並び、練兵場が隣接する陸軍の一大拠点だった。

現在の中央線のうち、御茶ノ水～八王子間を建設したのは、甲武鉄道という私設鉄道である。だが、なかでも「市街線」と呼ばれた新宿以東の路線建設にあたっては、陸軍の意向が強く働いていた。新宿から御茶ノ水にかけての「S」字を描くルートは、陸軍が御膳立てしたものだったのである。

陸軍卿だった大山巌は、小石川の旧水戸徳川家上屋敷に設けた砲兵工廠(銃器を製造する軍需工場。現在の東京ドーム一帯)に鉄道を敷設したいという意向があった。最初、日本鉄道に打診したもののまとまらなかったようで、その話を聞き及んだ甲武鉄道が、明治二二年(一八八九)五月二一日付で新宿～三崎町《みさきちょう》間の鉄道敷設を出願している。三崎町とは、現在の水道橋駅の南側一帯で、当時は砲兵工廠の練兵場があり、そこを停車場用地にしようと目論んだのである。

この区間は、わずか二ヶ月余の七月一三日に仮免許が下り、八月五日、鉄道局の二等技師である原口要《はらぐちかなめ》を主任として実測が始まる。原口は山手線の品川~新宿間、東海道線の横浜~沼津間などを担当した当代随一の専門家である。測量の実務を担当したのが後に南満洲鉄道総裁を務める野村龍太郎《のむらりゅうたろう》(当時は五等技師)だった。一〇月三〇日の報告によれば、新宿停車場から花園《はなぞの》神社北東の裏手を回り、自証院《じしょういん》の前を通って四谷坂町《よつやさかまち》、市谷本村町《いちがやほんむらちょう》を経て外濠を横断して市ケ谷に出、そこから外濠の内側に沿って牛込《うしごめ》門から小石川《こいしかわ》橋付近を経て神田三崎町の練兵場に到達するルートだった。

新宿から市ケ谷までの区間は、地下鉄の都営新宿線を彷彿とさせる。このルートは紅葉川とその源流の饅頭谷《まんじゅうだに》に沿っており、比較的軌道の敷設が楽だったように見える。標高差は約一五メートルで、トンネルや切り通しも必要とせず、工事も容易で敷設に適した自然な短絡ルートだった。当時は水田や畑が広がっていたようだ。

甲武鉄道の始発駅としては神田三崎町の陸軍用地が予定されており、それを見込んで仮免許が下りたわけだが、明治二三年六月、陸軍省が丸ノ内の旧軍用地と併せて三菱の岩崎《いわさき》家に売却してしまう「事件」が起きる。甲武鉄道には寝耳に水で、その衝撃は想像するに余りある(ただし甲武鉄道が停車場を設置する折は、岩崎家は甲武鉄道と協議する条件が契約書に課されていたともいう)。これを機に甲武鉄道は三崎町の停車場設置をあきらめたようで、今度は万世橋《まんせいばし》(秋葉原《あきはばら》近くの神田川《かんだがわ》に架かっていた橋)まで線路を敷設する仮免許を申請するとともに、砲兵工廠の一部の土地を工場に借用したい請願をしている。

ところが砲兵工廠の用地払い下げは、これまた甲武鉄道ではなく、鉄道局技師出身の平《ひら》岡凞《おかひろし》なる人物に対してなされた。明治二三年、平岡は退官して「平岡工場」という鉄道車両製造会社を創業していたのである。明治二五年ごろの民間地図には、砲兵工廠の東側に「平岡工場」という文字が確認できる。

因みに平岡は、明治二九年三月いっぱいで小石川の工場を陸軍省に返納し、本所区《ほんじょ》に新たな工場を開設、操業を開始している。その場所は現在の錦糸町《きんしちょう》駅前、東京楽天地のあるビル付近一帯である。明治三二年に平岡は、大阪に設立された汽車製造合資会社（汽車会社）の副社長（社長は鉄道院を退官した井上勝）に就任するが、明治三四年には平岡工場を汽車会社に譲渡し、本所の工場は汽車製造東京支店となる。ともかく砲兵工廠の土地が、これ以降も甲武鉄道に貸与されることはなかった。

「北線」か「南線」か

明治二三年（一八九〇）は恐慌が起きた年でもあり、経済界の動揺を奇貨として、翌二四年、甲武鉄道は経営陣を刷新して日本鉄道傘下を離れ、独立経営の道に乗り出すこととなる。筆頭株主として経営の実権を握っていたのが、甲斐《かい》（山梨県）出身の雨宮敬次郎《あめみやけいじろう》だった。

この時期に技師として招請されたのが菅原恒覧《すがわらつねみ》である。菅原は安政六年（一八五九）に陸奥一関藩士《むついちのせき》の家に生まれ、帝国大学工科大学土木科を卒業後鉄道局に入り、日本鉄道の建設工事に従事していた。菅原が明治二九年に発刊した自著『甲武鉄道市街線紀要』には、当初の予定線（菅原曰く「北線」）について以下のように延べている。

「地勢鉄路ヲ布設スルニ適スト雖《いえど》モ市街線トシテ乗客ニ便益を与フルノ範囲狭小ニ失シ殊《こと》に八王子ニ直行スルノ列車ニアリテハ運転上不便ヲ感スルノミナラス実測後二ケ年ノ久《ひさし》キニ渉《わた》リ此間奸民《このかんかんみんら》等敷地ニ樹木ヲ満栽シ種々ノ悪計ヲ逞《たくまし》フシ殆《ほとん》ト収用シ難キ事情ヲ醸成セリ」

つまり、地形は鉄道敷設に適している一方、駅の利用圏が狭いこと、八王子まで直行する列車を走らせた場合、新宿で折り返し運転が必要になること、予定線を測量して二年が経過した間に予定地に樹木をたくさん植えて収用価格釣り上げを画策する動きが顕在化しているといった難点を挙げている。

それゆえ菅原は、甲州街道の南側を調査したのだと『甲武鉄道市街線紀要』に記述している。要約すれば、このようになるだろう。

「四谷通り（甲州街道）南側の『南線』を調査したところ、経費は『北線』よりもいくぶん増えるものの、将来最も有望な線路であることが判明。殊《こと》に通過する青山練兵場に軍用停

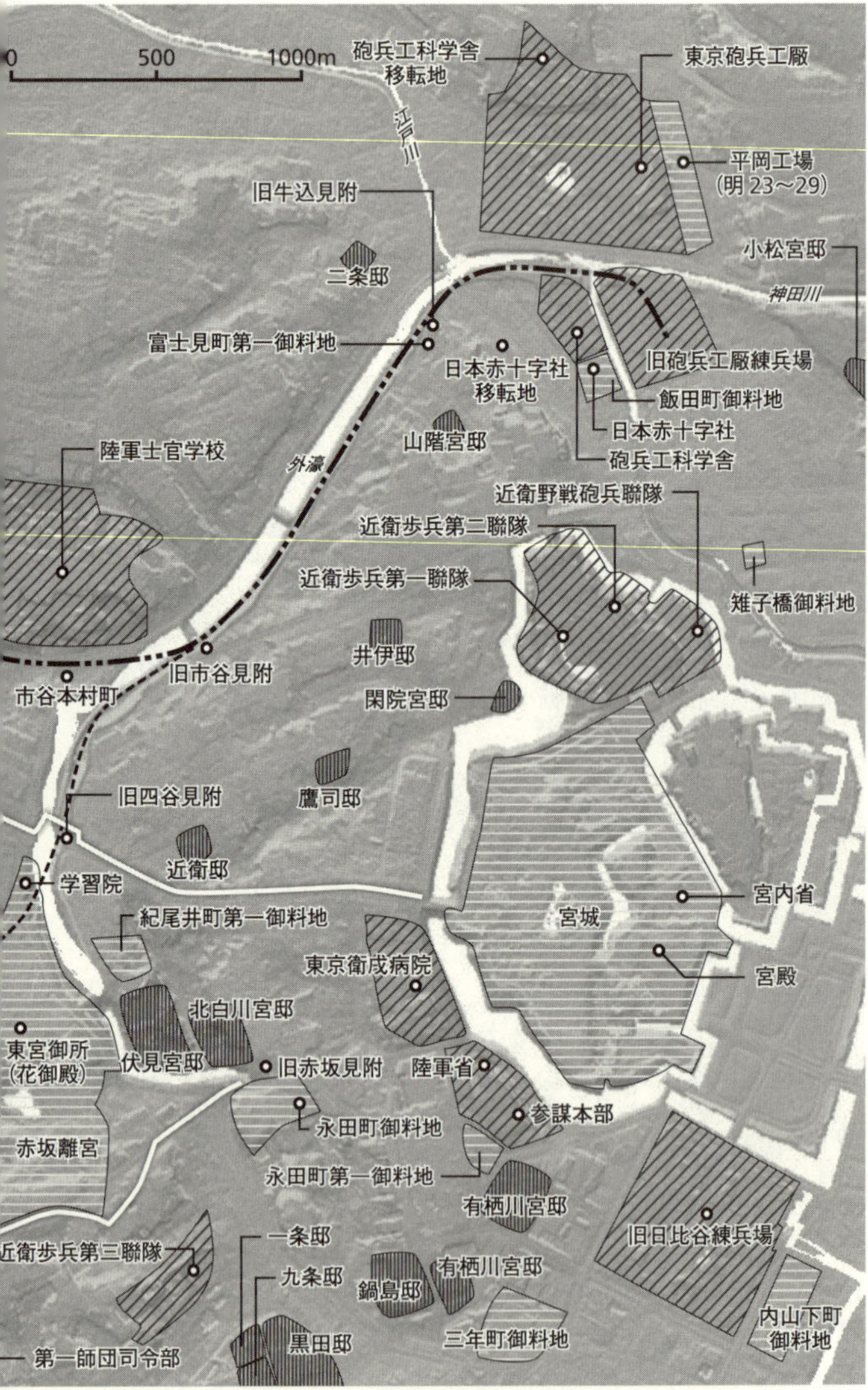

甲武鉄道市街線を建設する際、南線・北線両案が検討された。民有地を通す北線ではなく、御料地を横切る南線に決定した背景に陸軍の存在があったことは想像に難くない。

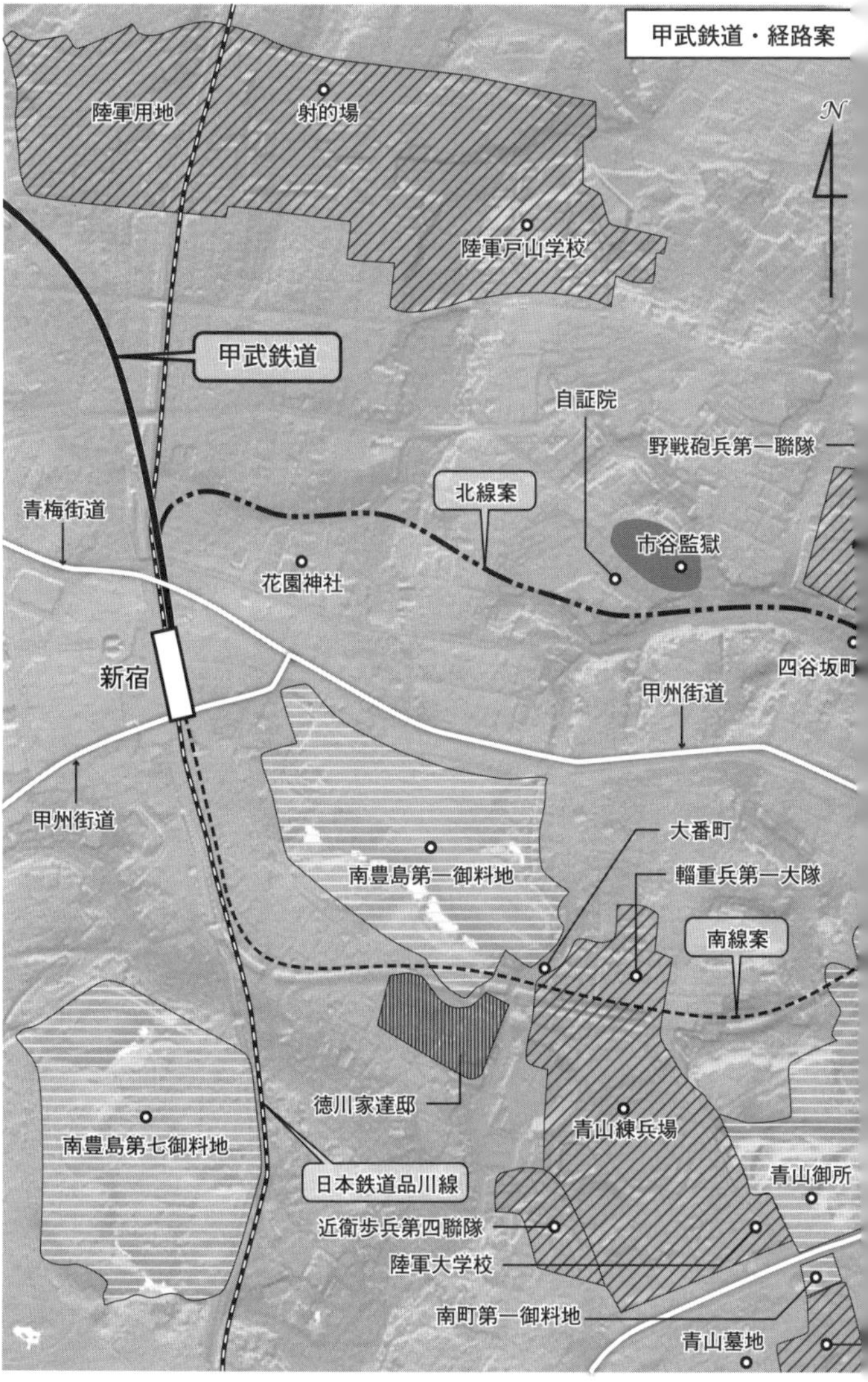

明治23年（1890）の都心部。軍用地と皇室の御料地が大きな面積を占めている。そのほか、皇族なども大きな邸宅を構えていた。鉄道が都心部に入るのは容易でなかった。↗

車場を設置するならば、利便が大きいし、陸軍高官も大いに賛同した。

明治二四年一二月に南線の実測に着手したが、新宿御苑を通過しないわけにはいかない。ここは世伝御料《せでんごりょう》(代々受け継がれるべき皇室の御料地として明治二三年に設定された制度)に指定されており、民業の用地として収用することは不可能。なかでも狩猟の鴨池に近接していることから宮内省主猟局から異議が生じた。青山練兵場に関していえば、第一師団から異議が出た。赤坂離宮付近においては、曖昧模糊として、どうしたらよいのか見当もつかない。

甲武鉄道重役だった岩田作兵衛とともに一日中歩き回ったところ、赤坂離宮の北隅から学習院の南隅にトンネルを掘って四谷濠に出ればよいことがわかったが、離宮にトンネルを穿つことなど、できようはずもない。しかし岩田氏曰く、鉄道敷設は公共事業だ。南線の軍事上の重要性を鑑みればなおさらである。経費がかかることをいとわず南線を選定した本当の狙いがいずれ理解される時が来るだろう。そこで、御料地の拝借願を宮内省に提出したところ、内部事情を窺い知ることはできないが、軍事上の利害に関して参謀本部に御下問されたことを仄聞《そくぶん》した。

明治二五年三月二三日に実測作業がほぼ終了し、南線の長所を確信して、北線から南線への線路一部変更願を内務省に提出。九月、陸軍省から以下の六箇条を提示される。曰く、第一に軍隊の出入りに不便になることから大番町《おおばんちょう》停車場を移動すべきこと、第二に四谷停車場は濠の中にあたり、要塞地の効力を減殺してしまうため、なるべく濠幅を減らさない設計にすること、第三に四谷見附《みつけ》と市谷見附の中間の線路が濠側にはみ出せば濠幅が減少してしまうため、トンネル建設で防止すること、第四に青山練兵場は狭く軍隊の教練に支障となるため、一四二〇坪以上交換地を提供すべきこと、第五に飯田町砲兵工科学舎の移転料を負担すべきこと、第六に馬術練習場が借用の既得権を有するため、示談すべきこと。これらについて、陸軍省と宮内省御料局の承認を得たが、今度は内務省市区改正委員会から、以下の四箇条の条件が提示される。第一に市区改正の道路と関連して、敷設に支障のあるものは会社の費用で改築すること、第二に牛込《うしごめ》見附付近の線路は設計道路（都市計画道路）を横切り交通上妨害となるおそれがあるので敷設の位置を変更すること、第三に四谷門から市谷門までの土堤の突出部は掘削をやめてトンネルを掘ること、第四に堤上の樹木はなるべく伐採しないこと。それらを遵守することを確約し、ようやく本免状の認可が下りるものとばかり期待していたところ、一二月の鉄道会議の結果、本免状の下附を当分見合わせることが決議された。本社は失望の極みだったが、直ちに逓信大臣に陳情書を提出した」

不可解な免許却下

菅原恒覧は『甲武鉄道市街線紀要』に「南線」の長所をいくつも書き記すが、ここまで南線にこだわるのは、北線認可の可能性が皆無で、認可の見込みがあったのは南線のみという事情があったからだろう。「殊に通過する青山練兵場に軍用停車場を設置するならば、利便が大きいし、陸軍高官も大いに賛同した」(原文では「殊ニ青山練兵場ヲ通過スルヲ以テ将来同所ニ軍用停車場ヲ設置スルトキハ運兵上ノ利便著大《ちょだい》ナルモノトシ当路者ニ於テモ大ニ賛同ノ意ヲ表セラレタリ」)という部分である。鉄道路線決定の諮問機関である鉄道会議は絶大な権限を保持しており、そこに議長と委員を送り込む陸軍ににらまれては、民間会社は何もできないに等しかった。鉄道会議で本免許が却下された直後の明治二五年一二月一七日に所管の逓信大臣宛に提出された陳情書には、「北線」で準備を進めていたところが、「甲武線は軍用鉄道に必要である」と示唆されたために「南線」に変更したことを強くにおわせている。「誰が」という主語は抜けているものの、「陸軍の誰か」であることは論を俟《ま》たない。

陳情書の原文は以下のとおり。

「三崎町延長ハ弊社創立以来ノ希望ニシテ明治二十二年五月二十二日仮免状ノ出願ヲナシ同年七月十三日右免状御下附相成候《あいなりそうろう》ニ付《つき》鉄道局ニ実測及ヒ工事設計ヲ出願シ御認可ヲ得《え》

起業ノ目途《もくと》相立候《あいたちそうろう》ヲ以テ廿三《にじゅうさん》年六月二十日本免状御下附願ヲ差出シ爾来《じらい》起業ノ準備ニ着手致候処《いたしそうろうところ》右延長線ハ市内人家稠密《ちゅうみつ》ノ地ヲ経過シ随《しがたっ》テ種々ノ故障相生シ殊ニ甲武線ハ軍用鉄道ニ必用ナリトノ問題差起リ候ニ付国家百年ノ事業軽々以テ徒《いたず》ラニ営利ノ用ニ供スヘキ者ニ非スト存候《ぞんじそうろう》ニ付陸軍省鉄道庁其他関係ノ御官衙ニ事情ヲ具申シ青山練兵場ヲ経過スル公私ノ利益ナルコトヲ確認シ更《さ》ラニ再測量ヲ遂ケ廿五年三月廿三日ニ至リ延長線一部ノ変更願ヲ差出セリ抑《そ》モ三崎町延長線タル官民ノ関係頗《すこぶ》ル重大ニシテ其位地《いち》タル新宿御料地赤坂離宮ノ如キ世伝御料地ヲ経過スル実《じつに》以テ恐縮ノ至リニ御座候得共《ござそうらえども》公共ノ用ニ供シ軍用上ノ必要ノ線路トアレバ御裁可アルベキ御内示ヲ蒙リ陸軍省ヨリハ陸軍要塞地ヲ害セス停車場其他種々変更スヘキ御命令ヲ蒙リ盡《ことごと》ク之ヲ遵奉更ニ設計ヲ修正シ内務省ヨリハ市区改正事業ニ衝突セス市内風致《ふうち》ヲ損セサル様《よう》諸種ノ御命令ニヨリ起業費ノ増額ニ係ハラス盡ク之レヲ遵奉重テ設計ヲ改メ其他民間関係者ノ要求ヲ容レ仮免状御下附以来三年六ケ月ノ間経営苦心起業ノ準備ニ汲々《きゅうきゅう》シ材料ノ購買土地ノ収用漸《ようや》ク緒《ちょ》ニ就《つ》カントシ本免状御下附ノ日ヲ待ツテ起業ニ着手神速成工《しんそくせいこう》以テ平素ノ希望ヲ達セント一日千秋《いちにちせんしゅう》願意ノ達センコトヲ熱望罷在《まかりあり》候処図《はか》ラサリキ新聞紙ノ報道スル処ニヨレハ鉄道会議ニ於テ三崎町線当分本免状御下附ヲ見合スヘキヤノ御評議有之趣《これありのおもむき》承知仕《つかまつり》候新聞紙ノ報道素ヨリ以テ信否ヲトスベカラス候得共三崎町延長線ハ鉄道布設法案御発布ニ先立チ三年以前ニ於

テ既ニ仮免状御下附相成居《お》リ候義ニ付素ヨリ新聞紙ノ記事ヲ根拠トシ徒ラニ杞憂可致筈無《きゆういたすべくはずなく》御坐候得共三崎町延長線竣工ノ遅速ハ弊社既成線路ノ盛衰ニ関スルハ申上ル迄モナク」

大意としては、「三崎町延長は弊社創立以来の希望にして、明治二二年日仮免状出願と下付以降、鉄道局に対し、実測と工事設計の出願・認可を得て起業の目途が立ち、明治二三年六月に本免状認可を願い出て準備していたところ、この延長線（北線）は人家密集地を通ることなどの支障を生じたが、そのうち甲武線は軍用鉄道として不可欠という問題が提起され、陸軍省・鉄道庁など関係官庁に事情を説明したところ、青山練兵場を通ることに公私の利益があることを確認し、南線を再測量の結果、延長線一部ノ変更願を提出。宮内省・陸軍省・内務省はもとより、民間関係者とも調整を図って、要請をすべて受け入れ、ようやく本免状下付までこぎ着けようとしていたところ、鉄道会議で本免状を当分見合わすべきと結論が出たとの新聞報道を目にした。三崎町延長線竣工の時期が弊社既成線の盛衰に直結することはいうまでもなく」、以下、陳情書では、このままでは資金が尽きかねないという窮状を切々と訴えている。

甲武鉄道は民間会社だった。悠長に待っていられないのである。それゆえ、この陳情書では、お上に対し平身低頭の態度を示しつつも、落胆を隠さないばかりか理不尽な仕打ちへの怒りが爆発している。注目すべき箇所は、「陸軍省鉄道庁其他関係ノ御官衙ニ事情ヲ具申シ青山練兵場ヲ経過スル公私ノ利益ナルコトヲ確認」して、陸軍のいうがままに「北線」を「南線」に変更したにも拘《かか》わらず、本免許を却下されたと強く示唆した部分であろう。「北線」を「南線」に替えたことはやはり甲武鉄道の本意でなかったのである。

一説には次のような話も伝わっている。明治二三年六月、「北線」案で新宿〜三崎町の本免許下付を願い出た甲武鉄道の重役の雨宮敬次郎のもとを参謀次長の川上操六が訪ね、「東京には軍事停車場がないため苦しんでいる。青山練兵場から新宿へ出るようにすれば、陸軍省は保護するがどうか」と申し出た。だが、雨宮は「乗客も見込めない南線は、陸軍が金を出すというのならともかく、会社としては認めがたい」と拒否。結局、測量してから判断を下すとしてその場はおさまったというのである。

市街線に反対した人物

甲武鉄道への本免許を却下した明治二三年(一八九〇)一二月一五日の鉄道会議の速記録によれば、甲武鉄道の都心延長に対して「当面見合わせ」すべきとして猛反対したのは、出席していた委員の一人、谷干城だった。根拠としては、軍事上必要な「中央線」(甲府を経て名古屋に至る鉄道)と甲武鉄道との関連が不明確であること、外濠脇の土手を崩してまで線路を敷設する必要があるのかという疑問を述べ、八王子線(新宿〜八王子間)の軍事上の目的が果たされた後で評議すればよいと述べた。これに対して、鉄道庁第二部長（ほどなく鉄道庁長官に昇進）で鉄道土木の専門家である松本荘一郎《まつもとそういちろう》は、内務省の指導にしたがって景観保全に最大限努力していること、外濠の土手を破壊することはないこと、陸軍省の要望もすべて受け入れていると反論した。谷はなおも八王子線の広軌改築や政府買い上げを優先すべきと反駁《はんばく》して議論は平行線をたどった。延期に賛成する別の委員からは、今免許を与えてしまうと将来の買収（国有化）の障害になるという意見もあった。

ただ、陸軍側委員の一人だった山根武亮《やまねたけすけ》（工兵第一大隊長、参謀本部第一局員を歴任）は意見を異にしている。「中央線」の考えは同様としながらも、都心延長に関しては賛意を示したのだ。軍としては早く線路を飯田町《いいだまち》まで延長して軍用の目的を達したいと述べた。

採決の結果、甲武鉄道への本免許は「延期」と決まった。「許可」でも「不許可」でもなく「延期」となったのは、賛否両方の立場の委員の対立が解けないまま議論が紛糾したためだろう。年が明けた正月の会議でもまとまらず、結局、五人の特別委員を任命して報告書を作成したうえであらためて議論することとなった。翌二月中旬の会議では報告書を元に議論が行われ、紛糾の元になった鉄道敷設法に定める「中央線」と甲武鉄道の問題を切り離した上で、都心への延長線がようやく認可されることになった。甲武鉄道に待望の本免許が下付されたのは、三月一日である。以下、『甲武鉄道市街線紀要』に戻る。

「二十六年三月一日新線布設ノ本免状ヲ下附セラル是レ出願ノ日ヨリ殆ト四ケ年ノ星霜ヲ閲過《えつか》セリ吁顧《ああかえり》ミレハ此長歳月間ニ於ケル官衙ノ交渉複雑至難ナル彼レカ如ク又一面民間ニ於テハ牛込四谷区民ノ一部反抗運動ヲ試ムルアリ」

路線延長の当事者としての喜びが爆発している。陸軍省・宮内省・内務省などとの交渉の難しさを振り返る一方、後段では「一面民間ニ於テハ牛込四谷区民ノ一部反抗運動ヲ試ムルアリ」にもふれている。「南線」に関して、牛込・四谷両区の民有地を通ることはなかったから、この「反抗運動」というのが「南線」に反対して「北線」誘致を求める動きか、鉄道が近隣を通ることそのものに反対する動きだったかは定かでない。

やがて着工にいたる。

「明治二七年三月、諸般の手続が完了して、青山練兵場内の工事に着手。この年六月、東京付近に強い地震が発生し、家屋や煙突の倒壊や亀裂が相次いだ。新線も罹災し築堤に多少の亀裂を生じたものの、トンネルや橋梁にはまったく異状がなかった。七月二七日、工兵の本署から一ヶ月半以内に青山軍用停車場を完成させるよう委嘱を受けた。実は、それ以前から青山練兵場に軍用停車場を開設して甲武線を経由し、西は広島、東は青森までつなげる計画があり、陸軍省・参謀本部はしばしば甲武鉄道の技術部に調査を委託していた。日清戦争勃発により昼夜兼行で工事を進め、九月一七日に四哩(六・四キロ)にわたる軍用線と軍用停車場が完成。同月二三日より軍隊輸送を開始した。旅順に出征した第一師団、威海衛《いかいえい》に出征した第二師団、台湾に出征した近衛師団は、実にこの軍用停車場から出発したものである。二八年五月から六月にかけての凱旋軍隊もまたこの軍用停車場を利用している」

スポーツ施設や聖徳《せいとく》記念絵画館などが立地している明治神宮外苑は、明治四〇年代まで青山練兵場だった。日清戦争中、青山練兵場の敷地に軍用停車場が開設されていた。現在の千駄ケ谷《せんだがや》駅(当時は駅はなかった)付近から線路が分岐し、首都高が通るあたり(聖徳絵画館の北側)に停車場のプラットホームが設けられていたのである。練兵場の北西から南東に向かっては、客車や貨車を留置するための線路が何本も延びていた。新宿御苑の一部だった三角形の土地(現在の千駄ケ谷駅付近)には機関車庫と転車台が設けられており、全体の規模は、のちに甲武鉄道の始発ターミナルになる飯田町停車場よりもずっと巨大だった。青山軍用停車場は、日清戦争の凱旋列車輸送を終えると休止になったが、戦時における軍隊移動に有効に働いたことから、日露戦争に際しても再び開設されている。

軍用地と皇室御料地

甲武鉄道の都心延伸は、軍部や政府をなだめるように折衝を重ね、薄氷を踏む思いでようやく完成したものだった。路線敷設にあたって、最大の問題は、皇室の御料地と陸軍用地への対処だった。「飯田町陸軍御用地」七三六六坪と土手敷地一万二三六三坪、濠敷地七九七〇坪は陸軍省から三〇年無料借用、また道路敷地一〇〇坪は東京府から三〇年間無料借用できることになった。「四谷火除御料地」一二六三坪と新宿御料地(いわゆる新宿御苑。明治二〇年以降の正式名は南豊島《みなみとしま》第一御料地)一三四六坪は宮内省御料局(皇室財産の管理をしていた部署)から営業期間無料借用できることになった。四谷火除御料地とは、鮫河橋《さめがはし》町《まち》御料地のこと。赤坂離宮北西部の鮫河橋は人家が密集しており、明治一九年(一八八六)に離宮隣接地一帯が防火用地として買収されていたのである。

現在の中央線の千駄ケ谷駅付近は北側が新宿御苑と隣接しているが、実は中央線は御苑を分断していた。戦後の昭和三三年に町名が改称されるまで、旧来の新宿御苑の輪郭どおりに「渋谷区千駄ヶ谷大谷戸町《おおやとちょう》」(千駄ヶ谷大谷戸町は、中央部に新宿・渋谷区境が引かれている新宿御苑の渋谷区側の町名)が中央線の南側まで延びていたのだ。開業当時の千駄ケ谷駅は現在より一〇〇メートルほど東にあり、大正一三年(一九二四)に二代目駅舎が完成して現位置に移ったが、この場所はかつての新宿御苑の一部である。

このほか、さまざまな施設の移転費用が発生した。まずは陸軍御用地にあった砲兵工科学舎の移転費用。砲兵工科学舎はこのあと砲兵工廠北西の高台に移転し、明治二九年に陸軍砲兵工科学校となったのち、大正九年に陸軍工科学校と改称(尉官を対象とした高等教育を受け持つ似た名前の陸軍砲工学校が牛込区若松町《わかまつちょう》に存在していたためだろう)している。陸軍御用地を借りて営業していた馬術練習所の買収費用も発生した。

また、砲兵工科学舎の南には、陸軍御用地一四二八坪を借りるかたちで日本赤十字社と日本赤十字社病院があったが、一九〇一坪の土地と交換している。陸軍の土地に赤十字社(明治二〇年までは博愛社という名称だった)の病院が開院したのは、病院設立の提唱者が陸軍軍医総監だった橋本綱常《はしもとつなつね》だったことも関係しているのだろう。明治一八年に開かれた博愛社の社員総会では、橋本綱常が社員の資格で「病院設立建議書」を提出しており、翌年の臨時議員会で、博愛社の病院設立が正式に決議されていた。橋本は、明治一九年一一月に開院した博愛社病院の初代院長に就任している。開院式には皇后(一条美子《いちじょうはるこ》。昭憲《しょうけん》皇太后と追号)が臨席している。

明治二四年、赤十字社病院は、広尾《ひろお》の南豊島第二御料地(七万三〇〇〇坪)の北側の一万七〇〇〇坪余り(のちに四万三五〇〇坪)を借りて移転した。従前よりも一〇倍以上の広大な土地であるばかりか、皇室から建設資金一〇万円が下賜されている(片山東熊《かたやまとうくま》が設計した当時の病棟の一部は、愛知県の明治村に移築されて現存)。南豊島第二御料地の南側の土地(二万三九〇〇坪)は、大正八年に久邇宮家が拝借して御殿を構えることになる。現在の聖心《せいしん》女子大学の校地である。

ただし日本赤十字社本社は飯田町の旧地に残り、翌明治二五年六月には広尾の赤十字社病院とは別に、本社病院を開院している。日本赤十字社の本社は明治二七年に移転したが、その替地は飯田町六丁目(現在の住居表示は飯田橋四丁目)で、旧地の二〇〇メートルほど西だった。移転先のすぐ西隣には、司法大臣などを歴任した山田顕義《やまだあきよし》の屋敷があったが、この土地は現在東京大神宮になっている。なお、日本赤十字社本社が芝《しば》公園の現在地に移転するのは、大正元年である。

甲武鉄道は、四谷火除御料地にあった近衛局の建物移転費用も負担している。おそらくこれは御所隧道の位置に所在した守衛首部だった庁舎だろう。御所隧道を開削工法で工事したため、隧道上の建物を撤去する必要があったからである。その西側の土地(現在の学習院初等科の校地の東半分)には学習院附属運動場と植物園があったと思われるが、学習院附属運動場の鉄道通過部分(六〇六坪)の買収並びに学習院附属植物園の移転と周辺道路の付け替え工事が発生している。因みに学習院は、明治二二年から四一年まで、赤坂離宮北側の仲町《なかちょう》第一・尾張町《おわりちょう》御料地に校舎があった。

鉄道線が通るにあたり、新宿御苑にあった華族養蚕室《ようさん》の移転費用も補償している。青山御所内には英照皇太后(孝明天皇妃。九条夙子《くじょうあさこ》。明治天皇の嫡母)の御養蚕所があり、御養蚕

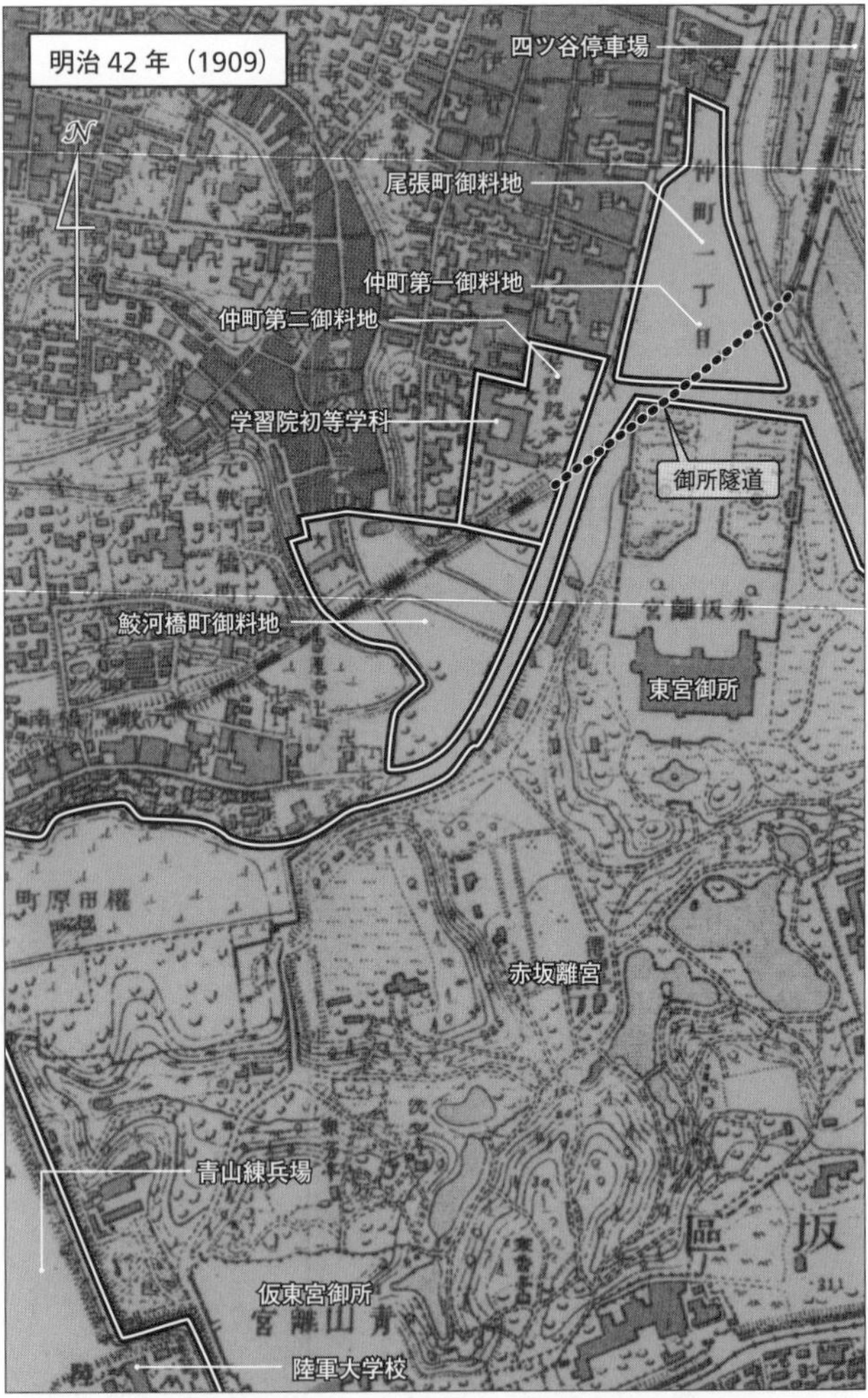

仲町第一・尾張町御料地には明治41年（1908）まで学習院があった。その後仲町第二御料地を拡張して初等学科の校舎を建設。鮫河橋町御料地は明治神宮草木育成地となる。
（出典：一般財団法人日本地図センター「東京時層地図」）

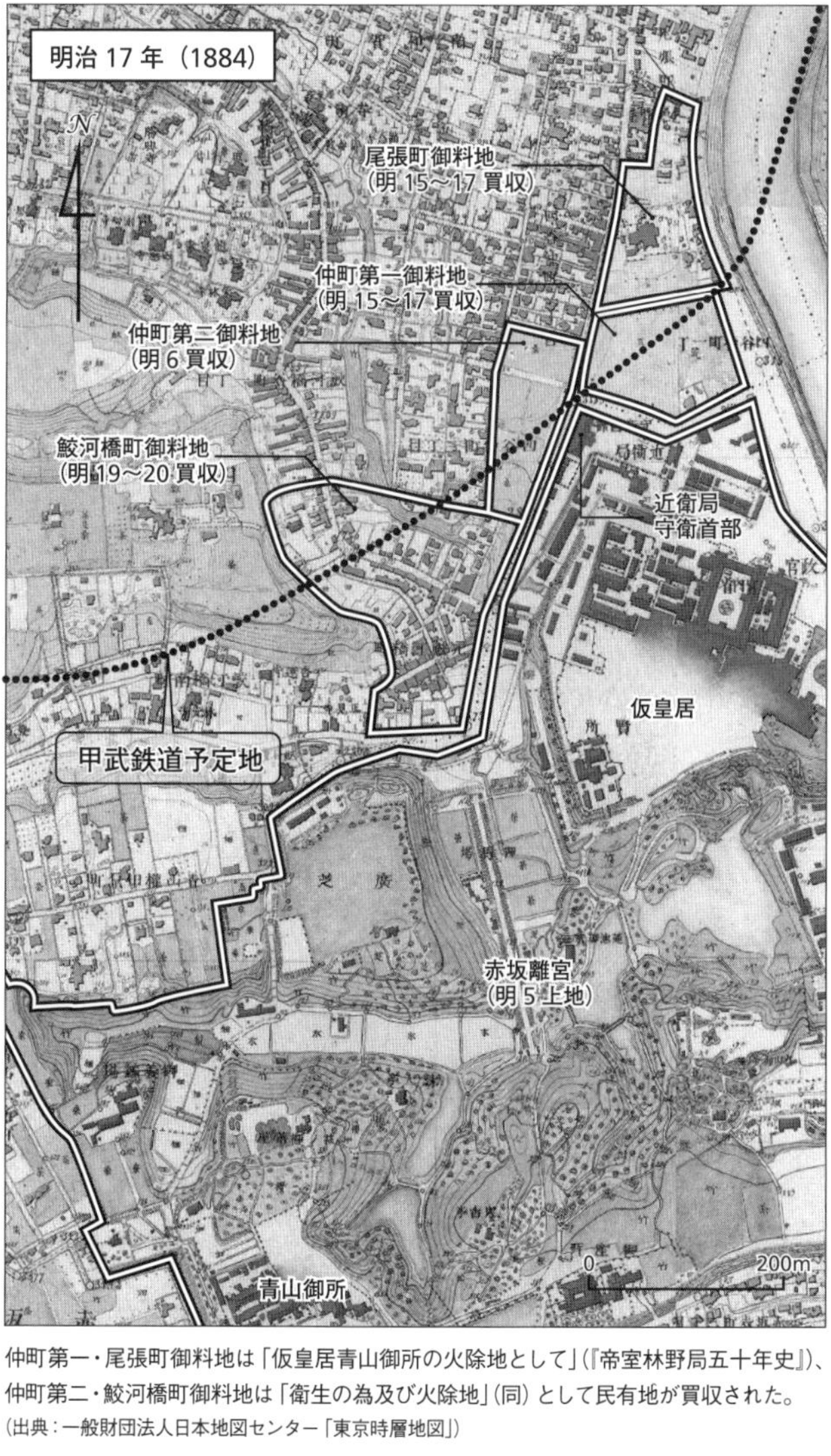

仲町第一・尾張町御料地は「仮皇居青山御所の火除地として」（『帝室林野局五十年史』）、仲町第二・鮫河橋町御料地は「衛生の為及び火除地」（同）として民有地が買収された。
（出典：一般財団法人日本地図センター「東京時層地図」）

最大面積坪	編入年	解除年	主な現況
662907	明1		皇居（皇室用財産）
520	明21	明44	東京銀行協会ビル
500	明44	大11	東京交通会館
12733	明22	戦後	帝国ホテル、NTT日比谷ビル
26162	明19	戦後	霞が関ビル、文科省
13975	明29	戦後	国会前庭南地区
2303	明6	戦後	国会議事堂
13600	明11	戦後	衆参議長公邸
16321	明45	戦後	東京ガーデンテラス紀尾井町
3514	明12	戦後	上智大
2790	明19	明21	参議院麴町議員宿舎
6480	明24	戦後	千鳥ヶ淵戦没者墓苑
771	明19	戦後	飯田橋サクラテラス
3016	明22	明22	シティタワー九段下
1632	明23	明25	日本教育会館、共立女子大２号館
151	明21	大11	ソラリア西鉄ホテル銀座
81	大11	大14	銀座ウォールビル
4523	明23	明30	浜離宮三井ビル
75489	明3	昭20	浜離宮恩賜庭園
9082	明23	大6	リバーシティ21
16463	明8	大13	旧芝離宮恩賜庭園
15692	明22	大13	汐留ビル
12091	明28	昭5	虎の門病院、JT、商船三井
7900	明20	明25	東京慈恵会医大
6530	大14	戦後	亀塚公園、三田台公園
33700	明22		高輪皇族邸、高松中
41500	明31	戦後	グランドプリンスホテル高輪・新高輪、京急ＥＸホテル品川
76000	大6	戦後	自然教育園、東京庭園美術館
10213	明24	戦後	東京倶楽部、アークフォレストテラス
3855	明42	戦後	東洋英和女学院小学部

東京都心部にあった主な御料地

名称	所在地	主な前身
宮城	千代田区千代田	江戸城
永楽町第一御料地	千代田区丸の内1	皇居御造営事務局物揚場
有楽町御料地	千代田区有楽町2	東京市有地
内山下町御料地	千代田区内幸町1	外務省用地・鹿鳴館
三年町御料地	千代田区霞が関3	工部大学校
霞関離宮	千代田区永田町1	有栖川宮邸
永田町第一御料地	千代田区永田町1	安芸浅野邸
永田町御料地	千代田区永田町2	出雲松平邸
紀尾井町御料地	千代田区紀尾井町	紀伊徳川邸
紀尾井町第一御料地	千代田区紀尾井町	山階宮邸用地
麴町第一御料地	千代田区麴町4	近衛篤麿所有地
一番町御料地	千代田区三番町	閑院宮邸
富士見町第一御料地	千代田区富士見1	式部寮官用地（雅楽稽古場）
飯田町御料地	千代田区飯田橋2	陸軍省（博愛社借用）
雉子橋御料地	千代田区一ツ橋2	文部省用地
木挽町第一御料地	中央区銀座4	東京府有地
東豊玉河岸御料地	中央区銀座6	逓信省用地
築地御料地	中央区築地5	海軍省用地（海軍大学校）
浜離宮	中央区浜離宮庭園	徳川家庭園
佃島御料地	中央区佃2	海軍用地
芝離宮	港区海岸1	紀伊徳川邸
浜崎町第一御料地	港区海岸1	海軍省兵営（軍楽隊）
葵町御料地	港区虎ノ門2	海軍省用地
愛宕町御料地	港区西新橋3	内務省用地
三田台町御料地	港区三田4	華頂宮邸
高輪御料地	港区高輪1	海軍病院
高輪南町御料地	港区高輪3	後藤象二郎邸
白金御料地	港区白金台5	陸軍火薬庫
麻布御料地	港区六本木1	長府毛利邸、梨本宮邸
鳥居坂御料地	港区六本木5	佐々木高行邸

最大面積坪	編入年	解除年	主な現況
9700	大15	戦後	母子愛育会、麻布運動場
1742	明35	昭2	アメリカ大使公邸
6000	明19	昭11	三会堂ビル
237	明39	昭11	三会堂ビル
8429	明10	明19	衆議院新赤坂議員宿舎、ツムラ
185775	明5		赤坂御用地(皇室用財産)
2505	明7	明40	新青山ビル
678	大4	戦後	NTT青山ビル
8500	明15	戦後	若葉東公園
13300	明6	戦後	学習院初等科、みなみもと町公園
1485	明39	戦後	道路
4425	明24	明24	成城学校
190602	明12	昭22	国民公園新宿御苑
64	明33	戦後	四谷区民センター
3400	大12	戦後	日立目白クラブ
22000	明15	明21	住宅地
32000	明19	戦後	東京国立博物館
3880	明21	明21	凸版印刷
73030	明15	戦後	日赤医療センター、聖心女子大
6000	明15	昭8	東京女学館
	明15		常陸宮邸、青山学院初等部
14850	明16	明22	住宅地
	明15	戦後	国学院大、広尾中
205900	明17	戦後	明治神宮
78810	明29	戦後	学習院大
2970	明15	大12	錦華学院

帝室林野局/編『帝室林野局五十年史』、三浦涼・佐藤洋一「東京中心部における皇室御料地の形成過程」等より作成。

名称	所在地	主な前身	
盛岡町御料地	港区南麻布5	高松宮所有地	
霊南坂御料地	港区赤坂1	逓信省用地	
溜池町御料地	港区赤坂1	工科大学用地	
田町御料地	港区赤坂1	東京市有地	
福吉町御料地	港区赤坂2	徳川家達邸予定地	
赤坂離宮・青山御所	港区元赤坂2	紀伊徳川邸	
南町第一御料地	港区南青山1	民有地（畑）	
青山北町御料地	港区北青山2	青原寺	
仲町第一・尾張町御料地	新宿区四谷1	民有地	
仲町第二・鮫河橋町御料地	新宿区若葉1・南元町	民有地	
大番町御料地	新宿区大京町	民有地	
原町御料地	新宿区原町3	陸軍士官学校練兵場	
南豊島第一御料地（新宿御苑）	新宿区内藤町・渋谷区千駄ヶ谷6	高遠内藤邸	
内藤町御料地	新宿区内藤町	東京府有地	
落合御料地	新宿区下落合2	東京土地住宅所有地	
向ヶ岡御料地	文京区弥生2	警視庁射的場	
上野御料地	台東区上野公園	農商務省博覧会用地	
二長町御料地	台東区台東1	内務省用地（牛痘種継所）	
南豊島第二御料地	渋谷区広尾4	開拓使東京渋谷農業試験場	
南豊島第三御料地	渋谷区広尾3	黒田清隆所有地	
南豊島第四御料地	渋谷区渋谷4・東4	黒田清隆所有地	
南豊島第五御料地	渋谷区東1	松平容大所有地	
南豊島第六御料地	渋谷区東4	黒田清隆所有地	
南豊島第七御料地（明治神宮）	渋谷区代々木神園町	井伊直憲邸	
高田御料地	豊島区目白1	民有地	
上板橋御料地	練馬区小竹町1	農商務省所管官林	

所の隣には小さな蚕室が併設されて華族の子女が蚕の飼育を行っていた記録があるから、新宿御料地の華族養蚕室が青山御所に移転した可能性もある。因みに青山御所では、英照皇太后崩御前年の明治二九年まで養蚕が行われていた。明治四一年春、当時の皇太子妃（のちの大正天皇皇后の貞明《ていめい》皇后。九条節子《さだこ》。英照皇太后の姪にあたる）は、青山御所の御養蚕所を改築し、養蚕を復活させた。大正天皇即位後の大正三年（一九一四）には、宮城《きゅうじょう》（現在の皇居）の紅葉山《もみじやま》に御養蚕所を新築し、養蚕が受け継がれている。

幻の外濠環状線

甲武鉄道の市街線に特徴的なのは、トンネルの扱いであろう。市街線には外濠上に三つのトンネルが存在したが、あえてトンネルにする必要のないものばかりだった。だが、内務省の市区改正委員会の勧告を受けたため、景観に配慮してトンネル構造としたのである。四谷から飯田橋にかけて、外濠に面した斜面が比較的江戸期の面影を保っているのは、市区改正委員会からの申し入れがあったからにほかならない。

四谷見附と市谷見附に加え、明治二〇年代に新設された新見附の下を、それぞれ四谷隧道（約二六メートル）、三番町《さんばんちょう》隧道（約三〇メートル）、四番町《よんばんちょう》隧道（約一八メートル）という三本のトンネルで貫くことになった。これらは、昭和初期に施行された複々線工事の際に明かり区間（切り通し）とされ、現存しない。

今も残る唯一の明治期のトンネルが、赤坂離宮の御料地をかすめる御所《ごしょ》隧道である。このトンネルについては、いったん土地を切り開き、トンネル外壁の工事をした後で埋め戻す開削工法がとられた。このときはトンネル工事に伴う建物への影響を危惧した学習院（迎賓館前の若葉東公園に当時の校地があった）から、建物からトンネル中心線まで一七間（約三一メートル）以上離すこと、地面からトンネルの頂点まで一三間（約二四メートル）以上深くすることなどを求める一四箇条の要求を突きつけられている。そのため、いっそう慎重に工事を進めたという。このときのトンネルは複線用で開削されたが、現在は下り緩行線単独で使用されている。

新宿から牛込まで開通した時、途中の停車場は信濃町《しなのまち》と四ツ谷だけだった。計画段階では、甲武鉄道は信濃町より五〇〇メートル近く西の大番町付近に停車場を計画していたが、陸軍省から軍の出入りに支障があるとの理由で拒絶され、この位置に落ち着いたものと思われる。

隠忍自重《いんにんじちょう》しているように見えた甲武鉄道だったが、これを機会到来とみたのか、明治二六年七月、「市内循環鉄道布設願書」を提出している。これによれば、その予定線は、「四谷停車場ヨリ分岐シテ御堀側土堤敷《どていじき》ニ沿エ赤坂見附虎ノ門幸橋山下門ヲ経テ市区改正御予定ノ中央停車場ニ至リ尚《な》ホ進ンテ神田橋一ツ橋ヲ経テ今川小路《いまがわこうじ》新運河ニ沿エ弊社飯田町停車場に連絡スル五哩拾弐鎖間の鉄道線」だという。江戸城の旧外濠と外濠川(現在の日本橋川の上流部)を一周する五哩一二鎖(八・三キロ)の新線だった。もし実現していれば、外濠沿いの環状線が誕生したわけだが、認可が下りないまま立ち消えになった。

このあと明治三七年八月、甲武鉄道(中野~飯田町間)には、日本の鉄道史上最も早く電車運転の認可が下りるが、これも御料地を通るがゆえの措置だったと思えなくもない。蒸気機関車から排出される煤煙の問題もさることながら、火の粉による沿線火災を危惧したためであろう。赤坂離宮の北西側の御料地は、火災の延焼防止の火除地にする目的で市街地を買収して更地にした経緯があったから、その効果を無にしかねない甲武鉄道の蒸気機関車には心配が絶えなかったと思われる。

日清戦争と軍用停車場

明治二七年(一八九四)七月二七日、新宿から青山練兵場への軍用線と青山軍用停車場の建設が始まった。陸軍が甲武鉄道に委嘱した工事である。この区間は九月一七日に完成、二三日から輸送を開始している。この停車場は、東日本各地から上京した軍隊をいったん受け入れ、戦地に送りだす重要な機能を果たした。最初、東京に司令部を置いていた第一師団隷下の部隊が旅順に向けて出征し、つづいて仙台に司令部を置いていた第二師団隷下の部隊が威海衛に上陸していった。

青森にあった第二師団隷下の歩兵第五聯隊（歩兵第四旅団所属）を例にとろう。第二師団に動員令が下ったのは明治二七年九月二五日。同月三〇日には応召者を含めた動員が完結し、青森で猛演習を繰り返す。一〇月二四日、青森の造道《つくりみち》練兵場で歩兵第四旅団（旅団長は陸軍少将の伏見宮貞愛《ふしみのみやさだなる》親王）の出戦式を挙行、二八日に屯営を発し、一一月一日には広島に着いている。わずか五日で大量の兵員が青森から広島に送られたわけである。鉄道の力を実感せざるをえない。

当時は新橋〜上野を直結する鉄道が存在しなかった。そのため、奥羽方面の兵士を乗せた列車は、赤羽から品川線（現在の埼京線・山手線）を経由して新宿から甲武鉄道が建設した軍用線に乗り入れ、青山軍用停車場に入った。

軍用列車のスムーズな直通運転をするべく、各地で突貫工事による線路改良が行われた。たとえば青山軍用停車場からは、軍用線（青山軍用停車場〜新宿）と日本鉄道（新宿〜品川）を経て東海道線に入ったが、折り返し運転となっていた品川での不便さを解消するため、目黒〜品川間の大崎付近から分岐して、東海道線の品川〜大森《おおもり》間の大井《おおい》付近に連絡する短絡線七二鎖（一・四キロ）が建設された。

また、開業当時の横浜停車場は、現在の桜木町駅の位置にあり、横浜港に大きく張り出す立地となっていた。そのため、明治二〇年に東海道線が横浜から国府津まで建設された際は、横浜から折り返すかたちで線路が敷設されていた。直通列車は一度横浜で前後の向きを逆転しなければならなかったのである。迅速な大量輸送を実現するため、横浜停車場を通過する神奈川〜程ケ谷《ほどがや》(現在の保土ケ谷)間一哩六八鎖(三・〇キロ)の短絡直通線を建設した。また、軍事輸送を円滑に行うために側線やさまざまな施設を設ける停車場の緊急改築が、郡山《こおりやま》・名古屋・大阪などの各停車場で実施された。これらの工事費用は、いずれも臨時軍事費から支出されている。

第五章　日清戦争と山陽鉄道

――なぜ山陽本線に急勾配の難所があるか

ささやかな鉄道計画

東日本一帯に路線を延ばしつつあった私設鉄道の雄、日本鉄道の成功を見てのことだろう。雨後の筍のように各地で鉄道事業の出願が相次いだのが、明治二〇年(一八八七)前後である。その乱立ぶりは、鉄道局長官の井上勝をして、「出願者ノ情況ヲ観察スルニ概《おおむ》ネ近年流行ノ鉄道病ニカカリアタカモ発熱煩悶《はんもん》シテウワゴトヲ吐クモノノゴトク」と嘆かせるほどだった。「鉄道病にかかり、あたかも発熱煩悶してうわ言を吐く者のごとく」という直接的な表現からは、当時の沸き立つような雰囲気が想像できる。ちょっとした金持ちであれば、こぞって鉄道の儲け話を囁《ささや》きあっていたといっても過言ではなかったのだろう。

私鉄の乱立となりかねないこうした状況を見かねた井上勝は、総理大臣の伊藤博文を動かし、明治二〇年三月、政府の統制色の強い私設鉄道条例を成立させている。ところがこの条例は、線路敷設にいたる免許交付のプロセスを具体的に記していたことから、いっそう鉄道会社創立ブームに拍車がかかるという皮肉な状況を生み出していた。

この時期に設立された鉄道会社の中で最大規模の会社が、現在の山陽本線にあたる神戸〜赤間関《あかまがせき》(現在の下関《しものせき》)間の建設を出願した山陽鉄道だった。ただ、そこにいたるまでには紆余曲折があった。

神戸以西の鉄道建設構想を最初に具体化したのは、神戸区長(現在の神戸市長に相当)を務めていた薩摩出身の村野山人《むらのさんじん》だった。だがそれは、広島や下関まで至る壮大な路線ではなく、神戸〜姫路《ひめじ》間というごくささやかなものだった。実は兵庫県というのは複雑な歴史を抱えている。主な地域だけで摂津《せっつ》・丹波《たんば》・但馬《たじま》・播磨《はりま》・淡路《あわじ》の五ヶ国（このほか美作《みまさか》・備前《びぜん》の一部を含めると計七ヶ国）からなり、太平洋側（大阪湾・播磨灘）と日本海側の両方の海に面している。地勢や歴史、風土が地域ごとにまちまちなのも当然なのである。ほぼ現在の兵庫県の県域が成立したのは明治九年で、もとの兵庫県（現在の神戸周辺のみ）に飾磨《しかま》県（播磨国）全域と豊岡《とよおか》県の一部（但馬国・丹波国）、名東《みょうどう》県の一部（淡路国）を合併して成立した。県域は近畿最大で、当時の人口は全国トップクラス。東京府や大阪府の人口をしのいでいた。ただ、強引な合併策が災いし、姫路の飾磨県再設置運動が高揚するなど、県政は安定しなかった。

明治一〇年代前半は、堺県（旧大和《やまと》国・河内《かわち》国・和泉《いずみ》国）から奈良県が分離（残りは大阪府に合併）したり、島根県から鳥取県が分離したり、石川県から福井県と富山県が相次いで分離するなど、強引な合併で生まれた巨大な県の弊害が顕在化しつつあり、分離も現実的な選択だった。そのなかで神戸〜姫路間の鉄道敷設に積極的だったのが、神戸区長を務めていた村野山人と兵庫県令の内海忠勝《うつみただかつ》（長州出身）というのは、鉄道を通じて地域統合を進めたいという思惑や当時の兵庫県の人心の動揺を物語っているようで興味深い。

瓢箪から駒の巨大私鉄

村野山人らの当初の目論見《もくろみ》はあくまで神戸～姫路間の鉄道敷設だった。事実、明治一九年(一八八六)一二月、兵庫県知事(明治一九年に県令から改称)の内海忠勝の名で出資を促す案内状が届けられたのは、灘《なだ》の酒造家など地元の名望家一二名である。ただしそれだけでは政府の認可や保護を受けづらいだろうということで、三菱財閥の大番頭格で福沢諭吉《ふくざわゆきち》門下の荘田平五郎《しょうだへいごろう》(豊後《ぶんご》出身)、山県有朋と懇意で武器商から身を興し、阪堺《はんかい》鉄道を軌道に乗せていた藤田伝三郎《ふじたでんざぶろう》(長州出身)、横浜正金銀行頭取の原六郎《はらろくろう》(但馬出身)、大名華族(地元の摂津三田《さんだ》藩主)の九鬼隆義《くきたかよし》を発起人に招いた。

財閥や政商といった面々が介在するにつれ、鉄道敷設構想はしだいに変質していく。明治二〇年一月に兵庫県知事を経て総理大臣に提出された鉄道敷設の請願書の文面は奇妙である。「神戸姫路間鉄道布設ノ義ニ付願」と題されているにも拘わらず、提出直前に東京にいる荘田平五郎と原六郎の手により、「先以《まず》テ神戸姫路間ニ鉄道ヲ布設シ」の後に「追テ便宜ノ土地ヘモ延長致度候《いたしたくそうろう》」という文言が急遽追加された。姫路以西に延長する可能性を残しておく老獪な知恵である。

神戸～姫路の鉄道敷設に対して、鉄道国有論者である鉄道局長官の井上勝は強く反対し、辛辣な意見を返した。曰く「線路ハ山陽ノ要路ニシテ馬関ニ連絡スヘキ幹線ノ一部ナレハ一地方ニ関係スルモノニ非《あら》ズ、然ルニ民設会社ノ主旨ハ敷設工事ノ最モ簡易ニシテ営業上収得最モ多キ部分ヲ選択スルニ外ナラザルヲ以テ将来政府ニ於テ幹線敷設著手《ちゃくしゅ》ヲ要スルノ日ニ当テハ工事困難ニシテ収得少キ部分ノミ政府ノ負担トナラザルヲ得ズ、加之《これにくわえ》元来鉄道経済上ニ於テモ延長僅ニ数十里ノ線路ニシテ独立運輸ヲ営業スルニ於テハ徒《いたずら》ニ費用ヲ増加シ収益ヲ減少スルノ弊アルハ実験ニ由リ明瞭ナリ、又願書中ニ政府ニ於テ管理トアルハ敷設工事ヲ政府ニ委託スルノ意ナルヘキモ目下本局ニテハ此委託ヲ引受クルノ余力ナシ、唯数年ヲ出テズシテ東海道線其他漸次竣功ニ随ヒ事業拡張ニ応スルヲ得ヘキモ果シテ本局ニ於テ敷設スルモノトセハ官民両設ノ間ニ遅速ノ差異ナシ、故ニ本件ハ允許《いんきょ》セラレザルヲ望ム、若シ允許セラルルナラハ先以テ兵庫県知事ヘ別案ノ如ク指令アランコトヲ要ス」というのである。

つまり、「神戸～姫路の線路は、山陽の要路にして、馬関（下関）まで連絡する幹線の一部となるから、一地域だけ関係するものではない。しかしながら民間会社というのは、線路敷設に際して工事が容易で収益の高い路線を選択するものだから、将来政府が建設する区間は、工事困難かつ収入が少ない区間ばかりになってしまい、負担が増える。しかも経済上距離の短い小鉄道の経営は困難であり、請願書には敷設工事を政府に委託したいとあるが、鉄道局には建設する余力はない。ただし、数年中に東海道線などが完成した暁には、鉄道局による山陽区間の敷設は可能で、民間会社との時間差はなくなる。したがって、本件を許可しないことを望む。もし許可するというなら、まずは別件に付した条件を付けることを要求する」という内容である。

ここからが面白い。井上が神戸〜馬関と具体的区間を挙げたこと、鉄道局には今のところ余力がないと明言したことで事態が転回するのだ。神戸〜姫路の鉄道の議論のはずが、いつのまにか神戸〜馬関の鉄道の議論にすり替わっていくのである。

井上勝が大言壮語だというのは政府部内に知れ渡っていた。また、建設費用の問題もある。「鉄道は官設で敷設する」と井上勝は大見得きってみせたものの、井上の牛耳る鉄道局にゆだねていては、完成まで何年かかるかわからない。そこで閣議は、井上勝の提出した「別案」の条件に基づき、山陽鉄道側に、以下の条件を呑めば鉄道敷設を許可すると指令を下したのである。

「一　神戸姫路間線路ヲ延長シ岡山広島ヲ経テ馬関ニ達スルノ幹線ヲ布設スルモノトシ相当ノ年限内ニ布設竣功ノ期ヲ定ムル事

二　前条延線ヲ負担スルコト能ハスシテ神戸姫路間ノミ布設スル時ハ左ノ二項ヲ予約スル事

第一項　政府に於テ姫路以西幹線ノ布設著手ノ節ハ神戸姫路間線路ハ軌道橋梁建物車

輛等一切ヲ挙ケ其時迄会社ニテ其等ノ為メ実際支払タル資本金額ヲ以テ価格トシ之ヲ政府ニ買上ル事

第二項　姫路以西延長ノ一大会社設立ノ時ハ会社ハ之ト合併スルヲ沮拒《そきょ》スルヲ得ス又其合併ニ当リテハ会社ノ鉄道価格ヲ定ムル猶《なお》前項ノ例ニ拠ルヘキ事

三　鉄道布設工事ノ方法ハ総《すべ》テ鉄道局所轄官設鉄道ニ準拠スル事」(「四」以下は略)

つまり、「一定期限内に完成するのであれば、神戸～馬関までの鉄道敷設を許可する、神戸～姫路間だけで建設を中止した場合、政府が買い上げるか全線を建設しようとする別会社に譲渡する」といった条件だった。まったく、瓢箪《ひょうたん》から駒《こま》というほかない。

どうやら裏で、長州出身の藤田伝三郎が、総理大臣の伊藤博文や副総理格の外務大臣井上馨に根回ししたらしい。もし事実とするなら、直情型で〝寝技〟や根回しの苦手な井上勝より、政商として名を馳せた藤田伝三郎の方が、一枚も二枚も上手《うわて》だったということだろう。

幾度も政府との交渉を重ね、山陽鉄道は、明治二一年一月四日に免許が下付された。明治二〇年三月に成立した私設鉄道条例施行後、最初に誕生した鉄道会社である。免許状には、「私設鉄道条例ニ依リ兵庫県下神戸区ニ於テ設立セントスル山陽鉄道会社発起人ヨリ差出シタル線路図面ノ方法書工費予算及定款ヲ妥当ナリト認メ山陽鉄道会社ヲ設立シ兵庫県神戸ヨリ岡山県岡山広島県広島ヲ経テ山口県赤間関ニ達スル鉄道ヲ布設シ運輸ノ業ヲ営ムコトヲ免許シ其鉄道用地ハ国税ヲ免除ス」とあった。赤間関とは下関の旧称である。

私設鉄道条例施行の三年前の明治一七年二月以降、鉄道の敷設・変更は陸軍省と工部省の協議によって行うことが定められていた。軍事上の見地などから、当時の私設鉄道は、現在の私鉄(民営鉄道)とは異なり、路線決定から測量、施工、運営にいたるまで政府の強い監督下にあった。

むろん山陽鉄道とて例外ではなかった。敷設認可にあたって突きつけられた条件の一つに「鉄道布設工事ノ方法ハ総テ鉄道局所轄官設鉄道ニ準拠スル事」というのがあった。京都、大阪から神戸に延びていた官設鉄道と同規格の建設と相互乗り入れ可能なことが最初から求められたのである。

免許状交付を受け、明治二一年四月の株主総会で、山陽鉄道は役員を選出した。初代の社長は、荘田平五郎の推挙で、豊前中津《ぶぜんなかつ》出身で福沢諭吉の甥《おい》にあたる中上川彦次郎《なかみがわひこじろう》が就任している。中上川は、井上馨の推挙で外務省に出仕した後、福沢諭吉が創立した時事新報社長に就任していた。荘田平五郎とはともに慶應義塾の教師という共通点があった。副社長には、当初から鉄道計画にかかわってきた村野山人が就任した。当時村野は、神戸商業会議所会頭を務めていた。村野が社長になろうとするところを、井上馨の周旋で中上川を社長に据える方向で決まった。

姫路以西の建設資金に窮す

山陽鉄道は、採算の取れる見通しのある神戸〜姫路間に路線を建設し、実績を積み重ねながら西に線路を延ばすという方法をとった。山陽鉄道の競争相手は、瀬戸内海各地を結んでいた船便だったため、社長の中上川は「線路の勾配を一〇〇分一（一〇パーミル）以内にせよ」との方針を打ち出した。非力な蒸気機関車に少しでも牽引力を持たせるためである。

明治二一年（一八八八）一一月一日に開業した最初の区間が兵庫〜明石《あかし》間の一〇哩六六鎖（一七・四キロ）。その後、明治二一年一二月二三日に明石〜姫路間二二哩九鎖（三五・六キロ）が開通、さらに官鉄鉄道新橋〜神戸（のちの東海道本線）全通から一ヶ月後の明治二二年九月一日、神戸〜兵庫間一哩一〇鎖（一・八キロ）が複線で開業。官鉄線との接続が実現し、主要停車場間で通し切符の発売を開始している（ただし旅客列車の直通運転が始まるのは、明治二五年一〇月二〇日）。

ところが姫路まで路線を延ばしたところで、山陽鉄道は建設資金に窮してしまった。業績は悪くはなかったのだが、当時のデフレ政策による不況で充分な建設資金が集まらなかったのである。

そこで明治二二年一〇月、「山陽鉄道ハ帝国幹線ノ一部ヲ為シ」重要な使命を担っているとして、すでに補助金が交付されていた日本鉄道・九州鉄道に倣《なら》って、総理大臣黒田清隆宛に「特別ノ保護アランコトヲ請フ」つまり特別補助金を下付してほしい旨の請願を行っている。井上勝はここでも強硬に反対したが、ほどなく黒田に代わって総理に就任した山県有朋の受け入れるところとなり、明治二九年完成という七年の工期を五年に短縮(明治二七年全線完成)するなどの条件をつけたうえで、一哩(一・六キロ)あたり二〇〇〇円の補助を受けることに成功した。

山陽鉄道はこのとき、姫路~尾道《おのみち》(一〇四哩半)を明治二四年末、尾道~広島(五一哩)を明治二五年末、広島~徳山《とくやま》(五六哩半)を明治二六年末、徳山~赤間関(六〇哩)を明治二七年末に完成すると誓約している。工期の短縮は、補助金を受けるためのやむにやまれぬ提案だったと思われるが、やがて時限爆弾のように山陽鉄道の首を絞めることになる。

案の定、その直後に明治二三年の恐慌が山陽鉄道を直撃した。山陽鉄道は、三原以西の建設を当分見合わせることを決定。さらに列車のスピードダウンや、所有する機関車の売却、幹部社員の削減を行うなど、運転資金の捻出に苦慮した。線路延長どころか、会社存亡の危機を迎えたのである。

岡山県境の迂回路を探す

姫路以西の相生《あいおい》（開業当時は那波《なば》）〜岡山間の山陽本線が、内陸を通っているのをご存知だろうか。旧山陽道沿いに線路を敷設したためだといわれるが、岡山県境の山陽本線が相生の西の有年《うね》から西に向かわずに、千種川《ちくさがわ》と安室川《やすむろがわ》に沿って上郡《かみごおり》付近まで大きく北に迂回しているのは、線路の勾配を一〇〇分の一（一〇パーミル）以内に抑える方針が影響したといわれる。旧山陽道沿いに鯰峠《なまず》を越えようとすると、どうしても一〇〇分の一以上の勾配を生じてしまうのである。

なぜ海岸沿いを通さないのかという疑問もあるだろう。相生〜東岡山間の海岸沿いには、昭和戦後期に赤穂線《あこう》が開業している。勾配は全区間一〇パーミル以下で、山陽鉄道の敷設条件にも合致する。しかも赤穂線の相生〜東岡山間の距離は、山陽本線経由よりも短い。海岸付近まで山が迫り、大小合わせて一七本のトンネルがあるが、明治の技術でも敷設できないわけではない。山陽鉄道が海岸沿いを最初から除外したのは、やはり陸軍に忖《そん》度《たく》した可能性を否定できない。

瀬戸内海東半部の封鎖を可能にする鳴門《なると》要塞（鳴門海峡に整備された砲台群。明治三六年〔一九〇三〕に紀淡《きたん》海峡の由良要塞と統合）と芸予《げいよ》要塞（現在の竹原《たけはら》市と今治《いまばり》市の間の忠海《ただのうみ》海峡と来島《くるしま》海峡に整備された砲台群）の建設は明治三〇年代だから、この時点では敵艦が瀬戸内海に侵入することが可能だった。はっきり明示した資料があるわけではないが、そこに陸軍からの圧力もしくは会社側からの陸軍への忖度がなかったとはいえないのである。

明治二四年三月一八日の三石《みついし》〜岡山間二七哩三七鎖(四四・二キロ)の開業をもって、神戸〜岡山間八九哩九鎖(一四三・四キロ)の区間が開通している。神戸と岡山を結ぶ直通列車が一日四往復運転され、所要時間は四時間二〇分だった。

その間も山陽鉄道は徐々に西に路線を延ばし、明治二四年一一月三日には、福山〜尾道間一二哩三七鎖(二〇・一キロ)が開業。明治二五年七月二〇日には尾道〜三原(現在の糸崎《いとざき》)間五哩五一鎖(九・一キロ)が開通し、山陽鉄道の営業区間は神戸〜三原間一四三哩四一鎖(二三〇・九キロ)まで延びた。名実ともに山陽鉄道は日本有数の鉄道会社に成長したのである。だが、尾道まで延長開業した翌々日の明治二四年一一月五日、社長の中上川彦次郎は、経営難の責任を取るかたちで辞任している。副社長の村野山人が後任の座を狙ったが、大株主の三菱の反対で果たせず、会社創立時の発起人にも名を連ねていた松本重太郎《まつもとじゅうたろう》が二代目社長に就任した。

山陽路は長い。神戸〜三原間が開業したといっても、神戸〜下関間の半分の距離にも満たなかった。しかも、依然として三原〜下関間の建設資金は見通しが立たなかった。当時は明治二三年の恐慌の影響が残り、建設資金がなかなか集まらなかったのだ。松本社長に代わった山陽鉄道は、尾道～三原間開業直後の明治二五年八月に二〇〇万円の借入を行い、広島までの路線延長を決定。三原～広島間は、明治二六年五月に着工している。

その一方で、山陽鉄道の意図とは関係なく、明治二五年六月に成立した鉄道敷設法に明記された最優先に着工すべき「第一期線」には、「広島県下三原ヨリ山口県下赤間関ニ至ル鉄道」が含まれていた。山陽鉄道線の完成は、国家的な課題に格上げされたのである。

禁忌を破った経路選択

山陽鉄道は当初から勾配を一〇〇分の一以下に抑える方針を貫いてきた。兵庫～岡山県境もこの原則は守られ、北に迂回して線路が敷設された。広島延長をめぐっても、この原則に基づき、現在の八本松《はちほんまつ》駅付近から大きく北に迂回し、現在の芸備《げいび》線上三田《かみみた》駅付近から現在の芸備線のルートで玖村《くむら》へ出て広島に抜ける、北部を迂回する経路が検討されていた。この案では、勾配は一〇〇分の一に収まるが、一〇哩（約一六キロ）ほど路線が長くなり、工費も五五～五六万円増加すると見込まれた。

一方、旧山陽道沿いに敷設される南部を直行する線路の短所は、四五分の一（二二パーミル）もの急勾配にあった。これまで積み上げてきた「社是」ともいうべき創業以来の原則を崩してしまうことにもなる。

両案を検討した結果、距離増大による工費増加と運賃上昇の懸念、所要時間の増大による汽船との競争に不利などの欠点が指摘されて、最終的に南線(現在の山陽本線)ルートの採用が決まった。前社長の中上川彦次郎だったら、おそらく許可しなかったであろうこの決断は、工費削減と工期短縮をもたらした反面、現在まで及ぶ急勾配との戦いを強いられることにもつながった。

それが、「瀬野八《せのはち》」と後年呼ばれることになる急勾配区間だった。八本松〜瀬野《せの》間のことだが、この区間は四五分の一勾配が六キロ以上連続する区間で、最大勾配は二二・六パーミルにも達したのである。

山陽本線の勾配が始まるのは、現在の三原駅の次の本郷《ほんごう》の先からである。沼田川《ぬたがわ》沿いにさかのぼるにつれ、一〇〇分の一の連続勾配と半径三〇〇メートルの曲線が現れてくる。半径三〇〇メートルの曲線は、山陽鉄道では初めて登場する急曲線だった。前社長の中上川彦次郎は、急勾配のみならず急曲線も許さなかったのである。その後も広島の東の海田市まで半径三〇〇メートルの曲線は頻繁に出現している。

河内《こうち》駅の先からは沼田川と別れ、同じ水系の入野川《にゅうのがわ》沿いをさかのぼる。入野《にゅうの》駅を出ると、すぐに左と右の半径三〇〇メートルの曲線を通過。その間も一〇〇分の一勾配はつづいており、西高屋《にしたかや》の標高は二〇〇メートルを突破している。入野川から離れ、西条《さいじょう》盆地

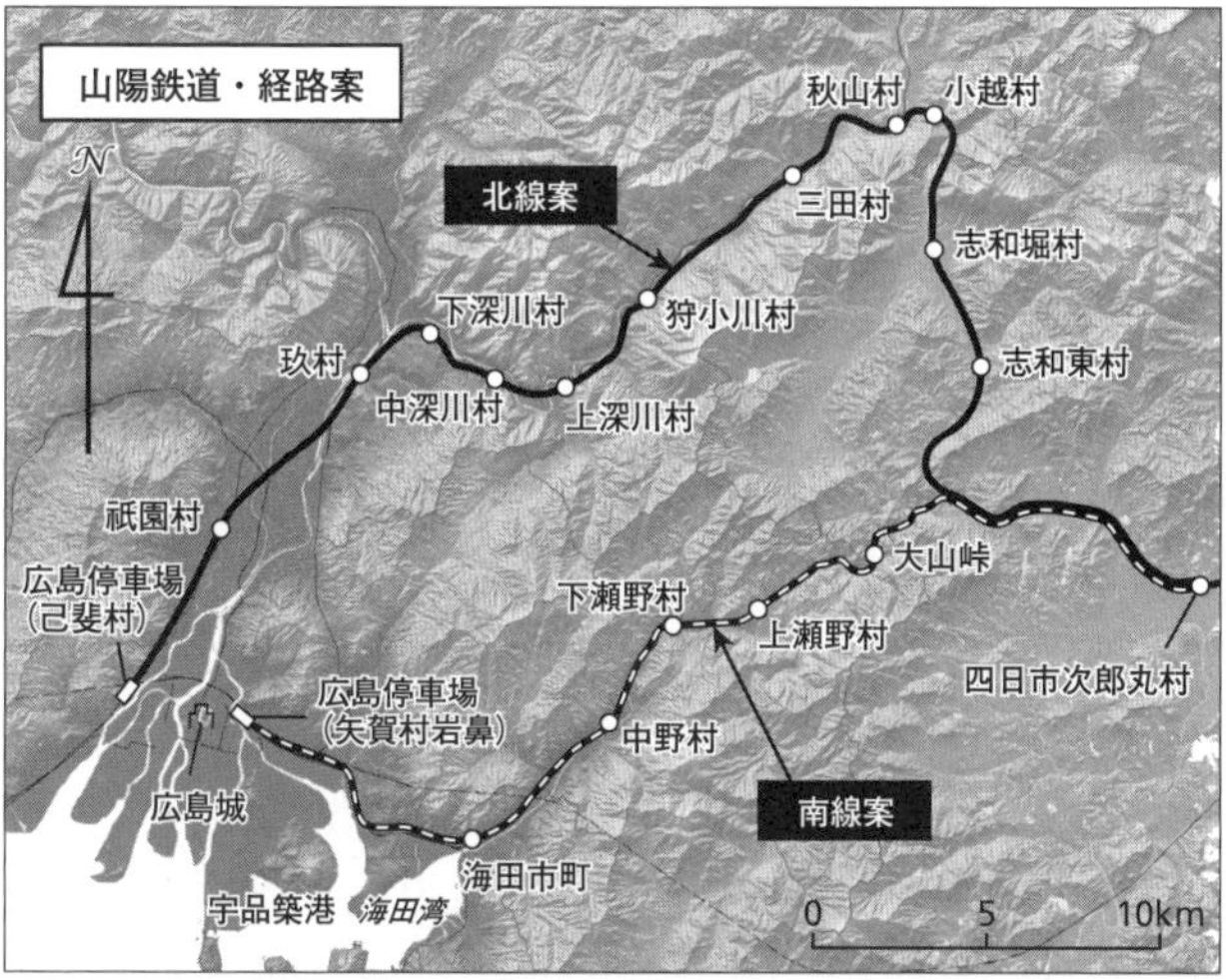

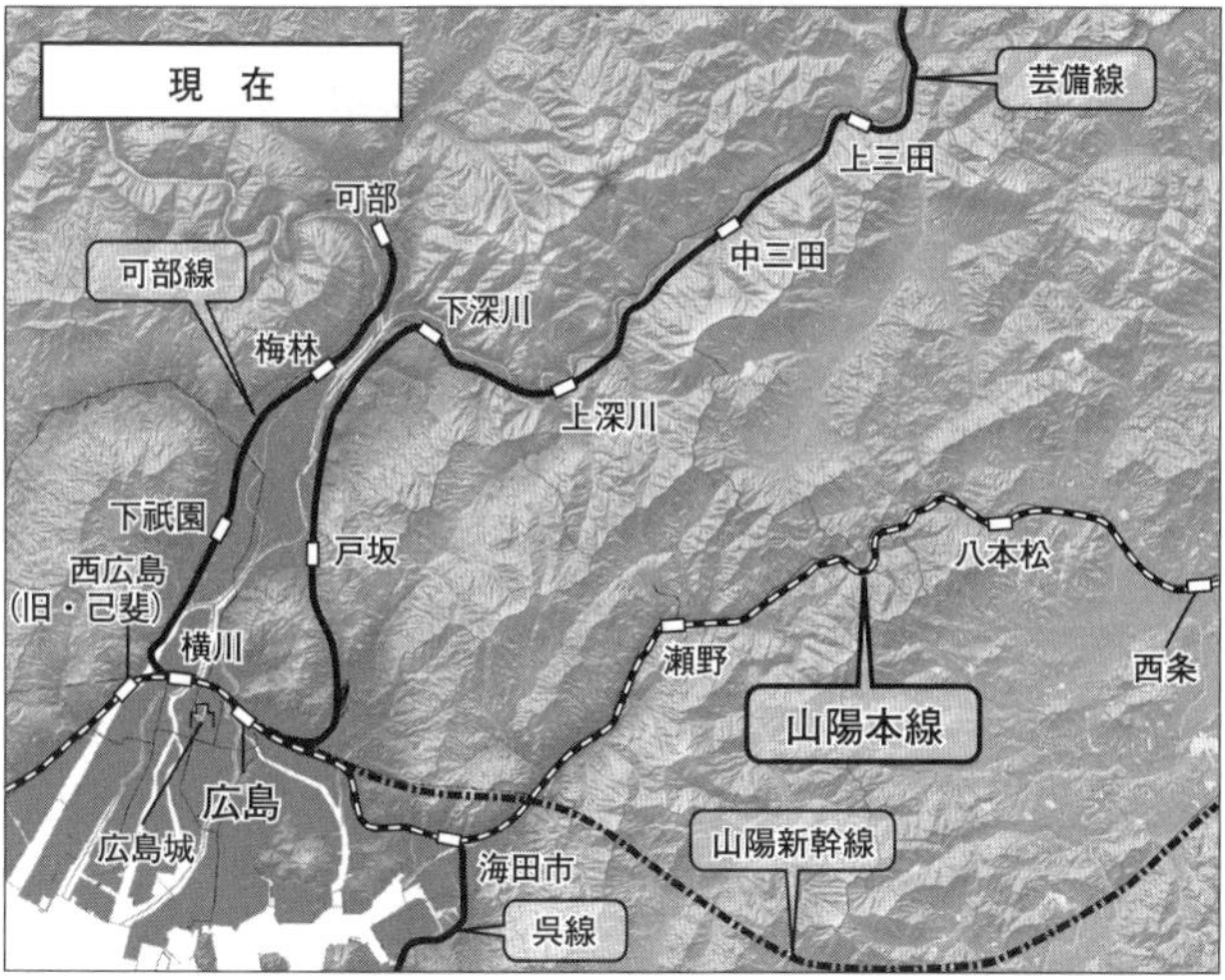

三原〜広島間延伸の際に問題となった八本松〜広島間の候補の2案である。現行の山陽本線は南線案に沿って敷設されたが、八本松と瀬野間の標高差は200m以上ある。

に入ると水田地帯が現れ、ほどなく西条に到着。西条は酒どころで、醸造所から顔を覗かせる煉瓦煙突が風情を醸している。

西条盆地に入っても上り勾配はつづいており、その先の八本松駅の標高が二五五メートルで、ここが山陽本線最高地点となる。因みに東海道本線の最高所にある駅は関ケ原に近い柏原《かしわばら》駅で標高一七二メートル。柏原駅と比較すれば、かなり高所という印象があるが、明治のころの東海道線は御殿場廻りで、御殿場駅付近の標高は四五五メートルに達していた。

〝峠〟駅の八本松を境に水系が変わり、線路は瀬野川の刻んだ谷を一気に下ることになる。車窓からは見えないが、最初のトンネル(川上東隧道)手前北側の山中には、昭和の大戦中に帝国海軍が建設した川上《かわかみ》弾薬庫(在日米軍が使用)の広大な敷地が広がっている。

瀬野までの一〇・六キロの区間は、二二・六パーミルの急勾配と半径三〇〇メートルの急曲線が連続しており、速度を落とした列車が右へ左へ車体を揺らしながら通過する。八本松と瀬野との標高差は二〇〇メートル以上(瀬野駅の標高は五四メートル)もある。

開業と同時に、西条(当時八本松に停車場はなかった)〜瀬野間にアメリカのボールドウィン社製の専用機関車六両が新しく導入されたが、二一世紀を迎えた現在も、電気機関車が牽引する貨物列車には補助機関車(補機)が連結されている(現在の補機付け替えは、広島貨物ターミナル駅と西条駅で実施）。昭和六年（一九三一）に制動力の強い空気ブレーキが導入されるまでは、下り列車にも補機が連結されていた。

日清戦争と山陽鉄道

明治二六年（一八九三）五月の着工から一年が経った明治二七年五月末、待望の三原（現在の糸崎）～広島間四六哩二二鎖（七四・五キロ）が完成し、明治二七年六月一〇日に開業当日を迎えた。免許交付から七年目にして、山陽鉄道はようやく神戸～広島間の直通運転を実現し、急行九時間四〇分、夜行一一時間四八分で結ばれたのである。

ちょうどそのころ、朝鮮をめぐる日清両国の対立は抜き差しならないところまで来ていた。明治二七年六月二日、伊藤博文内閣は、公使館や居留民保護を理由に、軍隊駐留権を定めた済物浦《さいもっぽ》条約に基づき出兵を決定。そして、軍部主導のもと、六月五日には戦時の最高統帥機関である大本営が三宅坂《みやけざか》の参謀本部に設置された。同日、広島の第五師団に動員が下令されている。清国軍の陣容が予想以上に大規模と判明したことから一〇〇〇名規模の先発隊が編制され、九日には広島の宇品築港《うじなちっこう》を慌ただしく出港していった。さらに翌日には歩兵第九旅団長の大島義昌《おおしまよしまさ》率いる混成旅団の本隊が九隻の運送船で出港していった。ただ、この時点では、清国との軍事衝突は想定せず、戦う相手は朝鮮の反乱軍だった。出兵目的はあくまで公使館や居留民保護にあった。このころの認識は「朝鮮事変」である。

ところが、清国軍の増派がつづく六月下旬ころから、日本政府は清国との軍事衝突もやむなしとの観測に傾いてゆく。六月二一日には有事の際の軍事輸送の要領を定めた「臨時軍用貨物鉄道輸送手続」を施行。八月九日にはさらに「軍事鉄道輸送規則」が実施され、官設鉄道と私設鉄道間に直通運転がはかられたほか、主要幹線はもとより、接続する各路線まで軍事輸送優先の輸送体制がとられることとなった。

七月一二日、大本営発足と同時に運輸通信長官（兵站《へいたん》の責任者）に就任した寺内正毅《てらうちまさたけ》は、広島県知事の鍋島幹《なべしまみき》に、広島停車場と宇品築港を結ぶ軍用鉄道仮設のための測量準備を通知。明治二二年に完成した宇品築港は、太田川《おおたがわ》の土砂が堆積するため大型船の着岸が困難だった広島唯一の近代港湾だった。

軍用鉄道線については、七月三〇日から測量を開始し、八月五日に作業が終了している。鉄道用地については借り上げることとされ、七月三〇日、予定線の地主が広島市京橋町《きょうばしちょう》の専立寺《せんりゅうじ》に集められた。広島市長の伴資健《ばんすけゆき》（もと広島藩勘定奉行）は、焦眉の急を要するとして広島市民は借上に応ずるべきだと説得し、その場で全員が承諾した。

広島停車場～宇品間三哩四六鎖（五・八キロ）の仮設鉄道は、陸軍から委託された山陽鉄道が建設（実際の運行も山陽鉄道が実施）。八月四日に着工し、八月二〇日には開通した。わずか一七日という突貫工事だった。多数の兵士や軍馬、軍需物資が、宇品築港から戦地に向けて送られていった。

戦争の帰趨が見えてきた明治二八年二月、山陽鉄道は広島停車場から陸軍練兵場(駅の北側に近接した東練兵場)までの線路延長工事を陸軍省から命じられ、二月末までに完成させている。練兵場に開設された軍用停車場は、一〇年後の日露戦争にも復活しており、戦地への輸送に大いに活躍した。

広島までの路線延長は、日清戦争開戦に間に合うという副次的効果をもたらした。もし北線ルートで着工していたら、どうだったであろう。山陽鉄道の広島延長が日清戦争に間に合わず、兵站に支障をきたして戦局が変わっていた可能性がある。また、鉄道が三原止まりでは、明治二七年夏の開戦決意を鈍らせた可能性すら考えられる。いずれにしても日本の近代史が大きく書き換えられた可能性が高い。

海岸線と山間線

明治二一年(一八八八)一月四日、山陽鉄道が神戸から赤間関にいたる鉄道敷設免許を付与された際、「神戸~岡山間(第一区)を三箇年以内、岡山~広島間(第二区)を六箇年以内、広島~赤間関間(第三区)を九箇年以内」の完成が条件だった。のちに広島~赤間関間は一三年六ヶ月以内の完成に猶予されたが、それでも最終期限は明治三四年七月三日に迫っていた。

しかも免許交付に付記された指令には、「広島赤間関間ノ線路ハ軍事上変更ヲ要スル儀《ぎ》可有之《これあるべき》ニ付《つき》布設工事著手以前ニ尚ホ指揮ヲ請フ儀ト心得ヘシ」という一文が含まれていた。

これは当時の国防政策が影響していた。広島以東の瀬戸内海は、西側が芸予要塞、東側が鳴門海峡の鳴門要塞と紀淡海峡の由良要塞とで封鎖が可能だった。広島湾内も呉要塞(明治三六年に広島湾要塞と改称)により封鎖が可能だった。ただし広島以西の安芸灘《あきなだ》や周防《すおう》灘《なだ》といった海域の封鎖は不可能だった。なぜなら、この海域を封鎖するためには九州と四国間の豊後《ぶんご》水道に要塞を建設する必要があったが、当時の大砲の射程距離は短く、敵艦の侵入を防ぐことができなかった。そのため、広島以西の路線決定にあたっては、国防上の観点から充分な検討が必要とされたのである。

因みに豊後水道の速吸瀬戸《はやすいのせと》に豊予《ほうよ》要塞が建設されるのは、大砲の射程が延びて海峡封鎖が可能となった大正中期以降である。豊予要塞完成に伴い、広島湾要塞と芸予要塞は廃止されている。

広島以西の路線が具体的に検討されるようになったのは、広島延長にめどがついた明治二五年ごろだった。当時は日清両国が雌雄を決する前で、明治二四年には、戦艦「鎮遠《ちんえん》」「定遠《ていえん》」（この二艦の艦名には、「遠」〔遠国、ここでは日本〕を「鎮」「定」〔鎮定、つまり征服〕する意味を込めていたといわれる）をはじめとする清国の北洋水師《ほくようすいし》（艦隊）の来航があった。親善航海という名目だったが、日本側からすれば、露骨な示威行動にほかならなかった。日本よりも清国の軍備の方がずっと上だと評価され、その脅威が強く意識されていた時期である。

山陽鉄道としては、広島〜赤間関間は、距離が短く人口密集地で建設費のかからない海岸線沿いに建設したかった。この経路であれば、勾配を一〇〇分の一以内に抑えることが可能だった。ところが参謀本部の案は、廿日市《はつかいち》から真西に向かい、友田《ともた》、津田《つた》（以上現在は廿日市市内）、宇佐郷《うさごう》（現在は山口県岩国《いわくに》市内）を経て、六日市《むいかいち》、七日市《なぬかいち》、大野原《おおのばら》、柿木《かきのき》、下須《しもす》（以上現在は島根県吉賀《よしか》町内）、左鐙《さぶみ》、瀧元《たきもと》、直地《ただち》、津和野《つわの》（以上現在は津和野町内）から山口に入るルートだった。地図を見れば一目瞭然だが、深い山間を曲がりくねり、幾度も峠を越えてゆく難路である。一方、鉄道を所管する鉄道庁も別に案を準備していた。こちらは岩国から山間に入り、須々万《すずま》（現在は山口県周南《しゅうなん》市内）を経て山口に至る経路だった。

鉄道庁は、参謀本部の案も含め、現地に技師を派遣して実測を行った。その結果を反映したのが、当時の新聞に発表された別表である。参謀本部・鉄道庁両案とも山間を縦断す

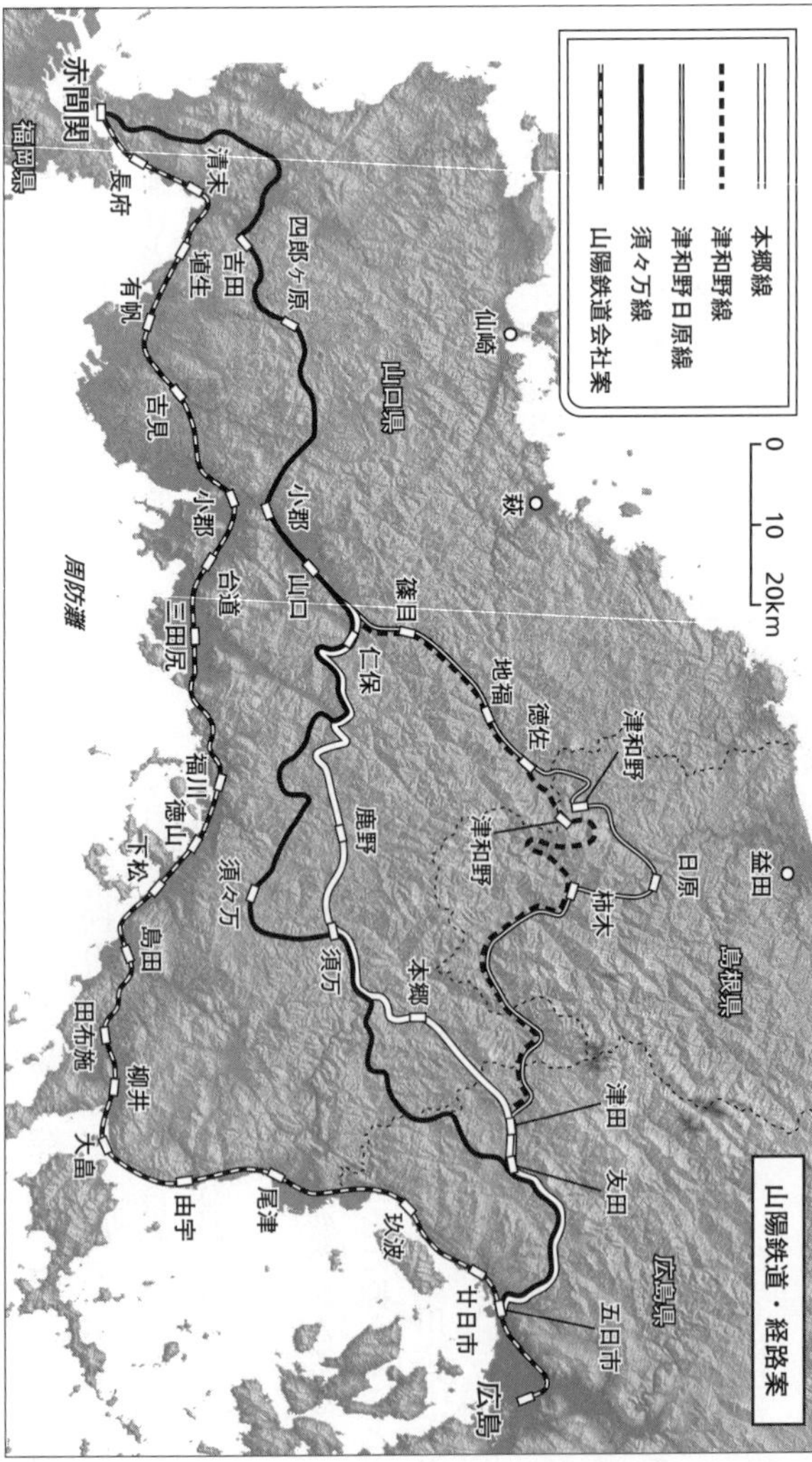
山陽鉄道・経路案
本郷線
津和野線
津和野日原線
須々万線
山陽鉄道会社案
0
10
20km
赤間関
福岡県
長府
清末
吉田
埴生
有帆
四郎ヶ原
仙崎
山口県
吉見
小郡
萩
小郡
台道
山口
周防灘
三田尻
篠目
仁保
地福
徳佐
津和野
津和野
益田
福川
徳山
下松
鹿野
須々万
日原
柿木
島根県
島田
須万
本郷
田布施
柳井
津田
大畠
友田
由宇
尾津
玖波
広島県
廿日市
五日市
広島

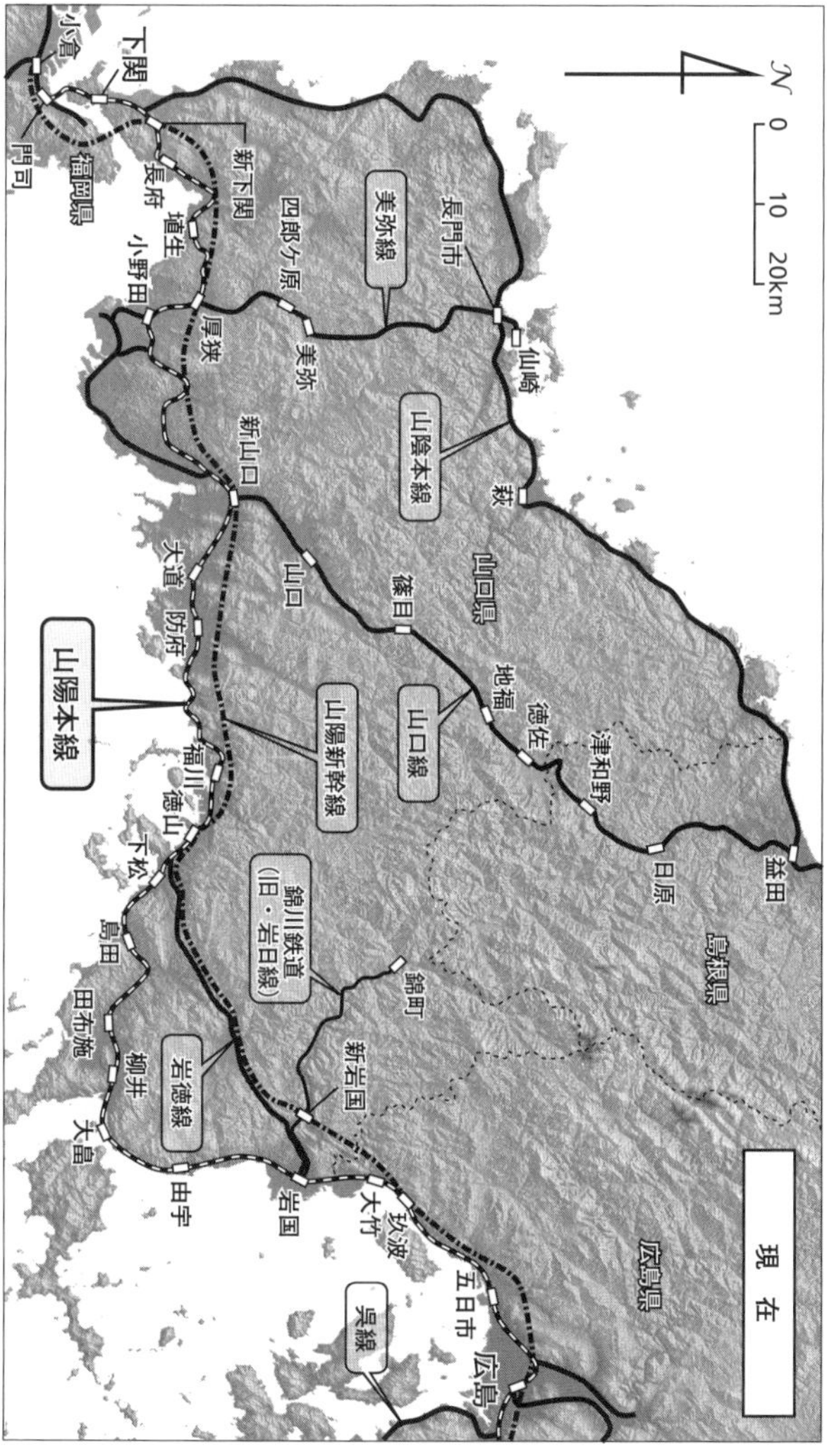

現在
N
0 10 20km
山口県
島根県
広島県
福岡県
山陽本線
山陽新幹線
山陰本線
美弥線
山口線
錦川鉄道（旧・岩日線）
岩徳線
呉線
小倉
門司
下関
新下関
長府
埴生
小野田
厚狭
美弥
四郎ケ原
長門市
仙崎
萩
新山口
山口
篠目
地福
徳佐
津和野
日原
益田
大道
防府
福川
徳山
下松
島田
田布施
柳井
大畠
由宇
岩国
新岩国
錦町
大竹
玖波
五日市
広島

平均の抵抗力（1トンにつき）	勾配曲線を水平曲線に換算した距離	建設費	貨物輸送量	予想乗客数
16封度8605（7.65kg）	179哩19鎖53節（288.5㎞）	591万 963円	949万1241噸哩	3796万4964人
26封度499（12.02kg）	319哩0鎖76節（513.4㎞）	1895万3175円	484万6460噸哩	1072万1377人

るもので、長大隧道や多数の橋梁の建設が必要なうえ、急勾配区間の連続だった。膨大な工費や難工事による工期の長期化など、多くの面で問題を抱えていた。数値だけ見れば山陽鉄道の海岸線の案がすぐれているのは一目瞭然で、山間線案は山陽鉄道には到底受け入れがたいものだった。

紛糾した経路選択

山陽鉄道は、自社案での実測を明治二六年（一八九三）四月には終えており、明治二六年六月一三日、敷設工事着手の認可を所管の逓信大臣黒田清隆宛に申請した。

そうした動きを受けてだろう。明治二六年九月二七日には閣議で「広島ヨリ赤間関ニ達スル鉄道線路撰択ノ件」が議論されている。陸軍大臣大山巌が起草した議案の内容は以下のとおりである。少々長いが、両者の対立点が明瞭に記載されているので引用したい。

「広島ヨリ赤間関ニ達スル鉄道線路撰択ノ件ニ関シテハ山間線

山陽鉄道・広島〜赤間関　山陽鉄道案・鉄道庁案比較表

案	距離	海面上最高点	最急勾配	最急曲線半径
海岸線（山陽鉄道案） （換算値）	130哩1鎖36節 （209.2㎞）	154呎 （47m）	1/100 （10‰）	20鎖 （402m）
須々万線（鉄道庁案） （換算値）	147哩0鎖17節 （236.6㎞）	1321呎 （403m）	1/30 （33.3‰）	15鎖 （302m）

長船友則『山陽鉄道物語』より作成。海岸線案の方がすぐれていたのは一目瞭然だった。

（津和野線、須々万線）ト海岸線ト暗ニ比較線ノ如キ状況ヲ呈シ昨廿五《にじゅうご》年鉄道庁ノ調査セシ予定ニ依レハ海岸線ハ布設ノ工費及落成後ノ利益ニツナカラ山間線ニ比シテ多額ノ差違ヲ生シ遂ニ軍事ト経済ト相容レサル場合ニ至レリ然ルニ該線路ノ国防上重要ナル次第ハ別紙参謀総長意見ノ通ニシテ若シ一朝経済ニ偏シ海岸線ニ決定スルカ如キコト有シニ於テハ国防上不容易関係ヲ来シ且過ル廿一年山陽鉄道会社ニ為シ指令ノ条件モ省ミルニ付本線路ハ専ラ国防ニ重キヲ置キ以テ軍事上ノ要求ヲ飽カシメ度《たく》就テハ鉄道会議ヘ諮詢《しじゅん》ニ附スルノ例ニ拠ラス政府ニ於テ決定相成度《あいなりたく》特ニ閣議ヲ請フ」

現代文に直せば、以下のような内容となろう。

「広島から赤間関（下関）に達する鉄道線路選択の件に関しては、山間線（津和野線、須々万線）と海岸線とがまるで比較線のごとき状況を呈し、昨明治二五年、鉄道庁の調査した結果によれば、海岸線は敷設の工費及び落成後の利益の両方とも山間線に比べ多額の差違を生じ、最終的に軍事と経済とが相いれない

隧道		停車場数	最急勾配	最急弧線半径	建設費
数	延長				
96	10万1607呎（30970m）	23	1/30（33.3‰）	15鎖（302m）	2080万8887円
136	14万7061呎（44824m）	26	1/30（33.3‰）	15鎖（302m）	2528万2998円
128	14万4817呎（44140m）	27	1/30（33.3‰）	15鎖（302m）	2552万1662円
103	10万914呎（30759m）	26	1/30（33.3‰）	15鎖（302m）	1895万3175円

事態にいたった。ところで、この路線が国防上重要である理由は、別紙の参謀総長の意見のとおりで、もし経済面のみ考慮して海岸線に決定するがごときことがあれば、国防上容易ならざる事態を生じるばかりか、かつて明治二一年に山陽鉄道会社に下した指令にも反する。この路線は、もっぱら国防を重視し軍事上の要求に従うべきで、ついては鉄道会議の諮詢に付すことによらず、政府において決定をお願いしたく、特に閣議をお願いする次第である」

最後の部分、鉄道会議によらずに閣議で広島〜下関間の経路を決定したいという〝掟破り〟の意見は、この年二月、奥羽線の経路決定に際して、鉄道会議で陸軍が主張する内陸線（「仁別線」）案が、渋沢栄一らの推す海岸線（「檜山線」）案に敗れた苦い記憶があったからであろう（第二章参照）。

さらに大山巖は、参謀本部が作成した「山陽鉄道

山陽鉄道・広島～赤間関　4案比較表

案	距離	土工	橋梁	
			数	延長
本郷線 （換算値）	141哩17鎖 （227.3㎞）	281万155立坪 （16.89㎦）	127	2万7002呎 （8230m）
津和野線 （換算値）	156哩71鎖 （252.5㎞）	254万2339立坪 （15.28㎦）	138	1万1221呎 （3240m）
津和野日原線 （換算値）	163哩41鎖 （263.1㎞）	246万7324立坪 （14.83㎦）	148	1万4419呎 （4395m）
須々万線 （換算値）	147哩 （236.6㎞）	242万409立坪 （14.55㎦）	158	1万2940呎 （3944m）

長船友則『山陽鉄道物語』より作成。前ページの海岸線案と較べるとどれも見劣りする。

第三区 即《すなわち》広島赤間ヶ関間線路布設ノ儀ニ付意見」を提出し、鉄道建設の遅れと海岸線建設の動きを批判しつつ、山間線敷設の軍事上の必要性を縷々《るる》述べた。清国との緊張を背景にした当時の切羽詰まった時代状況を映した熱量の高い文章は一読の価値がある。こちらも長いが引用する。

「国防ノ大計ヲ案スルニ馬関海峡ヲ閉鎖シテ九州トノ交通ヲ確実ニシ内海ハ西芸予ノ海峡ト東紀淡海峡及鳴門海峡ノ閉鎖ニ依テ之ヲ掩護《えんご》シ且ツ四国トノ連絡ヲ安全ナラシメ尚ホ大坂ヨリ広島ヲ経テ馬関ニ達スル一串《いっかん》ノ鉄道ニ依テ軍隊ノ進止分合《しんしぶんごう》ヲ神速ナラシメ益〻《ますます》防禦ノ効力ヲ増大ナラシメサルヘカラス是レ既ニ幾多ノ歳月ヲ累《かさ》ネテ討論研究セシ所ニシテ政府モ亦之ヲ是認シ更ニ　《ママ》帷幄《いあく》ノ允裁《いんさい》ヲ蒙《こうむ》レル所ナリ

爾来《じらい》此ノ計画ニ基キ鋭意直進シ多額ノ経費ヲ投シ馬関ノ防禦ハ工事既ニ半《なかば》ニ過キ紀淡之ニ次キ芸予及

ヒ鳴門ハ本年度ニ於テ費用ヲ請求セントセリ防務ノ基礎確立シテ変更ス可《べか》ラサルハ多弁ヲ俟《ま》タスト雖モ防禦工事ノ進捗ニ比シ鉄道ノ延長大ニ遅緩セシノミナラス広島以西線路ノ選択未《いま》タ決定セス将《ま》タ此ノ如ク確固タル討《ママ》画ニ戻リ尚ホ海岸線ヲ布設セントスルニ至テハ最モ嫌忌スヘキ事件トス

抑《そもそも》〻線路ノ撰択ハ当初已《すで》ニ政府ニ所見アリテ山陽鉄道会社自由ニ決定スル能《あた》ハサルハ過ル廿一年ノ政府ノ指令ニ依テ明瞭ナリ

然ルニ会社ノ懇請スル所ヲ審査スレハ鉄道建築ノ工費ト竣工後鉄道経済トニ就キ山間線ト海岸線トヲ比較シテ立論シタルモノナレハ私立ノ一会社トシテハ全ク理由ナキノ言ニ非《あら》スト雖モ元来本鉄道ノ如キハ利益ヲ目前錙銖《ししゅ》ノ間ニ争フ可キモノニ非ス

政府ハ専ラ利害得失ヲ軍事上ノ要求ニ照シテ判決ヲ下スニ非サレハ他日必ス噬臍《ぜいせい》ノ悔《くい》アルヘシ且ツ軍事上ノ要求ハ今日始メテ論スルモノニ非ス業ニ已ニ国防ノ大計ヲ以テ確定シ実際建築セシ所ノ砲台配布スル所ノ兵備皆此大計ノ一分子ニシテ鉄道ノ布設又実ニ其一ニアリ若シ今ニシテ其一点ニ缺乏《けつぼう》スル所アルトキハ局部麻痺ノ人身ヲ構造スルニ異ナラス況ンヤ国防ノ大計他ニ良策ナキニ於テヲヤ議者或ハ佐賀関《さがのせき》海峡ヲ閉鎖シ以テ広島馬関間ノ海岸鉄道ヲ掩護セントスルモ該海峡ハ幅員広濶《ふくいんこうかつ》ニシテ水深ク潮流亦甚タ急ニシテ縦令《たとい》巨万ノ資ヲ投スルモ到底有利ノ防禦ヲ為ス能ハス又海軍ヲ以テ此間ノ鉄道ヲ掩護セントスルノ説

アルモ戦時此ノ如キ目的ヲ以テ我有限ノ艦隊ヲ分テ一地ニ固着セシムルノ不利ナルハ識者ヲ俟タスシテ明ナリ政府ノ必ス斯ノ如キ政策ヲ執リテ国家百年ノ長計ヲ誤ルコトナキハ確信シテ疑ハサル所ナリト雖モ独リ工費経済の得失大差アルニ依リ深ク軍事上ヲ顧慮セサル輩ニ於テハ単ニ鉄道其物ノ利益ニ注視シ喋々《ちょうちょう》山間線ノ不利ヲ論スルノ今日ニ方《あた》リ茲ニ再ヒ政府ノ熟慮注意ヲ求ムルハ万已《ばんや》ムヲ得サルナリ若シ一朝此錯誤ニ陥ランカ軍事上ノ計画ハ啻《ただ》ニ此一線路ヲ失フノミナラス他ノ数線モ亦此余波ヲ蒙リ延《ひい》テ国防全体ノ基礎ヲ崩壊スルニ至ランコト復々《またまた》疑ヲ容レサルナリ因《より》テ会社ニシテ若シ政府ノ要求ニ服セサレハ政府ハ断然其広島以西ノ布設ヲ許サス別ニ国庫ノ力ニテ山間線ヲ接続シ以テ国防ノ完全ヲ期スヘキナリ彼ノ軍事ト経済ト相待テ両全ヲ得ヘキカ如キハ此場合ニ於テハ到底為シ得ヘキ者ニ非サルナリ」

これを現代文に翻訳すれば以下のような内容になるだろう。

「国防の大計を考慮すれば、関門海峡を閉鎖して九州との交通を確実にし、瀬戸内海は西に芸予の海峡、東に紀淡海峡と鳴門海峡の閉鎖により四国との連絡を安全にして、なおかつ大阪から広島を経て下関に達する一連の鉄道によって軍隊の動員を神速ならしめ、いっそう防禦の効力を増大させる。これはすでに長年討論研究してきたところで、政府もこれを認め、大元帥陛下の許可を得たものである。

以来この計画に基づき邁進し、多額の経費を投じた結果、下関の防禦はすでに半分以上完成、紀淡海峡防備がこれに次ぎ、芸予と鳴門は本年度の予算を要求した。防備の基礎が確立した段階で変更すべきでないことは言うまでもないが、防禦工事の進捗と比較し、鉄道の延長工事は非常に遅れているだけでなく、広島以西の線路の選定が未だに決定していない。よもやなお海岸線の敷設を計画していることとあっては、最も嫌忌すべき事件といわざるをえない。

そもそも路線の選択に関しては、最初から政府の考えがあり、山陽鉄道が自由に決定することができないのは、明治二一年の政府の指令に基づき明らかである。

しかしながら、会社の要請に従って路線を審査すれば、鉄道建設の工費と竣工後の収益について山間線と海岸線とを比較して立論することとなる。これは私立の一企業としてはゆえなき言葉ではないとしても、元来この鉄道は、わずかばかりの短期的な利益を争うものではなく、政府は軍事上の利害を鑑みて判断すべきで、そうでなければ他日必ず後悔する。軍事上の要求は、今日初めて論ずるものではなく、国防の大計に基づいて確定されたもので、すでに砲台や兵備が配置されている。鉄道の敷設も国防の大計の一部なのである。

仮に佐賀関海峡（豊後水道）を閉鎖することで広島～下関間の海岸鉄道を掩護しようとし

ても、この海峡は幅が広く、たとえ巨万の富を投じたとしても封鎖することは不可能である。海軍力で鉄道を掩護したとしても、我が方の限りある艦隊を常時ここにはりつけておくことはできない。

よもや政府が、国家百年の長計を誤るような政策を採ることはあるまい。しかしながら、工費や経済の面で大差があるといって、軍事上の懸念を考慮しない者は、単に鉄道のみの利益ばかり注視し、いいかげんに山間線の不利を論じている。今回再び政府の熟慮と注意を求めるのは、やむを得ないことなのである。万が一でもこの錯誤の案(海岸線案)を採用したのであれば、軍事上の計画は、単にこの一線を失うばかりか余波はほかの数線にもおよび、国防全体の基礎をも崩壊しかねない。山陽鉄道がもし政府の要求に承服できないとなれば、政府は毅然として広島以西の敷設を許可せず、国家予算を割いて山間線による工事完成を果たし、国防の完遂を期すべきである。軍事と経済の両立は、この件については不可能といわざるをえない」

工費や採算性など経済面で完敗している山間線案を採用させんがための必死の訴えというほかない。過剰なほど内陸山間部を通る参謀本部の案は、清国に対する脅威の意識を物語るものでもあった。

閣議の結果は、陸軍省と逓信省と協議して、軍事上経済上に適合する目的でさらに精密な測量を経て閣議に再提出するようにというものだった。つまり具体的な判断なり結論は先送りされたのである。

その後も山陽鉄道に対して着工の認可は下りなかった。着工の認可申請から八ヶ月後の明治二七年二月一二日には、何の音沙汰もないことを理由に、山陽鉄道は原案による工事着手をあらためて願い出たが、調査中につき指示があるまで待てとの返事が三月七日付で来着した。鉄道建設は許認可事業である。これでは手も足も出ない。

意外な解決策

山陽鉄道は明治二八年(一八九五)五月六日、広島〜赤間関間の路線問題をいったん棚上げし、別個に広島〜三田尻《みたじり》(現在の防府《ほうふ》)間の海岸沿いの線路着工を申請し、七月一六日に認可されている。この間、日清戦争は日本の勝利に終わり、四月一七日には馬関で日清媾《こう》和《わ》条約が結ばれている。外寇の危機が当面薄らいだという認識があったのかもしれない。

当初山陽鉄道は、広島〜三田尻間を一気に開業させる予定で着工したものの、三田尻近くの大畠《おおばたけ》隧道工事が堅い岩盤に阻まれて難渋したため、広島〜徳山間を先行させることにした。こうして広島〜徳山間六八哩三六鎖(一一〇・二キロ)が完成したのは明治三〇年九月二五日だった。残る徳山〜三田尻間一六哩三七鎖(二六・五キロ)が開業したのは明治三一年三月一七日である。

ライバルだった瀬戸内航路との激しい競争に打ち勝つためにも、山陽鉄道は赤間関や九州連絡が必要不可欠だった。また、三田尻以西の工事に難航が予想されたこともあるのだろう。山陽鉄道は、三田尻延伸から半年後の明治三一年九月に徳山～門司～赤間関間の航路を開設し、官設鉄道～山陽鉄道～九州鉄道～豊州《ほうしゅう》鉄道の連絡運輸を開始している。この航路開設に際し、徳山に車線連絡事務所、門司と赤間関に連絡待合所をそれぞれ開設した。徳山停車場と埠頭間には、軽便鉄道を敷設したともいわれる。

大和田建樹《おおわだたけき》が作歌した「鉄道唱歌」の山陽・九州篇に、「出船入船《でぶねいりぶね》たえまなき商業繁華の三田尻は山陽線路のをはりにて馬関に延ばす汽車のみち」(二五番)、「少しくあとに立ちかへり徳山港を船出して二十里ゆけば豊前なる門司の港につきにけり」(二六番)と歌い込まれているのも、唱歌が発表された明治三三年の状況を示している。

徳山～門司～赤間関航路は、鉄道延伸までの臨時措置という位置づけだったからだろう。連絡船の専用埠頭《ふとう》は設けられず、四〇人乗りの艀《はしけ》を使い、本船と埠頭を往復して旅客や荷物を運んだ。荒天時など、艀が予定どおりに到着せず、連絡列車に影響したこともあったという。この航路は、赤間関までの鉄道開業と同時に廃止されている。

三田尻～赤間関間の路線決定については難航した。政府は、会社創立時の免許条件に従って路線を敷設するよう、明治二九年一二月二八日にあらためて指令していたのである。具体的には、三田尻～有帆《ありほ》（現在の小野田《おのだ》）間については山陽鉄道案が了承されたものの、有帆以西については海岸線を避けるよう具体的なルートの指示がなされていた。山陽本線のうち、広島～防府間の区間の大半が海岸沿いに敷設されているのに対し、防府以西の区間では海岸線を避けるような経路になっているのは、こうした経緯があったのである。

明治三〇年一〇月一一日に三田尻～有帆間の着工が認可され、路線修正がなされた有帆～赤間関間の着工は明治三二年一月七日に認可された。海岸線と山間線とは軍事上と経済上の利害を異にし、両者相待つの望みは断念せざるを得ないとして、赤間関付近の危険な部分のみを修正して海岸線を許可する妥協が図られたのである。

工事は順調に進み、明治三三年一二月三日に三田尻～厚狭《あさ》間三二哩六六鎖（五二・八キロ）が開業した。

明治三四年五月二四日、終点の赤間関停車場が完成。同日馬関と改称された（翌年、赤間関市が下関市に改称したのに合わせ、下関に再改称）。三日後の五月二七日、厚狭～馬関間二一哩六〇鎖（三五・〇キロ）が開通する。これで神戸～馬関間三二九哩二一鎖（五二九・九キロ）が全通し、「最急行」と名づけられた最速列車を利用すれば、神戸～馬関の所要時間は一二時間三五分に短縮した。この日をもって、鉄道幹線は本州北辺の青森から本州西端

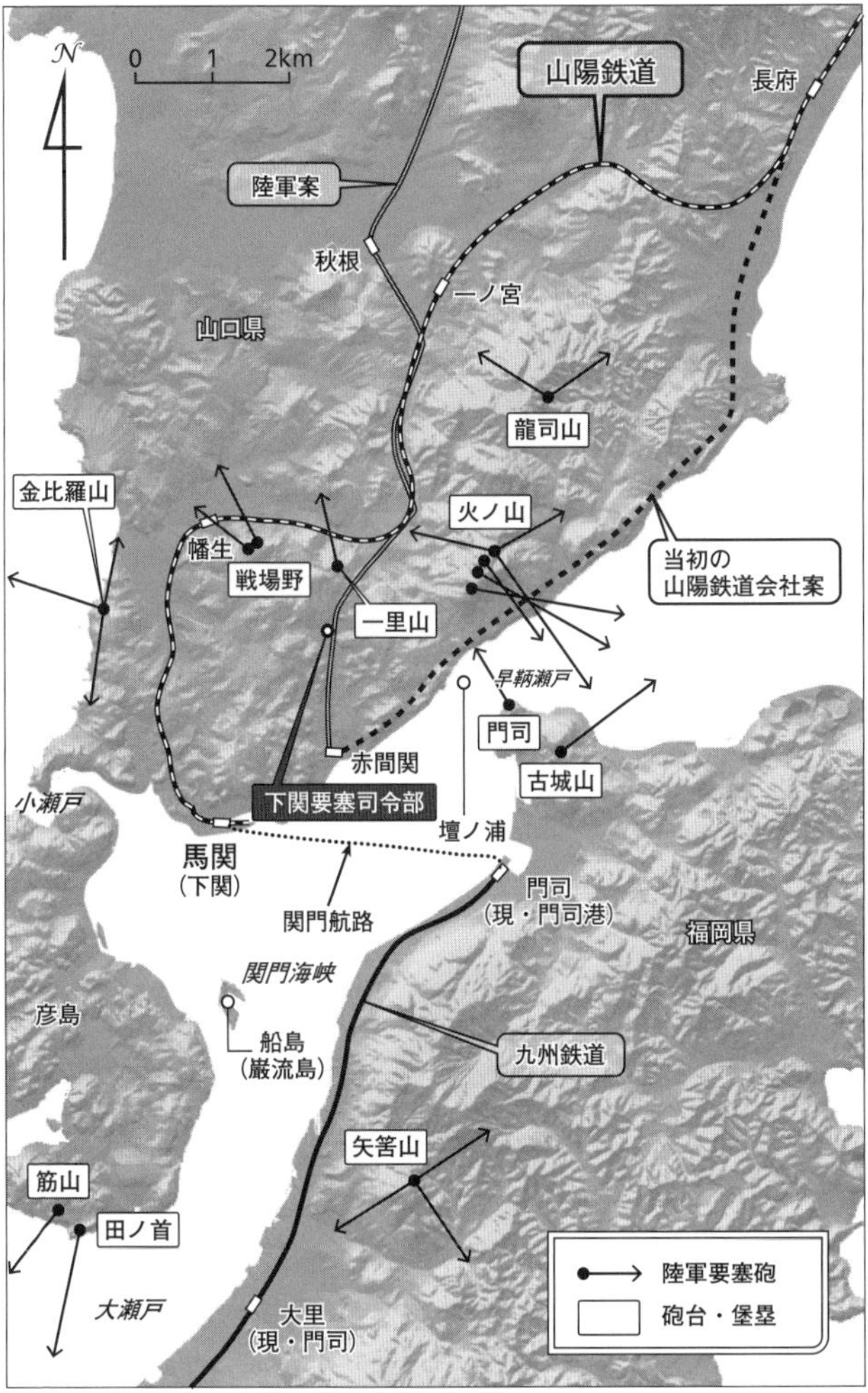

明治34年(1901)5月、山陽鉄道線が馬関(下関)まで全通。関門海峡の東側は敵艦船の侵入が容易と考えられていたため、壇ノ浦の海岸沿いを避けた経路が採用された。

の馬関まで直結されたことになる。しかも、開業と同時に就航した馬関～門司間の鉄道連絡船を利用すれば、わずか三〇分足らずで、九州に到着する。門司(現在の門司港駅)から先は、長崎や八代《やつしろ》など九州各地に鉄路が延びていた。

第六章　日露戦争と仮線路

——なぜ九州の巨大駅は幻と消えたか

九州に存在した幻の巨大駅

かつて東京の上野駅にも匹敵するほどの広大な敷地の駅が北九州に存在した。しかもその駅はわずか一週間ほどしか使われなかった。旧跡すらない幻の駅とはどんな目的で建設され、どこにあったのだろう。その謎を解く鍵が「戦争」である。しかし、そこに行き着くまでには、北九州の線路をめぐる複雑にからみあった歴史をひとつひとつ解きほぐしていかなければならない。

東海道線の建設に手いっぱいの鉄道庁は、それ以外の測量などに人員を割く余裕がなかった。そこで、第五章の山陽鉄道と似た経緯で、九州にも私設鉄道の九州鉄道の設立が認可される運びになる。

明治二〇年(一八八七)二月二六日付で発起人総代の高橋新吉《たかはししんきち》が九州鉄道の創立を出願した。高橋新吉は、農商務省《のうしょうむ》商務局長をしており、初代社長として政府が推薦した人物である。高橋は鹿児島生まれの薩摩藩士で九州とは縁が深く、英学者としても知られており、ニューヨーク在勤の領事時代には、鉄道社会学について報告したことがあるなど、適任といってよかった。

九州鉄道の創立出願の翌月、大蔵大臣松方正義《まつかたまさよし》が閣議に提出した意見書は、当時の鉄道に対する認識が現れており興味深い。その中には、「鉄道ノ物タル平時ニ在《あり》テハ物産運輸ノ利便ヲ開キ以テ農工商ノ三業ヲ活発ナラシメ戦時ニハ軍隊行進ノ神速ヲ助ケ以テ力機先制ノ勢《いきおい》ヲ為サシム其平時ニ戦時ニ必要不可缺《ふかけつ》ハ固ヨリ論ナシ然リ而シテ我帝国ノ地形タル千島沖縄等ノ諸島ヲ除《のぞけ》リモ東北青森ヨリ西南鹿児島ニ至リ蜿蜒《えんえん》委蛇《いい》山岳起伏回海断続スルモノ数百里且ツ一朝外患ノ生《しょう》スルニ当ツテハ沿海四面皆悉《ことごと》ク戦地タルノ形勢アリ故ニ大体上ヨリ之ヲ観察スルトキハ其直接ニ収益アルト否トニ拘ハラス先《ま》ツ一線ノ鉄道ヲ起シ以テ中心ヲ貫通シ将来永遠平時戦時経済軍備ニ関スル利便ノ大用ヲ具備セサルヘカラサルニ地形《じぎょう》ニ対シ政府ニ於テ之レカ経営造作ヲナスハ止《と》ム可カラサルノ急務ナルヘシト信セリ」といった記述がある。

大意としては、「鉄道は平時にあっては物産を運ぶ利便を開いて農業・工業・商業の三業を活発にし、戦時にあっては軍隊の迅速な移動を助け、兵力を集中して先制する。平時・戦時を問わず、鉄道が必要不可欠なことは論を俟たない。我が帝国の地形は、北辺の千島《ちしま》や南方の沖縄などの諸島を除いて、東北の青森から西南の鹿児島に至るまで長々と曲がりくねって山岳起伏や海が数百里つづき、かつひとたび外国の攻撃を受けた時は周囲の海がみな戦場になるがゆえ、その直接の収益があるかどうかに拘わらず、まずその土地を縦貫する鉄道を建設し、平時と戦時、経済と軍備に関する利便を兼ね備えるべきであり、地固めの時期に政府が建設・経営をするのは当然の急務と信じる」としたうえで、官民問わず幹線鉄道整備に援助を惜しまない方針を承認するのである。予算増額に最も敏感な大蔵大臣ですら、鉄道というものを、産業振興の道具であるのと同時に、あるいはそれ以上に、軍備の一環としてとらえているのである。当時の政府が厳しい対外認識をしていることに留意する必要があるが、海軍とともに国防を任された陸軍が、鉄道敷設にあたってその経路に敏感になるのは、ある意味仕方のないことかもしれない。

明治二一年一月、門司〜熊本間の線路測量が完了したのを受け、三月、九州鉄道会社発起人総代が布設免許の申請を行っている。第一期線が門司〜熊本〜三角《みすみ》間、第二期線が第一期線から分岐し、佐賀を経て長崎に至る路線だった。ところが、陸軍大臣大山巖の名で、三ケ所のルート変更を要求された。新町《しんまち》(現在の門司)〜小倉間の線路は海岸を避け、手向《たむけ》山《やま》の背後を経て小倉旧城の南端を通るように。福間《ふくま》〜博多間と瀬高《せたか》〜高瀬《たかせ》(現在の玉名《たまな》)間はなるべく海岸より離隔するようにとのことだった。手向山には、明治二〇年から下関要塞の田向山《たむけやま》砲台が建設されていたのである(山名は手向山だが、砲台名はおそらく読みやすさを考慮して田向山という字を当てている)。

これに対し九州鉄道は、新町〜小倉間は命令どおりに改める、福間〜博多間は香椎《かしい》付近で山脈が海岸まで延びているためやむをえず海岸に沿って敷設するが、できるだけ海岸より離隔する。瀬高〜高瀬間は、大牟田《おおむた》市街の背後を通過するよう経路を改めると回答。六月二七日には免許状が下付された。

「仮線」という名の生命線

翌六月二八日、発起人総代の高橋新吉は、「『但《ただし》軍事上ヨリ変更ヲ命シタル新町小倉間瀬高高瀬間ノ線路ハ申出ノ通改撰ノ線路ニ布設スル儀ト心得ヘシ資金ニ対シ特別保護ノ件ハ別ニ命令書ヲ下付スヘシ』トノ御指令ノ趣謹承《つつしんでうけたまわり》仕候依之《これによりて》御請書進達仕候也」という「御請書」を総理大臣の黒田清隆宛に提出している。つまり、軍事上を理由に変更を命じられた新町〜小倉間と瀬高〜高瀬間の線路は、変更した経路で敷設すると承知した旨の誓書を出したのである。

ところが同日、高橋新吉は黒田清隆に「九州鉄道仮線路布設ノ義ニ付願」を上申している。曰く「九州鉄道線路ノ義ハ出願ノ通御許可相成候処福岡県豊前国新町ヨリ小倉ニ至ルノ間ハ山脈重畳頗《ちょうじょうすこぶ》ル難工ノ場所ニテ起工ノ際費額甚タ多ク且工事延滞ノ患《うれい》有之随《したがっ》て会社ノ信用ニモ関係シ深ク難渋仕候ニ付別紙図面ノ通海岸ニ沿ヒ仮線路ヲ布設仕度加之《これにくわえ》小倉停車場ノ位置ハ小倉市街ニ盛衰ノ影響最大ニシテ同地人民ノ苦情モ有之且会社営業上損益ノ関係不少《すくなからず》ニ付小倉旧砲台跡ニ停車場ヲ設置仕度候間旁《あいだかたがた》特別ノ御詮議ヲ以テ仮線路布設ノ義御許可被成下度《なしくだされたく》此段奉願《ねがいたてまつり》候也」

つまり、新町〜小倉間は山並みが重なりすこぶる工事が困難で、建設費は増え、工期が遅れそうなので、海岸に沿って「仮線路」を敷設したいというのである。併せて小倉停車場の位置が小倉市街の盛衰に影響するので、小倉旧砲台跡に停車場を設けたいという願書だった。

現在の北九州市は、その前身の市名からもわかるように、門司・小倉・若松・八幡・戸《と》畑《ばた》それぞれの都市が独自の発展を遂げてきた歴史をもつ。しかし明治二〇年（一八八七）ごろというのは、城下町だった小倉のみが突出した存在だった。民間会社の九州鉄道にとっては、工事がたやすく、建設費がかからず、賑やかな場所に線路を敷設したいというのは、営業上切実な道理である。言い換えるなら、海岸沿いに敷設して小倉市街に停車場を設けるというのは、工費を安く上げ、収益を最大にする一石二鳥の方法だった。

つまり「仮線路」というのは政府・軍部への言い訳めいた名称であって、実は海岸を通る「仮線路」こそが九州鉄道会社にとっての「本線」であり、経営上の「生命線」だった。

七月二三日、この申請は「豊前国新町ヨリ小倉ニ至ルノ間仮線路布設出願ノ趣認可ス但全線路竣功期限内ニ於テ本線ヲ布設シ仮線ハ取除ク義ト心得ヘシ」許可された。後段の「但全線路竣功期限内ニ於テ本線ヲ布設シ仮線ハ取除ク義ト心得ヘシ」は、陸軍省の要請により追加された文言である。おそらく陸軍は、九州鉄道の本心を見抜いた上で、全線完成後は仮線路を取り除くよう釘を刺したのだろう。同時にこれは、陸軍が要求した「本線」を確実に建設させる圧力でもある。

明治二四年四月の部分開業後、仮線路上には小倉停車場が開設された。現在の小倉駅は昭和三三年(一九五八)に開業したもので、それまでは現在の西小倉駅付近に小倉駅があった。小倉城の北方の沿岸部に位置し、幕末は小倉藩の西浜台場(砲台)があった場所である。

一方、小倉以西、黒崎《くろさき》に至る線路も明治二四年四月に開通しているが、現在の戸畑廻りではなく、内陸に敷設されていた。因みに小倉~黒崎間の停車場はひとつもなかった(明治三一年に大蔵《おおくら》停車場が開設)。しばらくの間、この線が本線だったが、戸畑経由の戸畑線(小倉~黒崎)が明治三五年に開通。国有化後の明治四一年に戸畑線が複線化されて本線(人吉線。のちの鹿児島本線)になると、以前の本線が大蔵線という支線扱いとなり、明治四四年九月いっぱいで廃止されている。廃止にいたった直接の原因は、大蔵線とほぼ同じ経路で、明治四四年に東本町《ひがしほんまち》(門司港付近)~黒崎駅前間を結ぶ九州電気軌道の市街線(路面電車)が開通したことだった。廃止から一世紀以上過ぎた現在、大蔵線廃線跡はほとんど道路になり、遺構としては、茶屋町《ちゃやまち》橋梁が残るのみである。

陸軍が示した交換条件

明治三〇年(一八九七)四月には、門司~小倉間の仮線が複線化される。いまだ手向山や小倉城の裏手(南側)を通る「本線」が着工される気配はなかった。現実問題として、手向山の背後は陣《じん》ヶ《が》尾《お》と呼ばれた標高二九〇メートルの山から尾根が延びており、おそらく当時の技術と非力な機関車では、長大トンネルを掘る以外通過する方法はなかっただろう。明治二一年六月の「九州鉄道仮線路布設ノ義ニ付願」にあったとおり、「山脈重畳頗ル難工ノ場所」だったのである。

明治三二年一二月一二日、「九州鉄道株式会社線路変更ノ件」が鉄道会議で審議されている。二代目の社長に就任していた鉄道技師出身の仙石貢《せんごくみつぐ》の名で提出された出願書によれば、以下のような内容だった。

「弊社鉄道新町ヨリ小倉ニ至ル現在ノ線路ハ元来仮設ノモノニシテ本線ハ《ママ》手向山砲台ノ背後ヲ経過シ小倉旧城ノ南端ニ通スヘキ筈ニ御座候処右仮設線ヲ本線トシテ御認可被成下《なしくださる》候様」

つまり、竣功期限内に限って明治二一年に営業を認可されていた手向山の北面を通る現行の「仮線」を本線に変更したいという内容だった。「竣功期限」がこの年の一二月三一日で切れてしまうため、「仮線」の営業ができなくなるという切迫した事態だったのであ

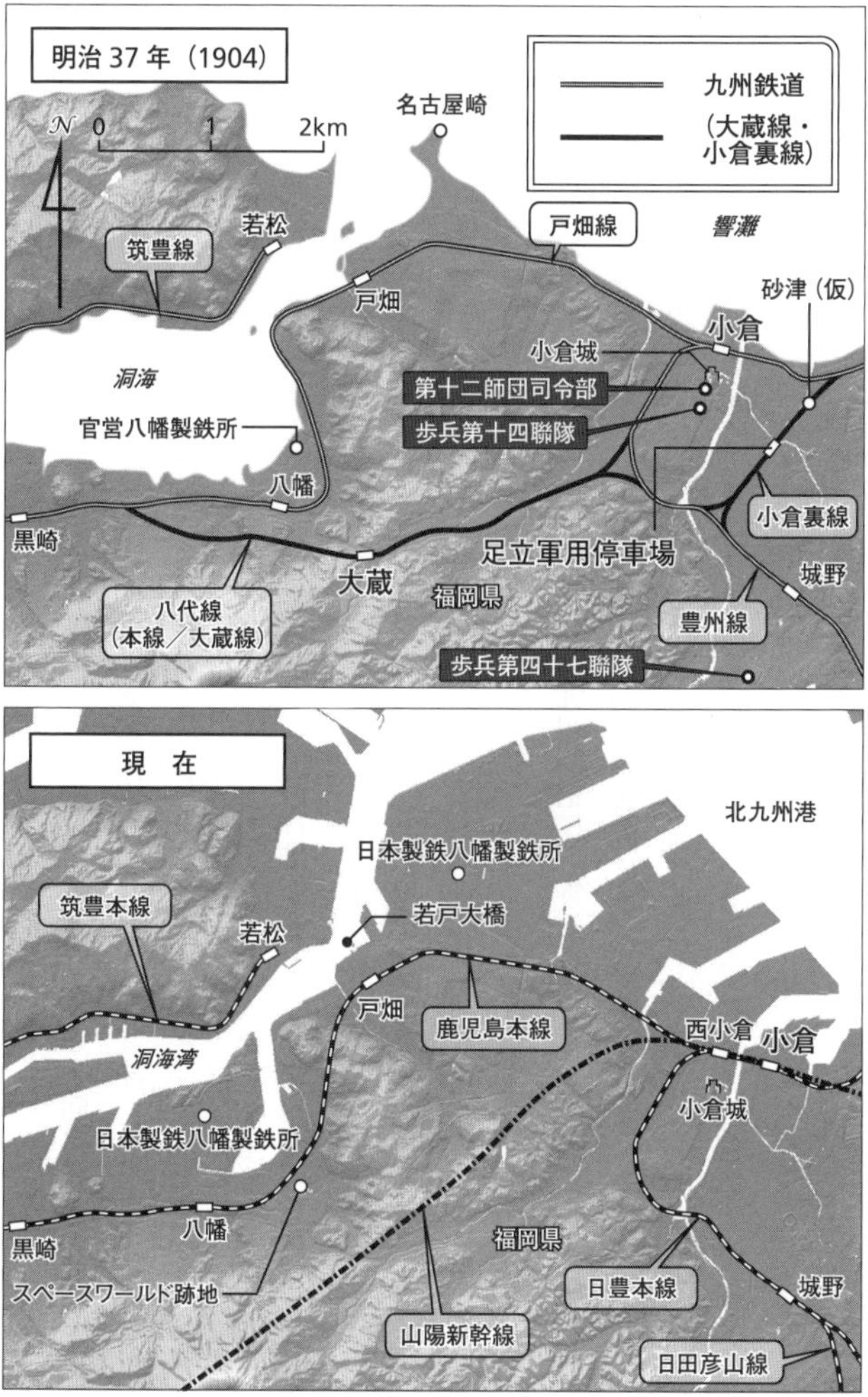

上下の図を見比べると、北九州地区の海岸線の激変に驚かされる。戦後、小倉駅は紫川の東へ、八幡駅は西へ約1km移転したほか、戸畑〜黒崎間の経路もずいぶん変わった。

る。

鉄道院側の委員である藤田虎力《ふじたこりき》は、この議案の説明の際、「手向山前面を通過するとか背後を通過するということは、九州鉄道会社に免許した当時（註：明治二一年）においては軍備の方からぜひとも背後を通過させせんければならぬということであったのでありますが、今日《こんにち》はよほどその当時とは状況が異なっておるに、したがって田向山砲台の前面を鉄道が通過したところであながち軍事上の不都合はないというその筋の意見でありますので、ついにこの鉄道会社の願いを許可して、一方は現在の仮線を将来の営業線として使用するということを許すというのでこの二件をこのたび諮詢になった次第であります」と口にしている。明治二一年から三二年の一〇年余りの間に対外環境が大きく変わったことを率直に述べたのである。

これに対し、筑豊《ちくほう》鉄道（明治三〇年に九州鉄道に合併）社長を務めていた貴族院議員の堀田《ほった》正養《まさやす》が発言を求めた。ここから議論はあらぬ方向に進んでいく。

「九州鉄道の線路としては、小倉はよろしい収入のあるところです。ところでこの足立《あだち》というところを通ると、小倉はけっして収入がない。それがために仮線をそのまま営業したいと、理由はそこにあろうと思います。それで期限なくして両方を許すということになったならば、足立の方を通る線路は容易に出来まいと思います。もし出来ないという場合になったならば、その時は、陸軍部内ではよほど差し支えはなかろうと思います。それで仮線の方を許すことについては、よほど厳しい条件を付けなければ、陸軍の望みは、足立を通る線路は何年経っても出来ぬということになって、ついに延期の期限も切れ、敷設するの権利なしということになれば、つまり仮線ばかりが残るということになりはせぬかと思います。そのあたりについては、陸軍省あたりは何か喧《やかま》しい条件でもお付けになるのですか」

「仮線」が「永久線」に昇格することで、いつまでたっても「本線」が建設されないのではないかという指摘である。これに対し、待ってましたとばかりに陸軍側委員の上原勇作《うえはらゆうさく》が発言する。上原は工兵大佐で、運輸・通信を担当する兵站部門の責任者たる参謀本部第三部長だった。のちに上原勇作は、工兵出身ながら元帥まで昇進した唯一の人物となる。

「別に喧しい条件を付けるという考えも持っておりませぬ。しかし実行してもらうだけの条件は当局者において付けてもらいたいと思います。それが書いてございませぬから、本員も今質問しようと思っておったところであります」

結局、原案はさしたる異議も出ずに可決された。しかし上原勇作が言うところの「実行してもらうだけの条件」という発言は、すぐに形になって現れる。

八日間だけの軍用停車場

明治三三年(一九〇〇)二月二日、九州鉄道に鉄道運輸営業免許が交付される。これはつまり、「仮線」として営業していた大里《だいり》(現在の門司)(厳密にいえば大里～小倉間の富野《とみの》)～小倉～大蔵(厳密にいえば小倉～大蔵間の中井)の本線昇格であったが、同時に陸軍が要望した小倉城南方を通る新線建設の義務づけを意味するものだった。新線区間は、大里～小倉間の中間の富野から分岐して、途中から一方は小倉～行橋《ゆくはし》間の豊州《ほうしゅう》鉄道線の南篠崎《みなみしのざき》に接続し、もう一方は紫川《むらさきがわ》で豊州鉄道線に接続し、北篠崎で分岐して中井で九州鉄道の本線(当時は八代《やつしろ》線。のちの大蔵線)に接続するものだった。新線は三哩三一鎖(五・五キロ)である。この新線(もともとの「本線」)建設は、単に線路敷設のみならず、途中に軍用停車場の建設義務も負っていた。九州鉄道にはあまりにも大きな代償といえたが、これまでのいきさつから受け入れるほかなかった。

「小倉裏線」と呼称されるようになった新線は、明治三六年一月に完成した。有事の際は本線に接続可能なようになっていたようである。明治三六年度下期の『九州鉄道株式会社株主総会報告』(通称『九鉄報告』)。明治二一年の九州鉄道創立から明治四〇年の国有化にいたる二〇年間、年二回発行していた株主総会報告書。準鉄道記念物に指定されており、門司鉄道管理局総務部文書課が旧所蔵)には、「足立駅構内頗広クシテ約三万五千坪ニ達シ構内側線モ亦十三条アリ」とある。「足立駅」というのが軍用停車場のことで、三万五〇〇〇坪（約一一万五七〇〇平米）といえば、ほぼ東京駅丸の内駅舎の敷地面積に匹敵する。長さは約四〇〇メートル、幅は二〇〇メートル以上あった。むろん、当時の九州の停車場では随一の広さである。

足立軍用停車場は、単に敷地が広いだけではなかった。参謀本部が「一時間間隔ヲ以テ発車シ得ル発車停車場ヲ要ス」と命じたために、大規模な設備を備えることになった。具体的にいえば、一八〇坪の洋風駅舎に加え、上屋を備えた三〇〇メートルの乗降場（ホーム）二ヶ所、機関庫、機関車留置線、機関車検修設備、車両留置線六線、機関車回送線一線、入換線一線、転車台、給水設備、石炭貯蔵所である。日清戦争に際して整備された東京の青山軍用停車場や広島軍用停車場とほぼ同規模もしくはそれ以上とみていいだろう。

足立軍用停車場は、ロシアに対して宣戦布告がなされた二日後の明治三七年二月一二日に開業。小倉駅長が在勤を命じられ、小倉停車場の大半の機能が一時的に足立に移った。

前述『九鉄報告』には、明治三七年「二月上旬露国トノ平和破レ我社ハ他ノ鉄道ニ先チ軍隊輸送ノ命ニ接シタルヲ以テ直チニ予《かね》テノ計画ニ拠リ小倉裏線ト本線トヲ接続シ」「足立停車場及大黒町《だいこくまち》仮停車場ノ設備ノ為《た》メ同月十二日ニ至リ愈《いよいよ》輸送開始トナルヤ社長以下数百ノ係員ハ二隊ニ分レ一ハ足立停車場ニ一は大黒町仮停車場ニ詰切《つめき》リテ昼夜輸送ニ従事シ約一週間ヲ経テ無事其任務ヲ終了セリ」とある。大黒町仮停車場というのは、当時長崎市街北部の浦上《うらかみ》にあった長崎停車場から延伸された軍用線に設けられた軍用停車場で、現在の長崎駅付近にあった。

足立軍用停車場は、小倉の第十二師団（歩兵第十四聯隊・第四十七聯隊など）の部隊輸送に活躍したが、七日後の二月一九日を最後に出征に伴う輸送が終了したため、休止となる。その後は小倉裏線とともどもほとんど使われないまま、大正五年（一九一六）六月二一日付で廃止されている。

足立停車場は約一週間（正確には八日間）しか使われなかったわけだが、その北東の砂津《すなつ》にあった小倉衛戍《えいじゅ》病院第二分院の仮乗降場が明治三八年一月に認可されており、復員（退院）が完了する明治三九年六月ごろまで使われたようである。

足立軍用停車場は、廃止後も敷地の輪郭を示す土盛りが長く残り、跡地には鉄道官舎が建てられていた。ただし現在は国道三号や北九州中央郵便局、学校用地などに変貌し、面影をしのぶものはなにひとつ残っていない。

日露戦争の戦時運行体制

ここで、内地における日露戦争の軍事輸送について解説しておきたい。

明治三七年（一九〇四）二月一〇日の宣戦布告から四日後の二月一四日、鉄道軍事供用令に基づき、東海道線は、軍事輸送のため、「特別運行」とよばれる戦時運行体制に移行した。第一軍隷下となった近衛師団の出征が始まったのである。

戦時編制の師団は人員規模で二万人強の大集団である。そこに軍馬や兵器・器材が加わるから、ひとつの師団が移動するだけで膨大な輸送量となった。

軍事輸送（とくに作戦輸送）では、兵員・軍馬・軍需品の同時輸送が不可欠となる。そのため、多くが客貨混合列車として運転されることとなり、最高速度は貨車の制限速度（約六五キロ）に制約され、遅くなった。当時の軍用列車の最大牽引重量は二三〇トン、だいたい二〇両前後だったが、制動力を確保するため、客車は前部に連結し、客車が半数以上の場合は安全性の高い真空制動機（ブレーキ）を使用する取り決めだった。真空制動機を使用しない列車では、前部一両、後部二両に緩急車（ブレーキ設備と担当者のいる車両）を連結したが、急勾配区間では前後各二両に連結して制動力を確保していた。真空制動機を使用する列車でも緩急車を前後各一両に連結することがきまっていた。

日露戦争で戦地に出征する基地となったのは、日清戦争と同じく広島の宇品築港だった。兵士や物資は、ここから満洲方面へと送られたのである。そのため、全国から広島に向けて軍用列車が運行された。広島の軍用停車場も復活していた。

開戦とともに「特別運行」「普通運行」「凱旋運行」の三種の列車運行表(ダイヤグラム)が作成された。特別運行は、軍用列車通行を主として組まれたダイヤ、普通運行と凱旋運行は一般列車と軍用列車が併存したダイヤだった。

東海道線・山陽鉄道線の特別運行の一例を挙げれば、約一時間半ごとに一本の列車を運転し、一日に一六本の列車を運転していた。そのうち、開戦当初は実に一四本が軍用列車だった。特別運行中、一般旅客は一日わずか二本の列車しか乗車できず、しかも普通列車だった。すべての駅に停車するから所要時間が大幅に遅くなる。大混乱をきたした。

特別運行の期間は、列車本数を増やし、なおかつひとつの列車の遅延がほかの列車に及ばないよう、列車速度を均一にして、列車間隔や停車駅などにも配慮し、余裕を持って運転していた。そのため、新橋~広島間を走る一般列車の所要時間も約四〇時間となった。平時の普通列車の所要時間が約二七時間だったから、かなり遅いことになる。

軍用列車の場合は、途中給養場のある停車場では、兵士の食事休憩のため約一時間半の長時間停車をしたから、さらに遅かった。そのため新橋から乗り込んだ兵士の場合、一般列車利用より約一五時間半も遅い約五五時間三〇分かかって広島に着いた。

特別運行期間中、広島までの所要時間は、どこも平時よりずっと遅くなった。大阪から約二二時間、名古屋から約三三時間、金沢から約四〇時間、仙台・長野から各約七六時間、弘前・青森からは実に約九六時間三〇分かかっている。

普通運行の場合は、さまざまな速度・運行形態の列車が混在した。普通運行期間の軍用列車の給養場の停車時間は三〇分から一時間だった。そのため新橋〜広島間の移動に要する時間は約五〇時間ですんだ。

ほかの停車場間でも事情は同じで、広島までの所要時間は、大阪から約二〇時間、名古屋から約三二時間、金沢から約四〇時間、仙台・長野から各約七一時間、弘前・青森から各約九四時間と、特別運行よりはおおむね早くなっていた。

さまざまな軍事輸送施設

幹線の主要停車場には、効率的に兵馬・物資を輸送するため、さまざまな設備・制度が設けられた。

その一例として停車場司令部が挙げられる。停車場司令部とは、担当区域の人馬・荷貨物の搭載や荷卸し、給養（人馬に物資・食糧を補給すること）を所管する部署のこと。開戦直後の明治三七年（一九〇四）二月一七日に新橋・品川・沼津・浜松・名古屋・米原・大阪の各停車場に設置されたほか、六月一五日には北陸線の今庄《いまじょう》・金沢にも設置された。講和後の明治三八年一一月一日には、凱旋軍隊輸送業務のため、帰還兵が上陸する神戸にも停車場司令部が設置されている。

北陸線の司令部設置が遅いのは、当時の北陸線が富山止まりだったため、軍事輸送に関係する部隊が金沢に司令部を置く第九師団隷下の部隊だけだったことと、その第九師団の動員下令が、開戦から三ヶ月後の五月九日、動員完結が五月二六日と遅かったためである。

軍との連絡を密にするため、鉄道省の輸送担当者一名を参謀本部の軍事輸送委員に任命する一方、参謀本部の軍事輸送担当者が鉄道省嘱託に就任している。

主要停車場には、先述したように軍隊給養場(食堂や炊事場、洗面所、便所)や貨物積卸場の設備が設けられた。これは、軍事輸送列車が、兵士の食事や軍馬の給餌のため、およそ六時間ごとに長時間停車をとる必要があったからである。東海道線においては、沼津・浜松・名古屋・米原・大阪、山陽鉄道では姫路・岡山・糸崎(三原止まりだった時代の旧三原停車場)の各停車場がそうだった。このほか、待避線路の増設や長大編成列車に備え、乗降場延長など、主要停車場では軍用列車の運行を円滑にする工事が併せて実施された。

混乱した一般輸送

東海道線に次いで、私設鉄道の山陽鉄道や日本鉄道などでも二月一七日から特別運行が開始された。これは第一軍の近衛師団と仙台の第二師団の輸送のためである。

しかし第二師団の場合は招集兵士を集める動員輸送の際に混乱が起きた。第二師団に動員が下令されたのは開戦前の二月五日。第二師団隷下の聯隊衛戍地は、司令部のある仙台のほか、新潟県の新発田と村松にあったが、それらに入営する召集対象者の相当数が出稼ぎや転居で東京に出てしまっていたのだ。

因みに、徴兵された兵士が入隊するのは、現住所のある聯隊ではなく、原戸籍(本籍)のある地域の聯隊である。現住所と異なり、本籍はまず異動することがない。そのため、本籍地を基準とすることで入隊人数の把握が可能で、戸籍制度は、兵役のためにも有効な制度だった。

おもな部隊が満洲に渡った七月二六日、いったん特別運行は解除されて普通運行となるが、九月一日から二三日までは、再び特別運行を実施している。これは、最後まで内地に残した虎の子の弘前の第八師団を満洲に投入するためだった。

特別運行では一般旅客や民間輸送は極端に圧迫された。東海道線の場合、特別運行の列車本数は、新橋〜神戸間を一六往復とし、一般旅客向けはわずか二往復で二六時間運転だった。山陽鉄道の神戸〜下関間の一般旅客向けも二往復で所要時間は二三時間三三分だった。最初の特別運行は第一軍に参加する近衛師団・第二師団輸送時に実施されたが、国民生活に必要な貨物輸送が不可能となって大混乱をきたしたため、軍用列車に割り当てた列車のうち一往復を貨物列車とし、軍用列車は一日一三往復となった。さらに新橋〜横浜間六往復、新橋〜国府津間二往復、馬場(大津)〜神戸間三往復、京都〜神戸、大阪〜神戸各一往復には区間列車も運転され、必要に応じて増便された。

このほか北陸線でみると、明治三七年五月一二日から第一回目の特別運行が実施されたが、これは金沢の第九師団の動員輸送のため。このときは米原〜金沢間八往復、金沢〜富山間四往復の列車を設定し、米原〜富山間一往復、福井〜富山間一往復を定期旅客列車とした。第二回目の特別運行は、第九師団の出征に伴い、六月二四日から七月四日まで実施した輸送体制である。このときは米原〜金沢間に一六往復の列車を設定。うち一般旅客列車は二往復だった。このほか金沢〜富山間のうち三往復が一般旅客列車とされた。

復員が完了する明治三九年(一九〇六)五月まで、国内の主要幹線は、三種類の列車運行表に基づいて運転されたのである。

講和条約締結後の明治三八年一〇月下旬からは凱旋運行に移行。兵隊の復員に備えた。帰還業務が終了し、平時運行へと戻るのは、明治三九年四月一六日の時刻改正まで待たなければならなかった。

総力戦だった日露戦争

日露戦争における軍事輸送実績はそれぞれ次のとおりである。「発送軍隊輸送」実績（明治三七年二月～明治三八年一〇月）は、人員がのべ八八万六〇一二名（戦傷病患者や捕虜含む。以下同じ）、馬匹一三万八三五〇頭、貨物二六万二〇二六トン。「凱旋軍隊輸送」実績（明治三八年一一月～明治三九年五月）は、人員がのべ三九万八八八七名、馬匹六万二四七六頭、貨物六万八八八トン。その他、鉄道軍事供用令によらないが軍需品の証明のあった「準軍用貨物」実績（明治三七年二月～明治三九年四月）が二〇万四二九四トンあった。その総計は、人員のべ一二八万四八九九名、馬匹二〇万八二六頭、貨物五二万七二〇八トンである。日露戦争中に運行された軍用列車は五七八四本、使用客車は四万一七一九両、使用貨車は一二万一三三九両にのぼった。

これを日清戦争の実績と比較してみれば一目瞭然だ。日清戦争における官設鉄道の軍事輸送量は、明治二七年度は兵力一七万四五九五人、軍用品四万三四四五トン、明治二八年度は兵力一〇万五九四四人、軍用品二万七三六トン、馬匹七七二七頭である。

日清戦争で運行された軍用列車は四五五本、使用貨車は六六二〇輛、使用客車は三九三三輛にのぼった。輸送された兵員は二八万五三九人、馬匹二万五五〇二頭、軍用車輛は一万二八五四車、軍用品は六万四一八一トンである。

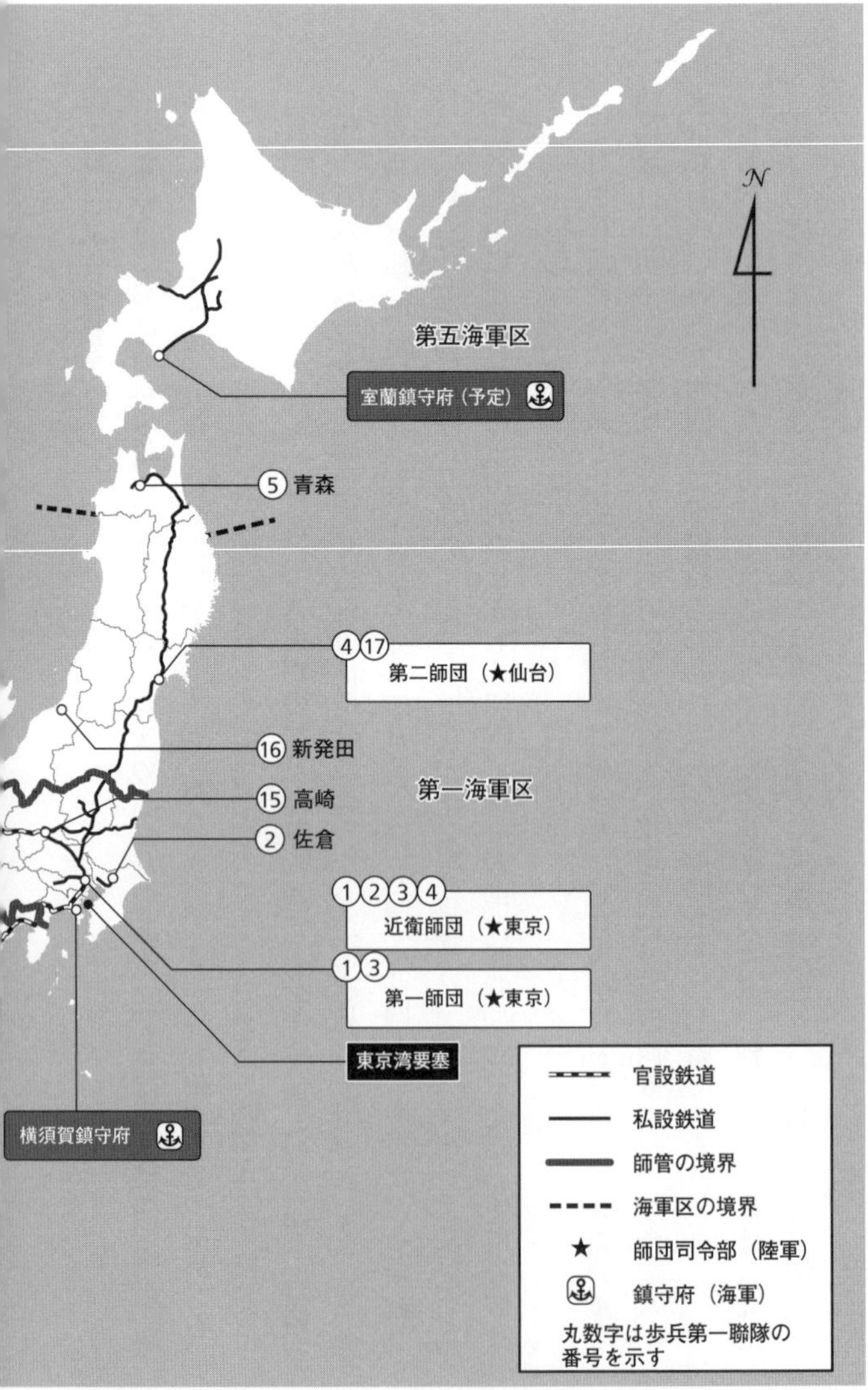

第七師団が日清戦争中に編成されたが、東京まで移動したところで戦争が終結。鉄道未整備の日本海側を除き、ほとんどの聯隊が鉄道沿いに配置されていることにも留意したい。

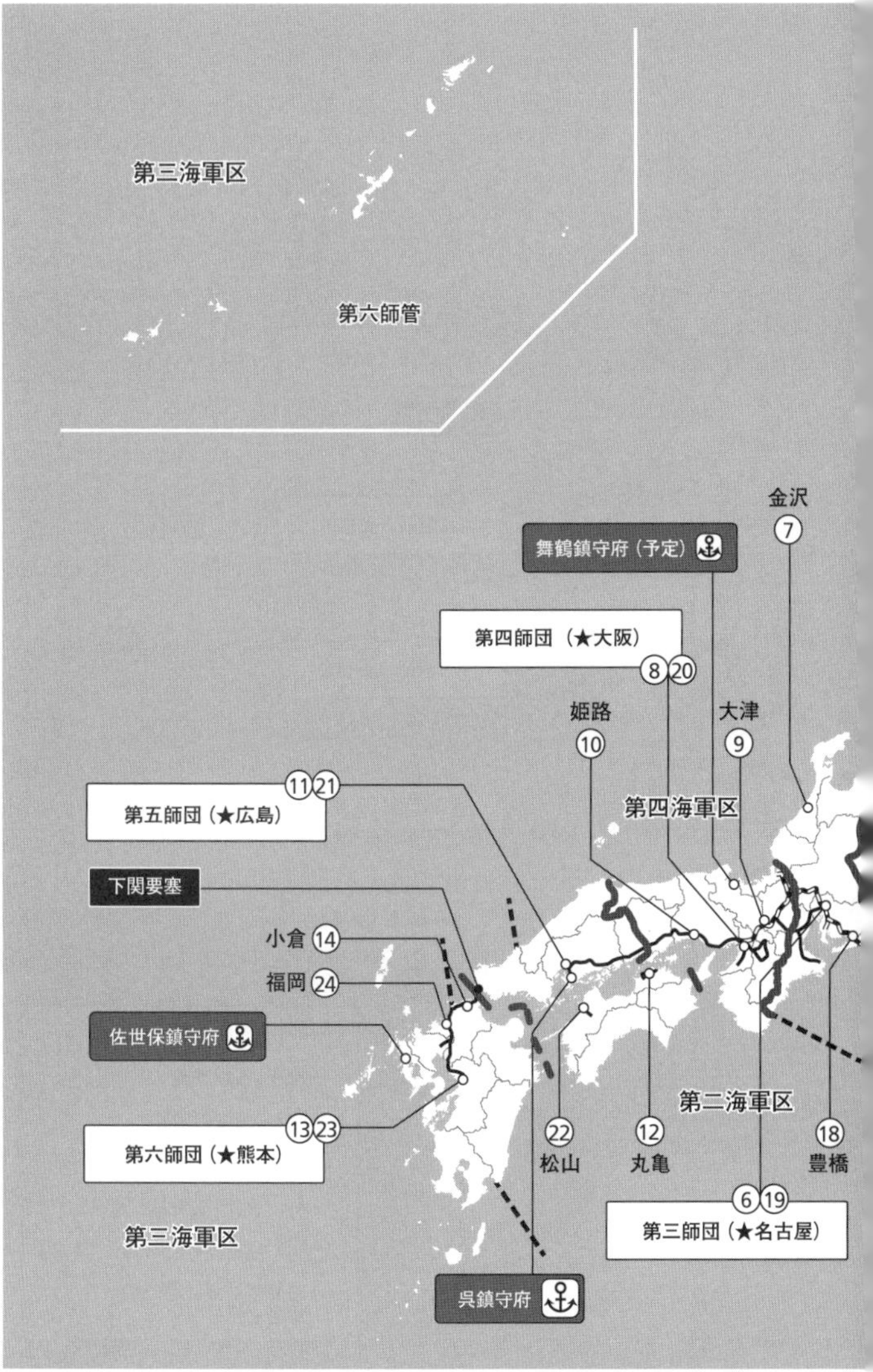

明治27年（1894）、日清戦争開戦時の主な陸海軍施設と鉄道。この時点では、近衛師団を含め7個師団体制だった。このほか、北海道に配備されていた屯田兵を改編した臨時↗

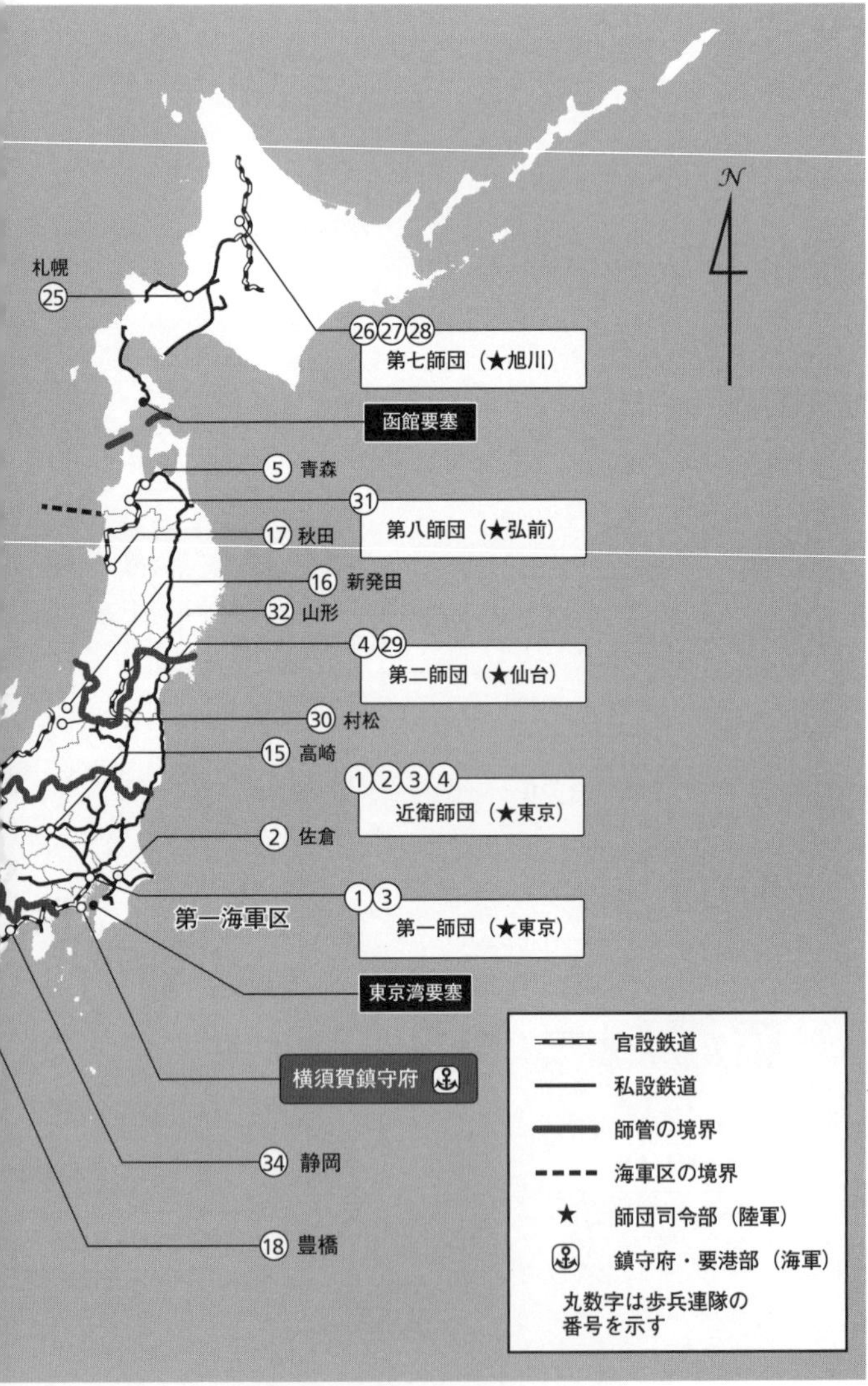

構想は消え、第五海軍区は横須賀鎮守府の第一海軍区に編入。明治30年代に入ると海峡や重要港湾周辺の要塞の整備が進み、函館から長崎まで、要塞の数は10に増えている。

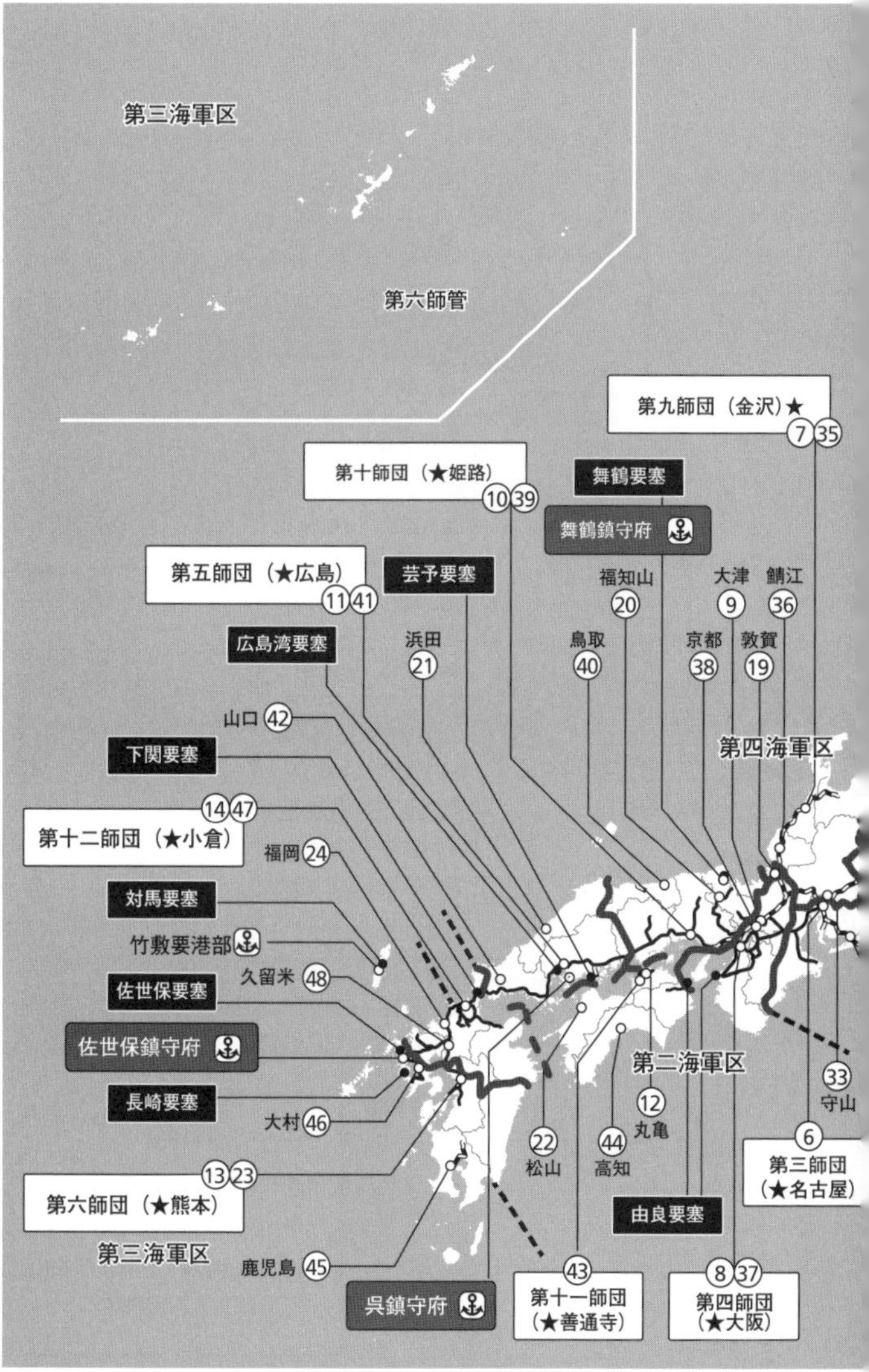

明治37年（1904）、日露戦争開戦時の主な陸海軍施設と鉄道。日清戦争後、6個師団が増設されたほか、近衛師団隷下の4個聯隊を含め、歩兵聯隊も52を数えた。室蘭鎮守府↗

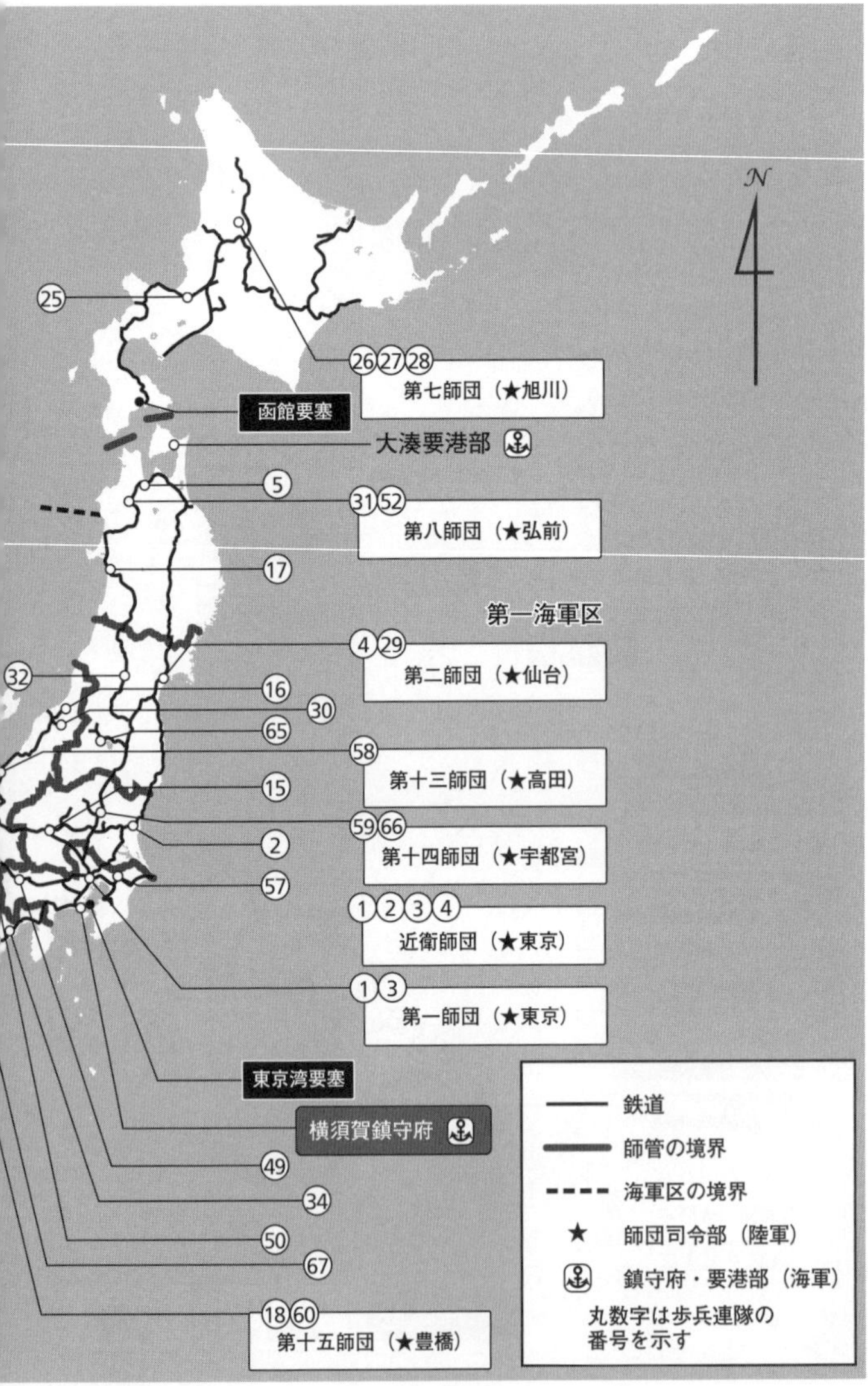

陸海軍が外征軍化するにしたがい、軍事活動地域としての師管は有名無実化し、兵士を徴募する地域としての意味しかもたなくなった。次ページに歩兵聯隊の所在地をまとめた。

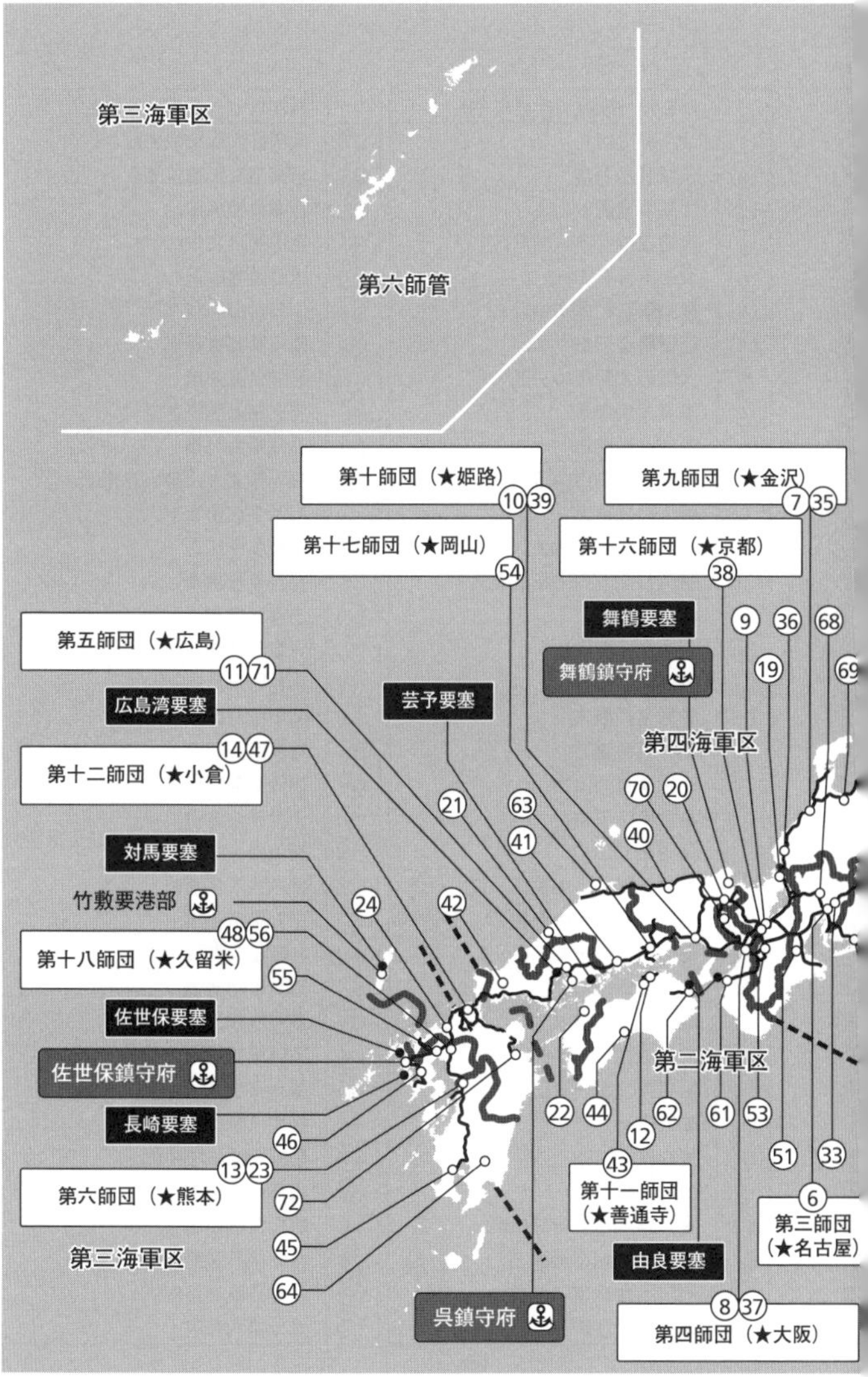

明治45年（1912）の主な陸海軍施設と鉄道。歩兵聯隊は24も増え、岩手と沖縄を除く各県に配置された。6個師団の増設に伴い、師管の区域の大幅な変更が実施されている。↗

	所在地（現在の市区町村）
①	東京都港区
②	茨城県水戸市
③	東京都港区
④	宮城県仙台市宮城野区
⑤	青森県青森市
⑥	愛知県名古屋市中区
⑦	石川県金沢市
⑧	大阪府大阪市中央区
⑨	滋賀県大津市
⑩	兵庫県姫路市
⑪	広島県広島市中区
⑫	香川県丸亀市
⑬	熊本県熊本市中央区
⑭	福岡県北九州市小倉北区
⑮	群馬県高崎市
⑯	新潟県新発田市
⑰	秋田県秋田市
⑱	愛知県豊橋市
⑲	福井県敦賀市
⑳	京都府福知山市
㉑	島根県浜田市
㉒	愛媛県松山市
㉓	熊本県熊本市中央区
㉔	福岡県福岡市中央区
㉕	北海道札幌市豊平区
㉖	北海道旭川市
㉗	北海道旭川市
㉘	北海道旭川市
㉙	宮城県仙台市青葉区
㉚	新潟県五泉市
㉛	青森県弘前市
㉜	山形県山形市
㉝	愛知県名古屋市守山区
㉞	静岡県静岡市葵区
㉟	石川県金沢市
㊱	福井県鯖江市

	所在地（現在の市区町村）
㊲	大阪府大阪市中央区
㊳	京都府京都市伏見区
㊴	兵庫県姫路市
㊵	鳥取県鳥取市
㊶	広島県福山市
㊷	山口県山口市
㊸	香川県善通寺市
㊹	高知県高知市
㊺	鹿児島県鹿児島市
㊻	長崎県大村市
㊼	福岡県北九州市小倉南区
㊽	福岡県久留米市
㊾	山梨県甲府市
㊿	長野県松本市
51	三重県津市
52	青森県弘前市
53	奈良県奈良市
54	岡山県岡山市北区
55	佐賀県佐賀市
56	福岡県久留米市
57	千葉県佐倉市
58	新潟県上越市
59	栃木県宇都宮市
60	愛知県豊橋市
61	和歌山県和歌山市
62	徳島県徳島市
63	島根県松江市
64	宮崎県都城市
65	福島県会津若松市
66	栃木県宇都宮市
67	静岡県浜松市中区
68	岐阜県岐阜市
69	富山県富山市
70	兵庫県丹波篠山市
71	広島県広島市中区
72	大分県大分市

日清・日露戦争の戦域はあまり変わらなかった。にもかかわらず、輸送人員で約四・六倍、馬匹約七・九倍、貨物約八・二倍、軍用列車約一二・七倍など、いずれも日露戦争が大きく上回っているのだ。それほど日露戦争は国家の総力を挙げた戦いであったといえるだろう。

寺内正毅の登場

陸軍は、熊本以南の鹿児島本線の経路決定にも介入してきた。その歴史的な現場となったのが、「鉄道会議」だった。その真相に迫るためには、時計を明治二七年(一八九四)に巻き戻す必要がある。

運命の一日となったのが、日清戦争直前に開催された明治二七年五月一六日の会議である。この日の議案には、鉄道敷設法第二条にある「九州予定線ノ内第二項ノ鉄道線路中熊本県下宇土《うと》ヨリ八代ヲ経テ鹿児島県下鹿児島ニ至ル鉄道線路ハ第一期線ニ繰上ケ」という件が含まれていた。つまり、熊本県下の宇土、八代を経て鹿児島に至る鉄道線路(鹿児島線)を、優先して建設する「第一期線」に繰り上げたいという諮問である。どこにも具体的な経路は記されていない。

席上、寺内正毅が鹿児島線について発言を求めた。寺内は陸軍の軍人(陸軍大佐)で、明治二六年七月の委員交代で鉄道会議の委員に任命されていた。参謀本部第一局長を務めており、明治二七年六月五日に大本営が設置されると、四日後の六月九日付で兵站部門の責任者である大本営運輸通信長官を兼務している。のちに長女の沢子《さわこ》が、児玉源太郎（鉄道会議委員。当時陸軍次官兼軍務局長）の長男秀雄《ひでお》（大蔵官僚を経て貴族院議員。昭和戦前期は大臣を歴任）に嫁し、児玉家と姻戚関係を結ぶことになる。山県有朋の長州閥に属しており、大正五年（一九一六）に総理大臣になるが、それはずっと後年の話だ。

「鹿児島線について二番（註：鉄道庁長官の松本荘一郎）の御説明にもありましたが、軍事の関係について一応私どもの考えを述べておきたい。鹿児島線は熊本より発し、松橋《まつばせ》より二つに分かれる。西目《にしめ》東目《ひがしめ》でありますが、軍事の関係から言えば、八代を経て人吉に出るこの線を採らなければならない。すなわち八代、加治木《かじき》を通るものでなければならない。もし海岸線を取るとすれば、阿久根《あくね》より鹿児島に至るものは、外海《そとうみ》に露出しておりまして、その不利益なるは再三述べたことでありますから、詳しく申さないでもわかりますが、殊に海岸線は鹿児島湾に至っても桜島《さくらじま》の正東《まひがし》から入るようになっておる。鹿児島においても一部は敵の砲撃を受けやすいところにある。しかるに一方の線は防禦上においても良きところを選ぶことができるようになっておる。殊に鹿児島は将来軍事の要港の予定地でもあり、陸軍の兵をも置かねばならぬところであり、かつ日州《にっしゅう》（註：日向国《ひゅうがのくに》。宮崎県のこと）

との関係よりして兵備上には特に必要なところであります。いずれより考えましても海岸の線を第一期に繰り上げるということだけは大体軍事上に不利益のことは明らかでありまして、今日の御諮問に対しては、鹿児島線を第一期に繰り上げるということだけに考えまするが、線路の上についてもこの山間線を採ることは今日決定しておいてよろしいだろうと思います」

「西目」と「東目」というのは、八代以南の比較線を指すが、もともと西目といえば鹿児島県西部の薩摩地方、東目といえば鹿児島県東部の大隅《おおすみ》地方を意味した。この日の議事に先立ち、委員の松本荘一郎が以下のように説明している。双方の路線の問題点を的確に挙げているので、少し長いが、該当部分を引用する。因みに松本荘一郎は、井上勝が退官した後、鉄道庁長官に就任していた。鉄道会議には第一回から参加し、ルートなどの詳しい説明を受け持っていた(井上勝は退官後も委員だったが、会議では精彩を欠き、退官前も退官後も席上全く発言していない)。

「西目というのは海岸に接近した方でありまして、東目の方は人吉を経て中部を通って参る線路であります。この両線の工費の比較等をひととおり申し上げますが、線路の距離を申しますと東目で、すなわち人吉を通って参りますものが鹿児島まで、起点が松橋と決まっておりますから、それから数えて一〇二哩六五鎖あります。西目という方が一一〇哩

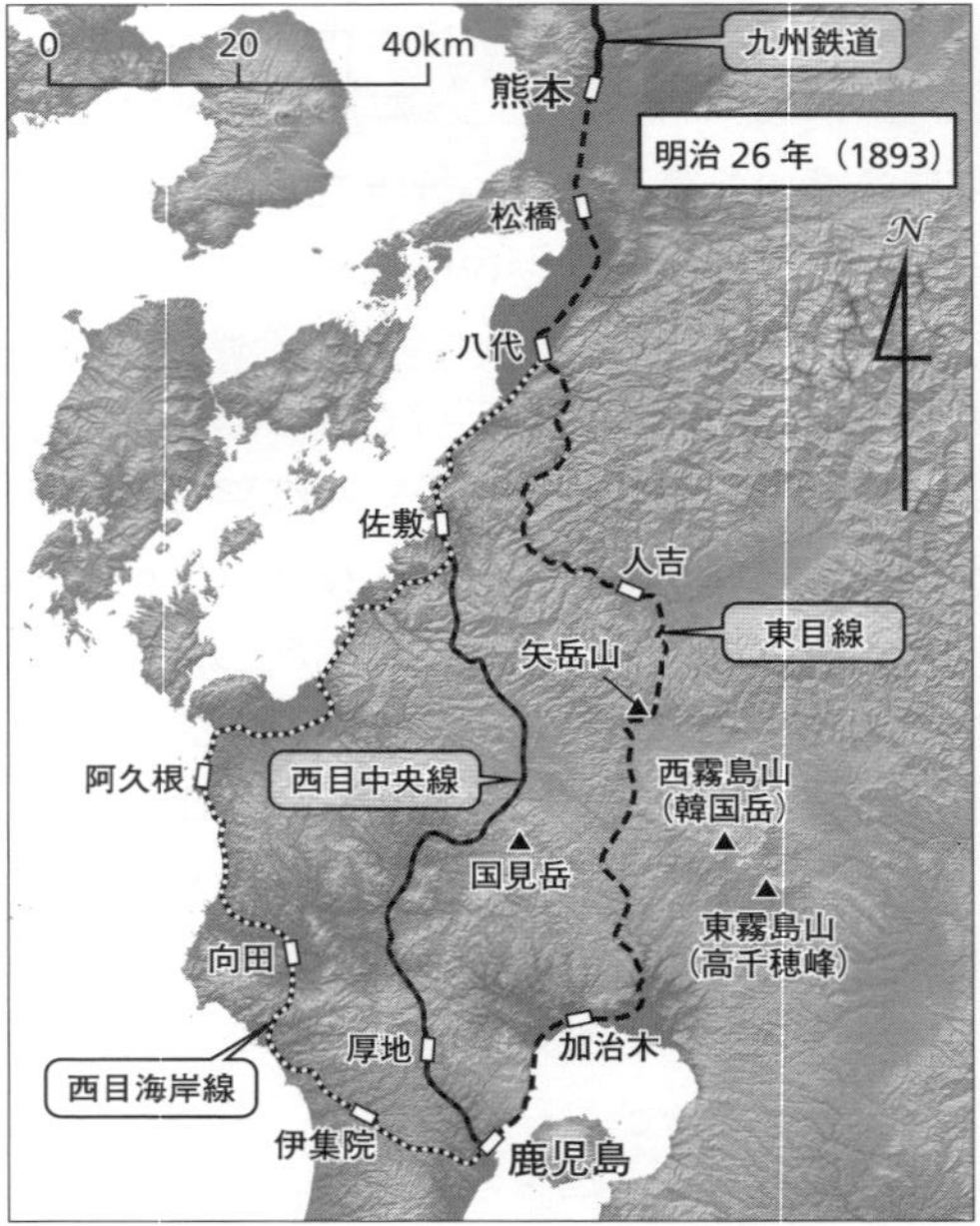
明治 26 年（1893）
0
20
40km
九州鉄道
熊本
松橋
八代
佐敷
人吉
東目線
矢岳山
阿久根
西目中央線
西霧島山
（韓国岳）
国見岳
東霧島山
（高千穂峰）
向田
厚地
加治木
西目海岸線
伊集院
鹿児島

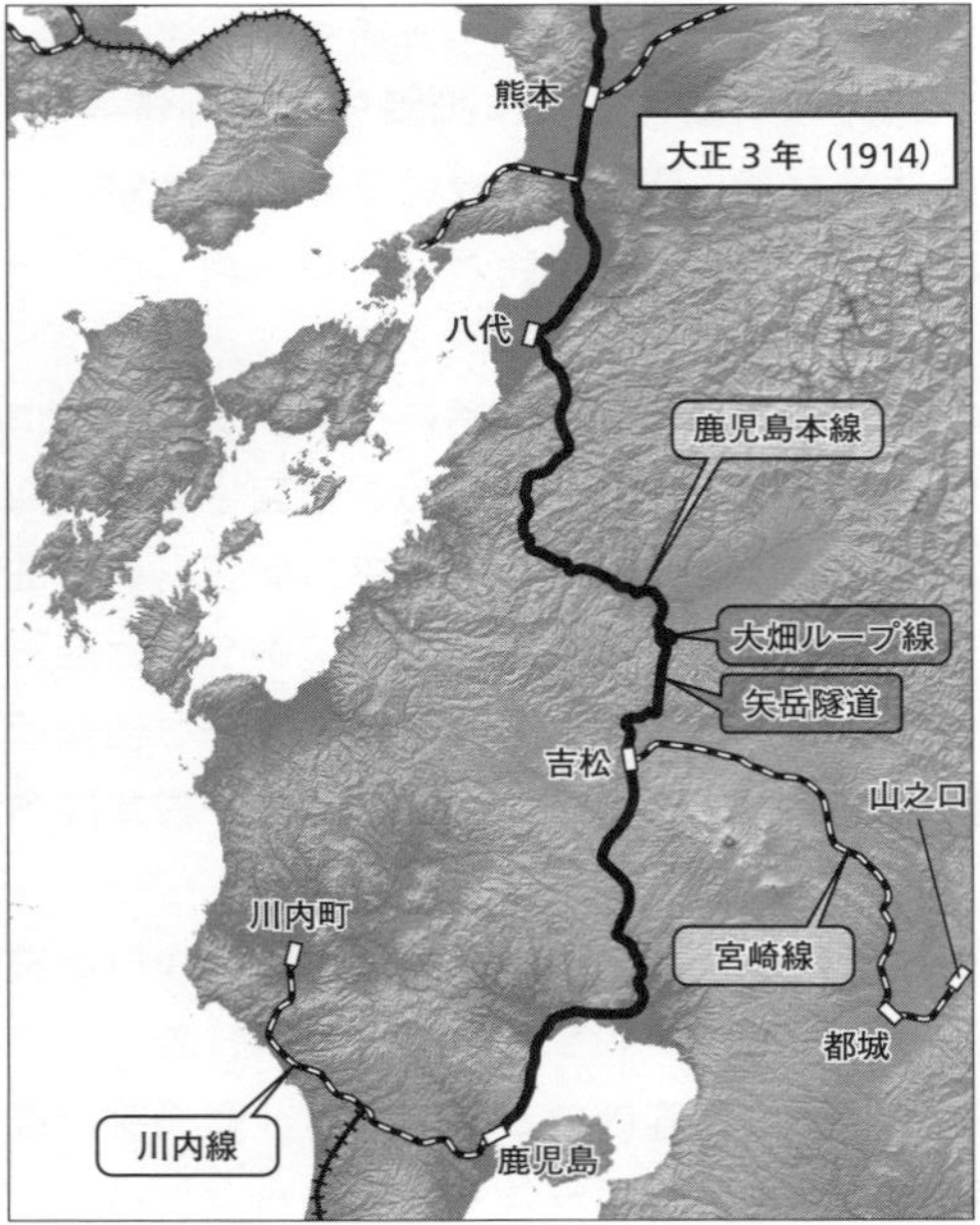
大正 3 年（1914）
熊本
八代
鹿児島本線
大畑ループ線
矢岳隧道
吉松
山之口
川内町
宮崎線
都城
川内線
鹿児島

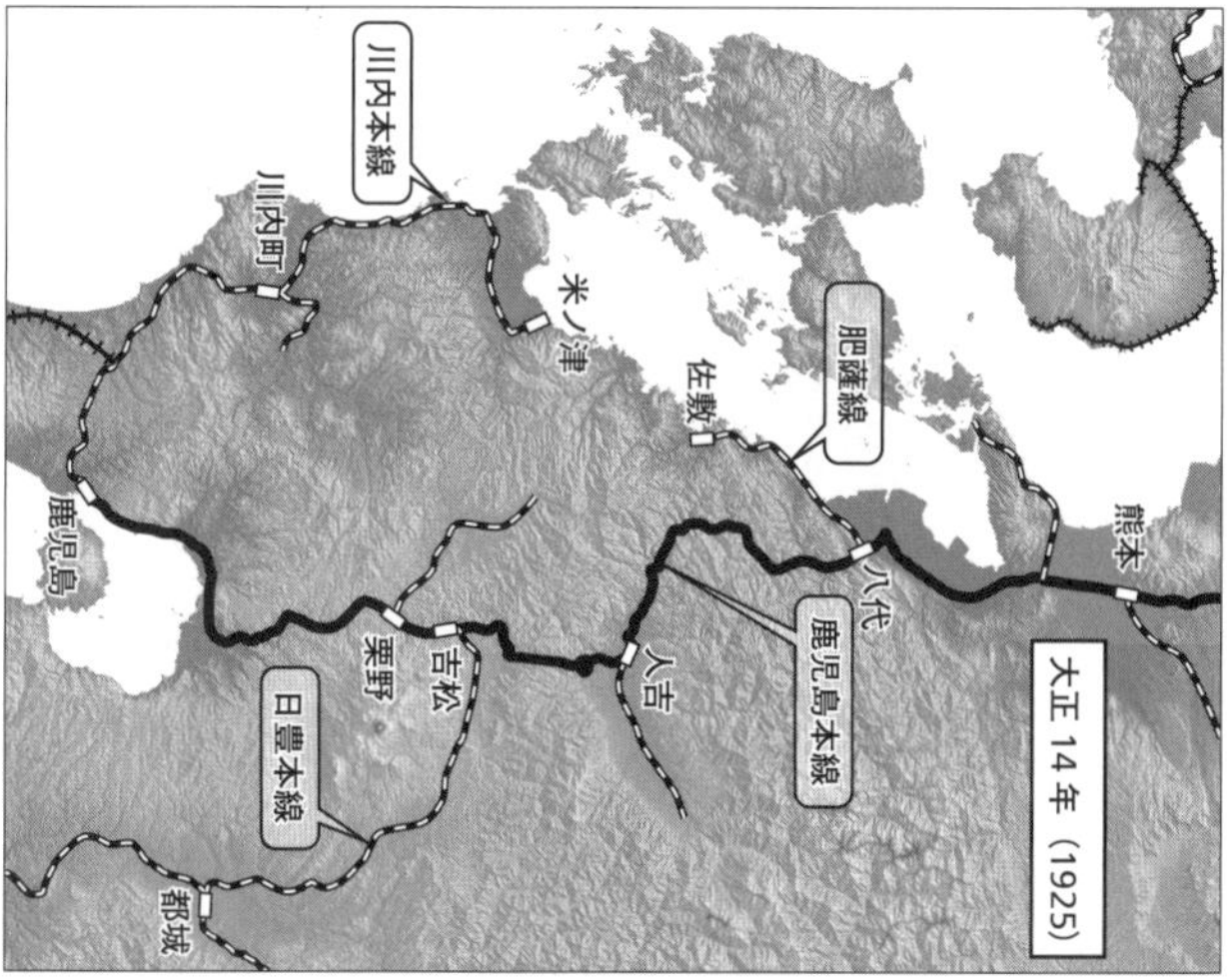
大正14年（1925）
川内本線
川内町
米ノ津
佐敷
肥薩線
熊本
八代
鹿児島本線
人吉
吉松
栗野
日豊本線
鹿児島
都城

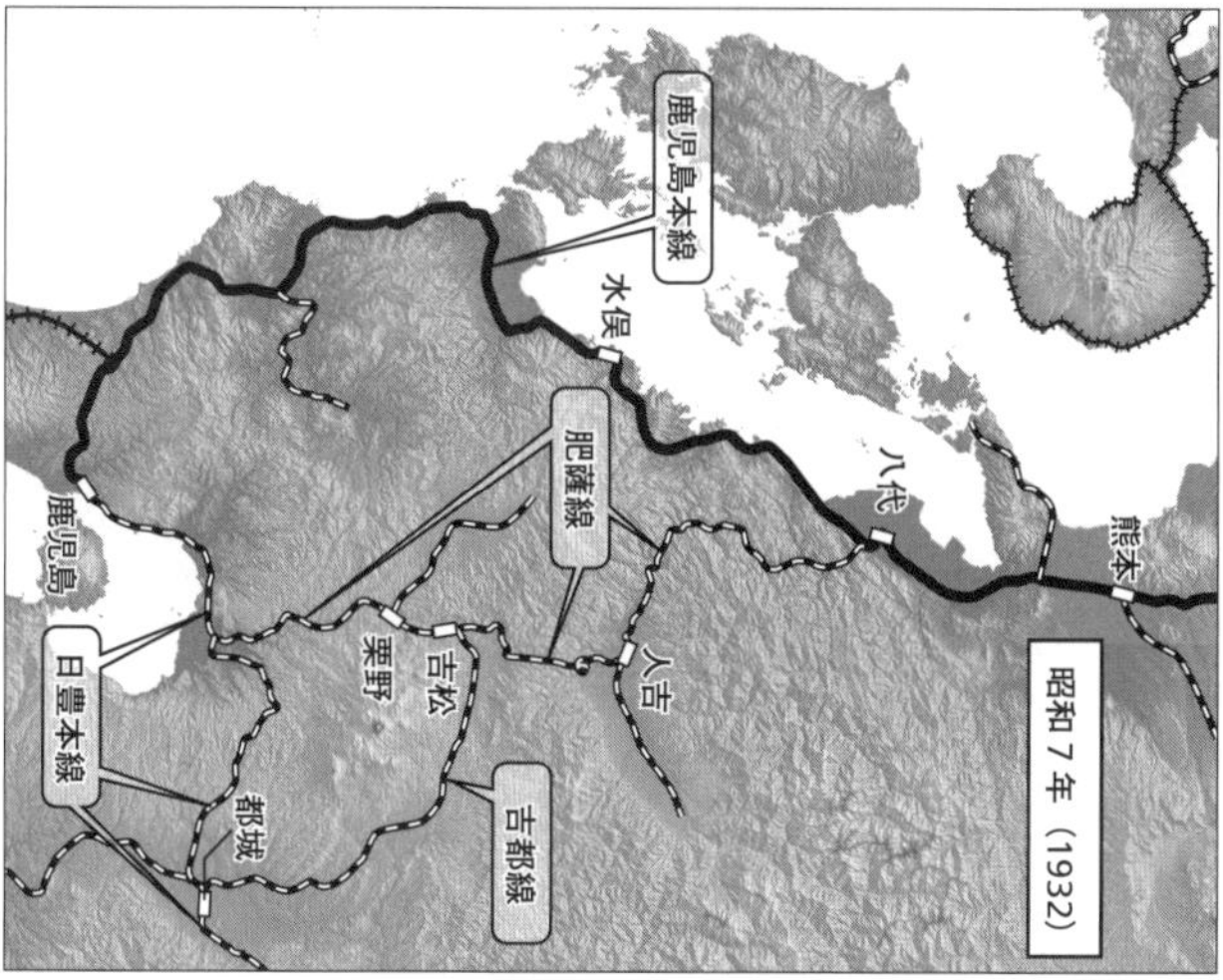
昭和7年（1932）
鹿児島本線
水俣
八代
熊本
肥薩線
人吉
吉松
栗野
鹿児島
日豊本線
都城
吉都線

三〇鎖、それから西目の方で海岸をなるたけ避けるようにして幾分か山の方に寄せて測量を試みましたのが西目の中央線という名がつけてあります。それが一〇一哩一九鎖あります。東目の方はただ今図面で御覧になりますとおり、肥後と日向の境で国境のところに、鹿児島県から熊本県に移るところに三〇分一の勾配が大分長くあります。それから西目線という方は、これは別段長い間ではありませぬけれども、やはり三〇分一が少しばかり用いてあります。西目の中央線は、これは三〇分一はありませぬが、四〇分一はたくさんあるようです。工費は東目線の方は九〇三万五八七七円、それが一哩に平均すると八万七八八一円、西目線の方は六九五万二一六六円、一哩あたりが六万二九八七円、西目の中央線に引き入れますと工費が七二六万二二五一円一哩あたりが七万一七三五円。この工費の比較のほかに、なお鉄道の純益すなわち資本に対する利益はどうかと申しますると、東目の方は一分にも当たらない六厘《りん》一毛《もう》、西目の方が八厘四毛、西目の中央線が五厘五毛。これはもとより、ただ今交通がよほど不便なために、ごくこの辺を往復します人も貨物もしたがって少ない。あるいは海岸からすぐに船によって外に行くというようなことができますから、誠に少ない貨物と人員より往復致しておりませぬが、将来は幾分か鉄道が出来れば増すという想像はできましょうけれども、想像によって言うわけにもいきませぬから、主として今日ありまする貨物なり乗客なり、船よりは幾分か安くなるものはこれによるということで取り調べたのでございますから、いかにも少額のようではありますけれども、実際はもとより多少の増加はあろうとは信じておるのでございます。しかしながら、この如く少額な純益でありますから、純益如何《いかん》鉄道の直中《ただなか》で工費の多少をもって論ずると、東目が西目中央線に較べてもなお一八〇万足らず、余計になっております。また、ただの西目線海岸に寄ったるものに較べると、二〇〇万円の余高くなっております。それゆえに単に鹿児島まで工費の比較は、東目線が一番金が余計かかる。線路中に三〇分一の長いのもありますから、あるいはただ鹿児島まで通ずるということが目的ならば、西目の方がよろしいかもしれぬという考えが起こりますが、第一に西目線はよほど片寄って、まったく一方の海岸だけに便利を与うるようなことになるのと、また軍備上にも彼《か》の海岸に暴露《ばくろ》したところを通過することは甚だ好まないという事実もある。このことについては、なおその方に詳しき御方から御述べになることもありましょうが、その点からも西目は採り悪い線である。またもう一つ考えなければならぬことは、御承知のとおり、九州予定線の中には、鹿児島から宮崎の日向の方の海岸から大分に出ることが規定してあります。この方は充分取り調べが届かないでおるが、大体は皆概測をしてありますが、よほどむつかしい場合もありまし《ママ》、急な話でありますまいが、到底出来なければならぬというだけは明らかであります。すでに日向の細島《ほそしま》までだけはひと通りわかっております。この日向に参る線は、やはり鹿児島から西目を廻るとしても鹿児島から西目線の高いところに出てなければ日向に出ることはできませぬ。そうしまするところ、その時に至って今日西目と称するところのずいぶんむつかしきところを通るとすれば、日向のところばかりに使わなければならぬということになってくる。ゆえに今造っておけば、早く出来たとすれば、将来日向に出るにはその線だけは全く儲けものになるということになる。その点からも一つ比較しなければならぬことになります。仮に日向に参りまする線も幾通りもありますけれども、仮にその中の一つを採りましてその工費の比較を申し上げてみまするところ、東目線の途中から分岐して、すなわち吉松《よしまつ》から分岐して高岡《たかおか》から宮崎に出て細島に出る総体を通じての距離を言いますれば、一八〇哩二〇鎖（註：二九〇・〇キロ）あります。西目の海岸を通って鹿児島から高岡、宮崎を通じて言いまするところ、二四二哩七八鎖（註：三九一・〇キロ）すなわち二四三哩に近いほどあります。ほとんど西目を参る方が五四哩（註：実際には六二哩余〔一〇一キロ〕か）ほど遠くなります。細島と松橋なり、もしくは八代なり、すなわち熊本の方面から参るに西目の方が五四哩ばかり遠くなる。また工費においては、西目線と吉松、高岡、宮崎、細島を通じて今申した線路を一つにして工費を計算しまするところ一四四八万九二二二円、それから西目の海岸線を通って一番安い線を採り、やはり先の方は前申した吉松、高岡のあの線を通じて一五七〇万二〇八八円。こういうものになります。距離も延び、したがって工費も一二〇何万円を増すようになります。それでただ鹿児島だけを申せば西目の方が工費も安し、今日のところでは人口も沿道に多い。輸出も論にかからぬほど違うのであるが、ただ将来宮崎の方に出ることを考えれば、東目の方がよほどよろしいように思います。今日《こんにち》わかっておる材料で鹿児島線のどれを採るかといいますれば、むろん人吉に出て途中から左に折れて宮崎に行く線、それから加治木に出て鹿児島に至るのが至当であると思います」

発言を整理して若干補足すれば、東目線のルートは、松橋〜八代〜人吉〜加治木〜鹿児島で、距離は一〇二哩六五鎖(一六六・四キロ)、最急勾配は三〇分の一(三三パーミル)が多数、建設費は九〇三万五八七七円(一哩あたり八万七八八一円)。西目(海岸)線のルートは、松橋〜佐敷《さしき》〜阿久根〜向田《むこうだ》〜伊集院《いじゅういん》〜鹿児島で、距離は一一〇哩三〇鎖(一七七・六キロ)、最急勾配は一部三〇分の一(三三パーミル)、建設費は六九五万二一六六円(一哩あたり六万二九八七円)。一方、西目中央線は松橋〜佐敷〜国見岳《くにみだけ》〜厚地《あつち》〜鹿児島の区間で、距離は一〇一哩一九鎖(一六二・九キロ)、最急勾配は四〇分の一(二五パーミル)が多数、建設費は七二六万二二五一円(一哩あたり七万一七三五円)。

距離では西目中央線が一番短く、建設費では、西目線が格段に優れていた。最急勾配では、西目線も三〇分の一(三三パーミル)があるとされたが、実際に建設された線路(昭和期の鹿児島本線）のこの区間の最急勾配は、上伊集院〜西鹿児島（現在の鹿児島中央）間の一部区間に四五分の一（二二パーミル）があるにすぎない。純粋に数値だけを比較すれば、東目線は、あらゆる面において見劣りする。だからだろう、海岸に近いことの危機を強調するだけでなく、地政学的なことまでもちだしている。たとえば、「ただ鹿児島まで通ずるということが目的ならば、西目の方がよろしいかもしれぬという考えが起こりますが、第一に西目線はよほど片寄って、まったく一方の海岸だけに便利を与うるようなことになるのと、また軍備上にも彼の海岸に暴露したところを通過することは甚だ好まないという事実もある」だの、「将来宮崎の方に出ることを考えれば、東目の方がよほどよろしい」だのといった条《くだり》である。

一見客観を装いながら、地勢などについては嘘や詭弁に近いことまで言って、甘言を用いて半ば露骨に東目線に誘導しようとしていることが見てとれる。東目線がいかに工事困難なルートかについては、ひとことも口にしていない。ただしこれは、一二〇年後の現代人の目から見ているのであり、当時の限られた情報では、松本荘一郎の言を信じるほかなかっただろう。なにしろ五万分一地形図すら整備されていないのである（精度の低い「輯《しゅう》成《せい》二十万分一図」があるのみだった）。

最後の「人吉に出て途中から左に折れて宮崎に行く線、それから加治木に出て鹿児島に至るのが至当」は、そのまま開業当初の日豊本線（吉松～都城《みやこのじょう》～宮崎）と鹿児島本線（八代～人吉～加治木～鹿児島）になった（現在の鹿児島本線と日豊本線は別ルートになったため、それぞれ肥薩《ひさつ》線と吉都《きっと》線に改称）。

内陸線への露骨な誘導

この日は、鹿児島線を第一期線（優先して着工する線）に加えるか否かの議論のはずだった。ところが突然、寺内正毅は山間ルートの採用を言い出している。これが陸軍の総意だったことは、参謀次長であり鉄道会議議長を務める川上操六が、鹿児島までの経路を緊急動議で決めようとしたことでもわかる。民間の委員のなかには反発した者もいたが、議長の川上操六は巧みに動議の採択へと導く。タイミングを見計らったかのように、再び寺内正毅が発言を求めた。

「私は先刻申し上げましたこの線路の大体については、東目を採る西目を採るということは利害明らかであろうと思います。それでこの会議の意思は、どの線を採る、すなわち人吉を採るかということも一つ決定しておかれたいと思います。で、この線路の急を要する要せないということもありますが、すでに国防上、国の縦貫線ということは大体決まりがついております。これもなるほど経済その他の調査について建設を急いですることが、できるかぎり速やかに建設をすることを私ども軍部の意見としては、そのことを望むのであります」

さらに踏み込むのだ。しかも、あたかも結論が出たと誤認させる発言となっている。

前年の奥羽線をめぐる議論(第二章参照)では渋沢栄一の海岸線案に同意した実業家の村野山人(山陽鉄道や豊州鉄道はじめ各地の鉄道会社経営に参画)も、寺内の直後に発言し、以下のように東目線に賛同している。

「九州予定線の中の宇土より鹿児島に至る線は、第一期に繰り上げのことについては、至極適当と考えております。北はすでに青森に達し、なおつづいて奥羽線の建設も決まり、なお北海道に至っては北海道の鉄道も延長の計画をなし、それについて熊本より鹿児島に達する線は国防上今日必要と考えております。沖縄及び沖縄諸島の形勢については前に支那との関係もあり、いずれの日か葛藤の生ぜないということも計られないから、国防上一期線に繰り上げて着手になりたいという希望をいだいておりますまたそれについて別に比較線にはなっておりませぬが、西目と東目については十一番(註:鈴木大亮《すずきだいすけ》。鉄道を所管する逓信次官)なり十番(註:寺内正毅)なりの御意見も出ておりますとおり、諮問案に対して決議を採りますとともに、線路も決定しておきたいということを希望します。西目線の如きは某番よりも述べられましたとおり、軍防上軍事上海辺を通過しますのは甚だよろしくない。これは本員も認めております。のみならず、この線は薩摩の国の一隅を通過して格別物産の富源《ふげん》を開くということもきわめて少ない線でございますから、西目線を採るはよろしくないと思います。東目線の方で見ますれば、薩摩大隅の中心を通過するのであるから独り軍事上に利益なるのみならず、一般の交通の便利物産運輸の不便を開くについてはきわめて関係が大でございますから、東目線にするという意思を決定しておくは必要と思いますから、この諮問案の決議なるとともに九州線の宇土より鹿児島に達する線は東目線を採るということに決めておくという十一番十番の御意見を賛成でありますから、速やかに御採決を望みます」

海岸線が西に偏っているとか沿線に「格別富源を開く」ということもないとか、松本荘一郎の説明をほとんど引き写すかたちで、寺内に賛同している。奥羽線の秋田〜鷹ノ巣間のルートを海岸線と決定してからわずか一年、陸軍提案への会議出席者の反応というか会議の空気が正反対なのに驚かされるが、陸軍が主導する東目線を評価する発言の背景には、清国との関係がますます悪化していたことも念頭にあったかもしれない。「沖縄及び沖縄諸島の形勢については前に支那との関係もあり、いずれの日か葛藤の生ぜないということも計られないから、国防上一期線に繰り上げて着手になりたいという希望をいだいております」と言っているからである。

たしかに会議の開催された明治二七年(一八九四)五月というのは、国内外が緊迫していた。伊藤博文内閣は、民党が主導する議会との対立が抜き差しならないところまできており、いつ倒れてもおかしくなかった。外に目を移せば、朝鮮の内乱をめぐり、日清両国の緊張が高まっていた。わずか二ヶ月後には日清戦争が勃発するのである。

議長の川上操六は、本案よりも緊急動議で出された「熊本県下宇土ヨリ八代ヲ経テ鹿児島県下鹿児島ニ至ル鉄道路線ニ就テハ鉄道局調査ノ線路中東目線ヲ採択スルヲ可トナリト認ム」を起立採決により先に議決し、過半数を得た。陸軍にとっては、内陸線を採用するというのが最重要課題だったからだろう。秘密投票の無記名投票ではなく、起立採決という手段を取ったのも、無記名投票で一票差で敗れた奥羽線の失敗に懲りた結果だろう。第一期線に繰り上げるという原案も同様に起立方式で採決され、すんなり可決された。

鹿児島線の南半部のルート決定という重大な事項が、午前九時四〇分から一一時五五分(途中休憩一三分間)までのわずか二時間で決まってしまったのである。おそらく奥羽線で苦杯を喫した陸軍が、同じミスを犯さないよう周到な仕掛けをしたに違いなかった。騙し討ちのような採決が可能だった前提には、議論の流れを差配できる議長職を陸軍の川上操六が占めていたことが大きかった。そのためだろう、鉄道会議の議長職は後年まで陸軍軍人(そのほとんどが陸軍の作戦を司る参謀次長)が独占した。明治三三年、川上操六の歿後《ぼつご》空席となっていた鉄道会議議長に就任したのも、参謀本部次長の寺内正毅だった(ただし川上操六の急逝後、後任が決まるまでは古市公威《ふるいちこうい》が務めた)。

鹿児島線のルートが東目線にあっさり決まったのは、陸軍に真っ向から反対する人物がいなかったことも大きかった。この日の会議に、たまたま渋沢栄一はいなかった(その前後の日の鉄道会議には出席している)。もしこの日出席していたら、奥羽線のときと同じように内陸線に強硬に反対し、海岸線擁護の論陣を張った可能性が高い。この日はまた、井上勝も欠席していた。もし井上勝がこの席にいたら、難工事が予想される東目線への露骨な誘導は、あるいは看過しなかったと思われる。明治二一年に井上勝が日本鉄道線に関して伊藤博文に提出した上申書(五二ページ)の中にも、「鉄道ノ得失ハ兵備ニ適スルト否トノミヲ以テ論定《ろんてい》スヘキモノニ無之、可成難ヲ避ケ易ニ就キ力《つと》メテ工費ノ適当ナランコトヲ図リ」(鉄道の利益不利益は、軍備にふさわしいかどうかのみで結論づけてはいけない。なるべく困難を避けて通しやすいところを通し、適切な工費で計画するべき)と、陸軍を厳しく批判した一節がある。

つまり陸軍をはじめとする東目線推進勢力にとって、渋沢栄一と井上勝が会議にいては不都合だったのだろう。反対することが予想された両人がいない日を狙って、あたかも奇襲攻撃をかけるが如く、予告なしに緊急動議を提案して、可決に踏み切ったようにもみえる。それにしても、簡単な説明だけで決定した「東目線」建設が、史上有数の難工事となることなど、この日の鉄道会議の出席者は知る由もなかった。

現在見ることができる鉄道関係の出版物では、鹿児島線のルート決定についてまったく記載がないか、せいぜい「当時、海岸線沿いに線路を建設することを危惧する軍部の意向によって、この線路は、鹿児島から国分《こくぶ》、横川《よこがわ》、吉松、人吉と山間部にルートを求めて建設された」(九州旅客鉄道『鉄輪の轟き：九州の鉄道一〇〇年記念誌』)程度の記述で済まされている。その裏には、こうした経緯があったのである。

二倍に膨らんだ建設費

新規建設線は、宇土から八代までは九州鉄道が従来の熊本線を延長するかたちで建設することになり、八代以南を官設鉄道が受け持つことになった。要は、赤字が見込まれる八代以南の区間は、巨額の税金を投入して建設したのである。

八代〜鹿児島間を詳しく測量した結果、全長九四哩五六鎖(一五二・四キロ)のうち、トンネルが六〇、橋梁が八九を数えることが判明。八代〜人吉間三四哩五二鎖(五五・八キロ)を第一工区、人吉〜吉松間二一哩一六鎖(三四・一キロ)を第二工区、吉松〜鹿児島間四〇哩四二鎖(六五・二キロ)を第三工区として、順次工事が始まることになった。

ただし、明治三〇年（一八九七）の着工予定だった計画は、財政上の理由から明治三二年以降にずれ込む。明治三〇年ごろというのは、日清戦争は終結したものの、国家予算に占める国防費の割合が約半分（明治三〇年度が四九・五パーセント、明治三一年度が五一・三パーセント）まで高止まりしていた時期である。

明治三二年、最初に着工したのが第三工区だった。吉松〜鹿児島間は、鹿児島湾に沿う区間が多く、一見平坦に見えるが、アップダウンが多かった。このうち海岸線に沿って敷設された末端の国分（現在の隼人《はやと》）〜鹿児島間が、明治三四年に開業している。鹿児島県下初の鉄道だった。

明治三四年に着工した第一工区は、球磨川《くまがわ》に沿って上流の人吉盆地を目指す区間である。八代〜人吉間は、球磨川の急流と軟弱な地盤に阻まれ、なかなか工事が進展しなかった。この区間を代表する難工事が、球磨川第一橋梁（二〇五メートル）と球磨川第二橋梁（一七九メートル）だった。この二つの橋梁はともにアメリカン・ブリッジ社が製造した橋梁を用いたトラス橋である。私設鉄道の九州鉄道はドイツの技術を導入していたが、官設鉄道が建設した鹿児島線には、アメリカ製品が大規模に使用されていた。球磨川の急流が洗う場所に建設したため、橋台建設時は何度も洪水で足場が流されたという。明治三九年に完成の日を迎え、両橋とも一一〇年以上経った現在も使用されている。

人吉～吉松間は、第一工区より短いが、九州山地を横断しなければならず、難工事の連続だった。なかでも途中の大畑《おこば》に設けた停車場はスイッチバックにせざるをえず、その前後には「螺状線《らじょう》」と呼ばれたループ線の難所があり、さらに南には、約六九〇〇呎（二〇九六メートル）という全区間最長の矢岳《やたけ》隧道（矢岳第一隧道）が控えていた。

第二工区の着工が明治三九年までずれ込んだのには理由があった。日露戦争期の明治三七年度は、資金節約のため、ほぼすべての新規開業工事が中止されたからである。奥羽線・中央線・山陰線などの第一期線がそのあおりを受けて中断しているが、鹿児島線も例外ではなかった。第二工区の着工が延期され、第一工区、第三工区の工事が中断している。日露戦争の時期は、国家予算のうち国防費の割合が八割以上（明治三七年度が八一・九パーセント、明治三八年度が八二・三パーセント）を占めた。明治以降、国家予算のうち国防費が八割を超えたのは、この二ヶ年を除けば、昭和一九年度（八五・三パーセント）に一度あるだけである。鉄道建設どころではなかったのだ。

矢岳隧道は、北から南に下る二五パーミルの片勾配。明治三九年九月に掘削に着手したが、含水量の多い凝灰岩のため湧水がはなはだしく、まるでどしゃぶりの雨の中を掘削するような状況だったらしい。材料運搬用の馬が坑内で流され、溺死したこともあったというから推して知るべしである。

人跡まれな土地だったため、資材運搬のために約一二哩（約一九キロ）の軽便鉄道を敷設したが、それも途中までしか敷設できず、現場までは牛馬や人力で荷を運搬するほかなかった。出水事故などで工事がたびたび中断するなど、進捗は順調とはいえなかったが、明治四一年にトンネルの導坑が貫通。夜を日に継いでの作業で、人吉〜吉松間の開業期日である明治四二年一一月に竣工を間に合わせている。

今に残る矢岳隧道の扁額《へんがく》が、この工事の困難さと重要性を物語っている。北側の坑門には鉄道を所管した逓信大臣の山県伊三郎《やまがたいさぶろう》（山県有朋の養嗣子。実の甥）が「天険若夷《てんけんじゃくい》」（天険夷の若《ごと》し）と揮毫し、南側の坑門には初代鉄道院総裁の後藤新平《ごとうしんぺい》が「引重致遠《いんじゅうちえん》」（重きを引《ひ》いて遠くに致《ち》す）と揮毫しているのである。東京からはるか離れた西南の地に鉄道トップの二名の揮毫が刻まれたところに、国家的な壮挙という考えが示されているといえよう。因みに両方の扁額を合わせて読むと、「天下の嶮を平らにし、重い荷を遠くに運搬できる」という意味になる。

なお、碓氷峠のトンネル群や中央本線の笹子《ささご》隧道など、当時の勾配区間や長大トンネルで行われていたのと同じく、排煙を図るため、南側の坑門には煤煙防止幕などと呼ばれた開閉式の幕が設置されていた。列車の最後尾がトンネルに入ると同時に幕を閉め、煙の逆流による運転士の窒息を防ぐ目的だった。そのためのトンネル番もおかれていた。

八代〜鹿児島間の工事は、当初八二二万七〇〇〇円の予算が計上されていたが、工事が始まるとどんどん膨らみ、最終的にはその二倍近い一五九三万三〇〇〇円が必要だった。この区間の工事では、多数の殉職者を出したといわれる。大畑ループ手前には、開業のほぼ一年前の明治四一年一〇月、大畑の区間を施工した間組《はざまぐみ》の手で鉄道工事中殉難病没者追悼紀念碑が建立されている。

明治四二年一一月二〇日、鹿児島停車場で鉄道院が主催する開通式が挙行された。開通式に参列する一行を乗せた臨時列車は、始発駅の八代を発車。途中、沿線の各駅ではプラットホームで土地の踊りを踊ったり、整列した生徒たちが万歳を唱えたりして開通を歓迎した。沿道のおもな駅からも特別列車に参列者が次々乗り込み、鹿児島に着くころには総勢五〇〇人ほどにもなった。列車は定刻の午後三時五〇分に鹿児島駅に到着。開通式の祝辞では、帝国鉄道協会の末延道成《すえのぶみちなり》副会長が井上勝会長の祝辞を代読した。帝国鉄道協会というのは、明治三二年に官営鉄道を含む全国の鉄道業関係者が結成した業界団体である。鉄道庁を退いた井上勝は汽車会社の社長となったが、帝国鉄道協会の会長にも推されていたのである。井上の挨拶文には、矢岳の険しい山々や球磨川の激流が交通を遮断していたこの土地に鉄道を敷設できた喜びや、東は釧路の港から西は鹿児島の浜に至るその里程約二〇〇〇哩がこの数十哩の連絡ですべてつながったことが綴られていた。

八代〜鹿児島間は、着手から完成まで一〇年三ヶ月かかったことになる。全区間九四哩余のうち、停車場は一六、隧道は六〇、橋梁は八九を数えた。

遅すぎた海岸線の開通

九州北部に路線を延ばしていた九州鉄道は明治四〇年（一九〇七）七月に国有化され、明治四二年一〇月には「国有鉄道線路名称制定」に伴い、門司（現在の門司港）〜人吉間を人吉本線と呼称。同年一一月の門司〜鹿児島間全通で鹿児島本線と改称した。

おそらく鉄道開通を見越してだと思われるが、明治三〇年には、歩兵第四十五聯隊が鹿児島（鹿児島郡伊敷村《いしきむら》）に移駐している。ただしこのとき、鹿児島県内に鉄道はなかった。そのため、明治三七年の日露戦争の出征に際しても、歩兵第四十五聯隊が鉄道を利用することはなかった。聯隊長の太田栄次郎《おおたえいじろう》大佐以下、聯隊所属の兵士たちは鹿児島市民の盛大な見送りを受け、明治三七年六月一二日に鹿児島港を出港。直接戦地に向かい、東シナ海と黄海を北上し、一五日午後七時にダルニー（青泥窪。のちの大連《だいれん》）郊外、長山《ちょうざん》列島西方の塩大澳《えんたいおう》に到着。翌日上陸し、第二軍に合流。遼陽《りょうよう》会戦や奉天《ほうてん》会戦に参加している。

明治四二年には、山間の盆地に位置する宮崎県都城（北諸県《きたもろかた》郡五十市村《いそいちそん》）に歩兵第六十四聯隊が移駐している。都城まで鉄道が通うのは大正二年（一九一三）である。歩兵聯隊が駐屯したから鉄道がきたと思われがちだが、先述した鉄道会議の議論を見ても、東目線の途中から分岐して宮崎を結ぶ鉄道が考えられていたわけで、地形を考慮すれば、吉松〜都城〜宮崎の鉄道は既定路線だったとみるべきだろう。明治二七年五月一六日の乱暴な決定が、南九州の鉄道の骨格を決めてしまったわけである。

かつて「西目海岸線」と呼ばれた海岸沿いの鉄道経路が実現に向けて測量を開始したのは明治四二年。翌明治四三年三月、鉄道敷設法が改正されて、第二条第一項(予定鉄道線)の「九州線ノ部第二号」に、「一　熊本県下八代ヨリ鹿児島県下米津《こめのつ》ヲ経テ鹿児島ニ至ル鉄道」の一文が加えられた。ここにようやく海岸線建設が動き出したのである。鹿児島ルートが明治二七年に内陸の「東目線」に決まって、ほぼ一五年が経過していた。「東目線」廻りの鹿児島本線がようやく全通したのが明治四二年である。海岸線建設が動き出したのはその後であり、この区間が全通するのは、昭和二年(一九二七)一〇月一七日まで待たねばならなかった。この日以降、海岸線(肥薩線と川内《せんだい》本線という名称だった)が鹿児島本線となり、それまでの鹿児島本線(もとの東目線)が肥薩線と名乗ることになったのである。

第七章　鉄道聯隊と演習線

——なぜ新京成線は曲がりくねっているか

御犬屋敷の鉄道大隊

「ふしぎな鉄道路線」にふさわしい鉄路といえば、千葉県の下総《しもうさ》台地を縫《ぬ》うように走る新京成電鉄線(以下、新京成線と略す)を措《お》いてないだろう。この新京成線、乗ればすぐにわかるが、非常に奇妙なのだ。ひとことで言えば、全線カーブだらけなのである。平坦な台地上を走るにもかかわらず、わずか二六・五キロの路線に目ぼしいものだけで二五ものカーブ。新鎌ヶ谷《しんかまがや》駅あたりなど、平坦な土地の中をぐるりとほとんど一回転回っていく大カーブすらある。山があるわけでもないし、川があるわけでもない。敷設当時、沿線に市街地は存在しなかった。東京の都心を走る中央線のように、直線状に線路を敷くことさえ可能だったはずだ。それなのになぜ曲がりくねった路線を選択せねばならなかったのだろう。その謎を解くキーワードが、「軍用鉄道」である。

かつて「鉄道」を冠した軍隊が、千葉県内に存在した。その名を鉄道聯隊という。この部隊は、文字どおり、戦地における鉄道の敷設や修理、運転に携わったほか、路盤構築や架橋、鉄道の爆破なども担当した。ふだんは下総台地に張りめぐらせた線路で、演習を繰り返していた。

鉄道聯隊設置の背景には、日清戦争を通じて鉄道敷設部隊の必要性を痛感したことが大きかった。この戦争で初の本格的な外征を経験した陸軍は、荷駄や荷馬車頼みという貧弱な補給体制に苦しんだ。ほとんど知られていないことだが、日清戦争では、名前こそ「軍《ぐん》属《ぞく》」だったが、その実、大量の人夫が雇われて海を渡り、大八車《だいはちぐるま》を曳《ひ》いて戦地周辺の物資輸送に従事していたのである。

そうした戦訓に鑑みてであろう。日清戦争後の陸軍には新たな部署が設置されていった。そのひとつに、明治二九年(一八九六)四月、近衛師団の下に設置された鉄道大隊がある。初代大隊長は工兵中佐の吉見精《よしみせい》。日清戦争では、臨時電信隊を指揮して朝鮮の漢城(現在のソウル)~釜山《ふざん》間に電信線を構築したこともある陸軍士官学校第一期の俊英だった。

市ヶ谷の陸軍士官学校構内に発足した当時の鉄道大隊は、鉄道が二個中隊、電信が一中隊(のちに分離して電信聯隊に発展)に材料廠を付設しただけの小規模な編成だった。所属の将官は、工兵科から選抜したといわれる。因みに当時の陸軍の兵科は、歩兵・騎兵・砲兵・工兵の四つに分かれていた。

市ヶ谷ではおもに部隊の編成などにあたった後、明治三〇年六月二八日に甲武鉄道(現在の中央線)の中野停車場北口に転営し、本格稼働することになった。あたりは五代将軍徳川綱吉《とくがわつなよし》の時代、御囲《おかこい》屋敷と称された犬小屋が設けられていた土地で、町名こそゆかりの「囲《かこい》」を残していたが、綱吉が歿して生類憐《しょうるいあわれ》みの令が廃止されると、雑木林や桑畑が入り交じった風景に還っていた。

鉄道大隊を創設したはいいが、発足当初は具体的な鉄道実務を知る者もいない。吉見大隊長自ら甲武鉄道に要請して線路工夫の派遣を受け、釘着け、搗《つ》き固めなど、基礎からひとつひとつ技術を習得していったのである。

鉄道部隊の任務は、軍用鉄道の敷設と運行、修理、さらに敵から奪った鉄道の軌間改修や鉄道沿線警備、鉄道施設の破壊活動も含まれる。すでに欧米列国の多くは、工兵隊を母体に鉄道部隊を設立していた。

列強の鉄道修理競争

鉄道大隊の初陣は、設立後四年を経た明治三三年(一九〇〇)。この年六月に発生した北《ほく》清《しん》事変(義和団《ぎわだん》事件)鎮圧には、列国と並んで日本も広島の第五師団を主力とする派遣軍を編成したが、七月下旬には一個中隊規模の臨時鉄道隊が華北に派遣されたのである。

義和団は、西洋文明の象徴である鉄道をとりわけ憎み、徹底的に破壊していった。京奉《けいほう》鉄道の豊台《ほうだい》・盧溝橋・黄村《こうそん》・落岱《らくたい》の各駅は軒並み焼き打ちに遭い、黄村や廊坊《ろうぼう》付近の鉄橋は破壊された。またいたるところで軌道が剥がされてしまっていた。

こうした惨状を受け、陸軍の臨時鉄道隊は、ロシア・イギリス・ドイツの列強とともに、破壊された京奉鉄道復旧工事に従事する。

最初に到着したロシア隊は天津《てんしん》付近で作業を開始した。次いでインドから到着したイギリス隊は、北京から作業を開始した。少しでも自国の路線を延ばそうと、現地では各国の鉄道隊による修理競争といった状況を呈していたのである。

済州島《さいしゅうとう》付近での座礁事故のため、到着が八月に遅延した日本の臨時鉄道隊は、最初からハンディキャップを負っていた。すでに大都市の北京と天津はイギリスとロシアが押さえており、資材輸送に事欠く悪条件の豊台から作業開始を余儀なくされることとなったのだ。しかももともとこの鉄道に権益を持っていたイギリスから警戒され、豊台付近の作業中止さえ求められた。そのため豊台から四キロほど南東の黄村からの開始を余儀なくされている。

イギリス隊との角逐は先に述べたが、天津方向で近接して活動していたドイツ軍鉄道隊との境界については未確定だった。そのため、ひそかにドイツ軍人に近づいて、ドイツが廊坊に兵舎構築を考えていたことを察知すると、臨時鉄道隊が先まわりして日章旗を掲揚して歩哨を立ててドイツ隊を出し抜くことも行ったという。日本の作業区域を少しでも増やすためである。

結局日本の臨時鉄道隊は、北京城外の黄村〜楊村《ようそん》間(約八〇キロ)の復旧に携わった。作業途中残敵に襲撃され、戦死者を出したこともある。また、部隊を指揮した大隊長の吉見精は現地で赤痢にかかり、天津兵站病院で戦病死していた。

なぜ各国は、これほどまで活動区域を増やそうとしたのだろう。確実にいえることは、この鉄道復旧が、単なるボランティアの軌道修理ではなかったということである。つまり、どの国も、軌道の修復を通して、権益の確保・拡大を虎視眈々《こしたんたん》と狙っていたのだ。一九世紀末の帝国主義の「常識」がここでもそのまま表出していたといえる。

ともかく、北清事変の活動によって鉄道兵の価値が認識された。明治三四年四月に臨時鉄道隊が凱旋すると、鉄道大隊は名称を鉄道隊と変更して三中隊に増設。別個に二中隊編成の電信教導大隊も設けられた。当時の鉄道大隊は、陸軍唯一の技術部隊であり、鉄道以外にも電信や繋留《けいりゅう》気球、軍用鳩の研究・訓練を行っていたのである。

鉄道聯隊の千葉移転

明治三七年(一九〇四)二月に勃発した日露戦争では、開戦直後に臨時鉄道大隊が編成され、朝鮮半島中部の仁川《じんせん》に上陸し、漢城(京城《けいじょう》)~新義州《しんぎしゅう》を結ぶ京義《けいぎ》線の測量作業に着手。工事部隊の指導・監督や援助にあたり、戦地が満洲に移った明治三七年八月以降は、新義州から鴨緑江《おうりょっこう》を渡り、安東《あんとう》~奉天《ほうてん》(現在の瀋陽《しんよう》)間の安奉《あんぽう》線の軽便鉄道建設に携わる。突貫工事の末、奉天会戦直前に、戦場付近までの一七八キロを完成させていた。その後は奉天と新民屯《しんみんとん》を結ぶ新奉《しんぽう》線の軽便鉄道建設にもあたり、これも完成させた。

旅順攻略戦の切り札として投入されたのが、東京湾要塞と芸予要塞に配備されていた二八糎《サンチ》榴弾砲である。この巨砲一八門を取り外し、ダルニー（のちの大連）揚陸後は旅順郊外まで鉄道で運搬、攻略目標の二百三高地直下に据えたが、ロシアが設置していた軌間一五二四ミリの鉄道を一〇六七ミリに改軌したのも鉄道隊だった。

鉄道聯隊と千葉県を結ぶ縁ができたのは、日露戦争終結後である。明治三九年、習志野《ならしの》に鉄道大隊の派遣隊が進出したことに始まる。総武鉄道（現在の総武線）の津田沼《つだぬま》停車場から千葉郡津田沼村大久保新田（現在の習志野市大久保）にあった騎兵聯隊前を経由して千葉郡幕張町《まくはりちょう》実籾《みもみ》（現在の習志野市東習志野）にあった旧習志野俘虜《ふりょ》収容所まで結ぶ軽便鉄道敷設が目的だった。これは、使われなくなった収容所の跡地に日露戦争時に購入した鉄道資材などを保管するためだったといわれる。

翌明治四〇年一〇月、鉄道隊は鉄道聯隊に昇格を果たした。三個中隊規模から一二中隊規模の鉄道聯隊に拡充されたのである。東京の中野にあった兵営は、千葉県千葉郡千葉町《まち》と千葉郡都賀村《つがむら》（以上現在の千葉市）、千葉郡津田沼町《まち》（現在の習志野市）に移されることになった。千葉には聯隊本部と第一大隊、第二大隊、材料廠《ざいりょうしょう》が、津田沼には第三大隊（各大隊は四個中隊規模）が設置された。一方、故地の中野には電信教導大隊が電信大隊となって残り、気球隊（気球班を拡充）も設置されている（気球隊は大正二年〔一九一三〕一〇月に陸軍飛行場のあった入間《いるま》郡所沢町《ところざわまち》〔現在の所沢市〕に移駐するが、昭和二年〔一九二七〕一〇月に鉄道第一聯隊至近の位置に再移転）。これらの新兵器部隊を統合するかたちで近衛師団に交通兵旅団が設置され、都賀村の鉄道聯隊隣接地（現在の関東財務局千葉財務事務所とJT千葉支店の位置）に交通兵旅団司令部が開庁している。

津田沼の鉄道第三大隊は、津田沼停車場の南側（現在の千葉工業大学周辺）に本部・兵舎・作業場があり、総武本線の北側（現在のイトーヨーカドーからイオンモールにかけての一帯）には、器材の保管・整備を行う材料廠の倉庫や、演習用の軽便鉄道の停車場が配置された。明治四四年には千葉〜津田沼間の演習線が完成し、軽便鉄道・普通鉄道の敷設・撤去・修理の訓練や機関車の運転訓練を行っていた。

二つの聯隊に拡張

日独戦争（第一次世界大戦）に際しては、大正三年（一九一四）七月に津田沼の鉄道聯隊第三大隊から臨時第三鉄道大隊の編成が始まっている。戦争の引き金となったサラエボ事件が六月二八日で、欧州各国の宣戦布告が八月初旬だったことを考慮すれば、そうとう早い時期から参戦準備に入っていたと思われる。この戦争では、海軍が赤道以北のドイツ領ニューギニア（南洋諸島）の攻略担当、陸軍がドイツの膠州湾租借地《こうしゅうわんそしゃくち》攻略担当だった。臨時第三鉄道大隊は九月に津田沼の兵営から出征。久留米《くるめ》の第十八師団と行動を共にしている。青島《チンタオ》攻略に際しては、手押し式軽便鉄道の敷設と運行にあたった。膠州湾背後の山々にも多数の砲台が築かれており、日露戦争における旅順攻略のように軽便軌道を敷設して二八糎榴弾砲を運搬したのである。次いですぐに千葉の鉄道聯隊第一・第二大隊をもとに臨時鉄道聯隊が編成され、こちらは重砲の上陸用桟橋構築、山東《さんとう》鉄道の占領・修繕・運営に従事している。

第一次世界大戦では、同盟国に属したドイツ、オーストリア、トルコといった皇帝を戴《いただ》く帝国が次々倒れたが、その嚆矢《こうし》となったのは、連合国に属したロシアだった。果てしない戦いに倦《う》んだ世情から革命が成就したのである。ただし、ロマノフ王朝を打倒したはいいが、その後のロシア国内は、赤軍（過激派）と白軍（穏健派）が入り乱れる内戦状態を呈した。シベリアに孤立したチェコスロバキア軍（連合国側についた義勇軍）を救援する名目で、欧米各国と日本がシベリアへの派兵に踏み切るのは、ロシア革命勃発翌年の大正七年の夏である。ロシアの国土は広いから、実質的にはシベリア鉄道沿線に駐兵したというのが実情だった。そこで鉄道聯隊の出番となる。

おりしも大正七年八月一日、津田沼の鉄道聯隊第三大隊は鉄道第二聯隊に昇格し、千葉

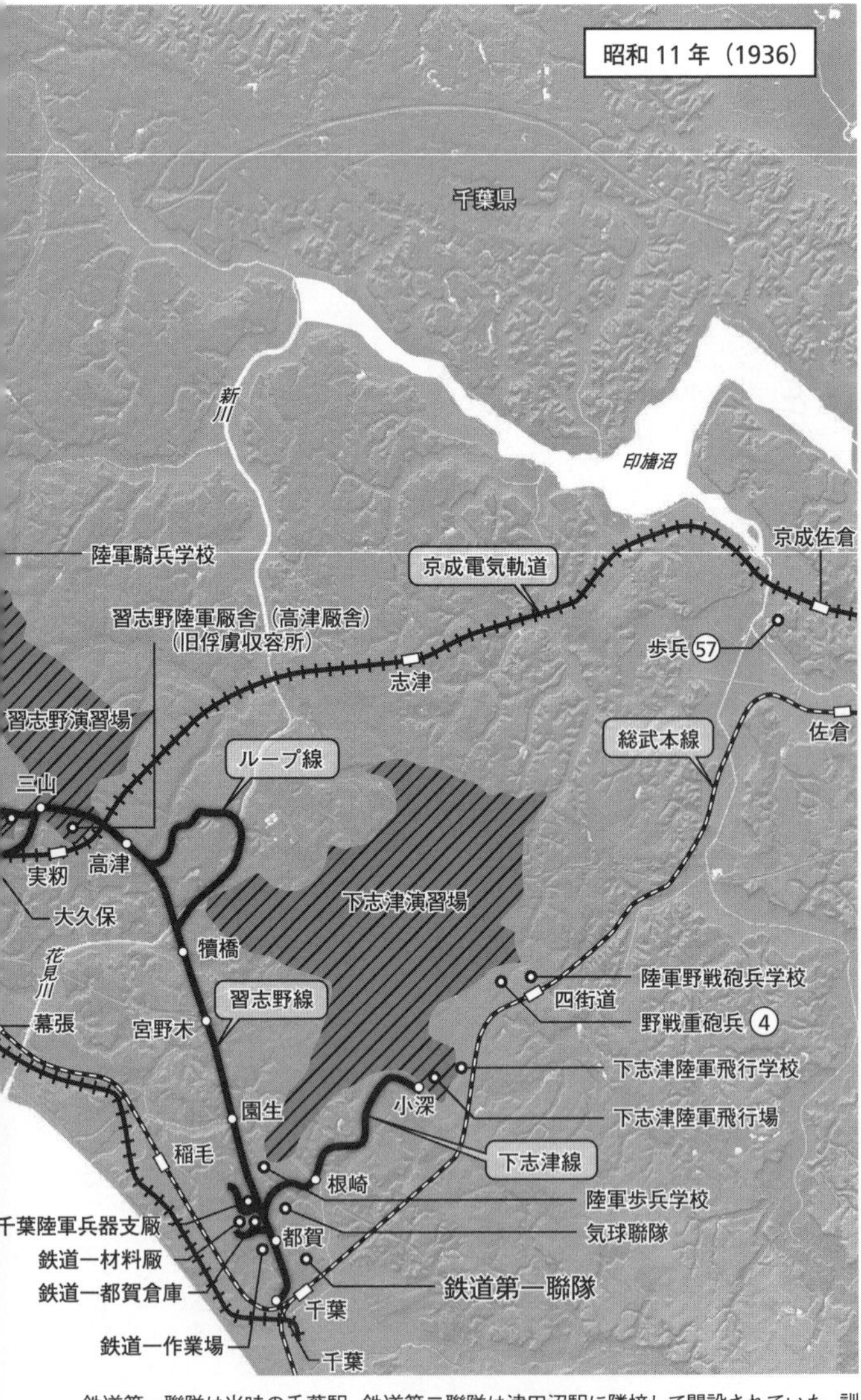

鉄道第一聯隊は当時の千葉駅、鉄道第二聯隊は津田沼駅に隣接して開設されていた。訓練の一環として、鉄道兵が総武本線の旅客列車を運転したこともあったという。

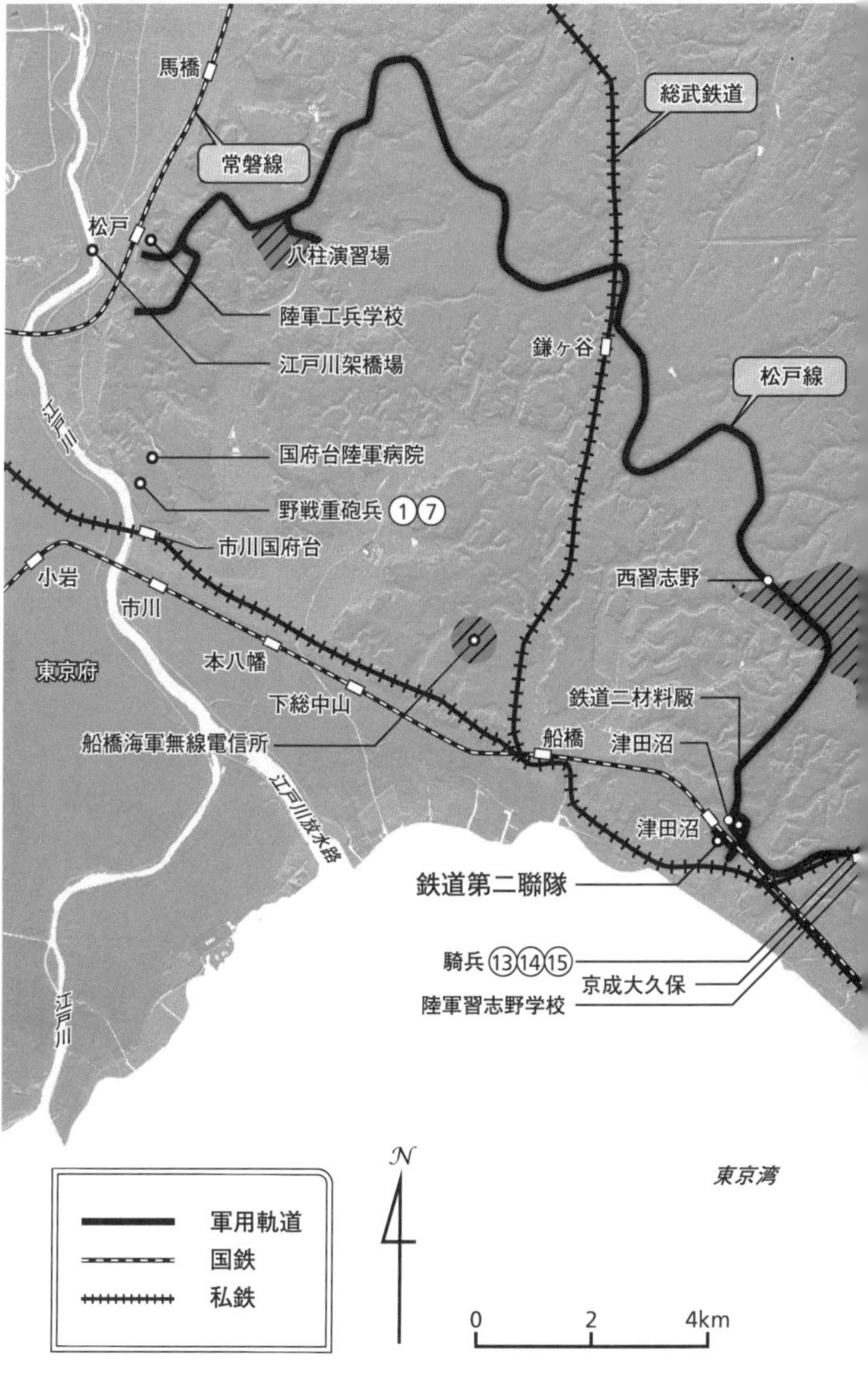

江戸時代の下総台地は、小金牧など幕府の馬を育成する放牧地が大半を占めていた。明治以降、下総台地にさまざまな軍用施設が建設されていく。鉄道聯隊もその一つだった。↗

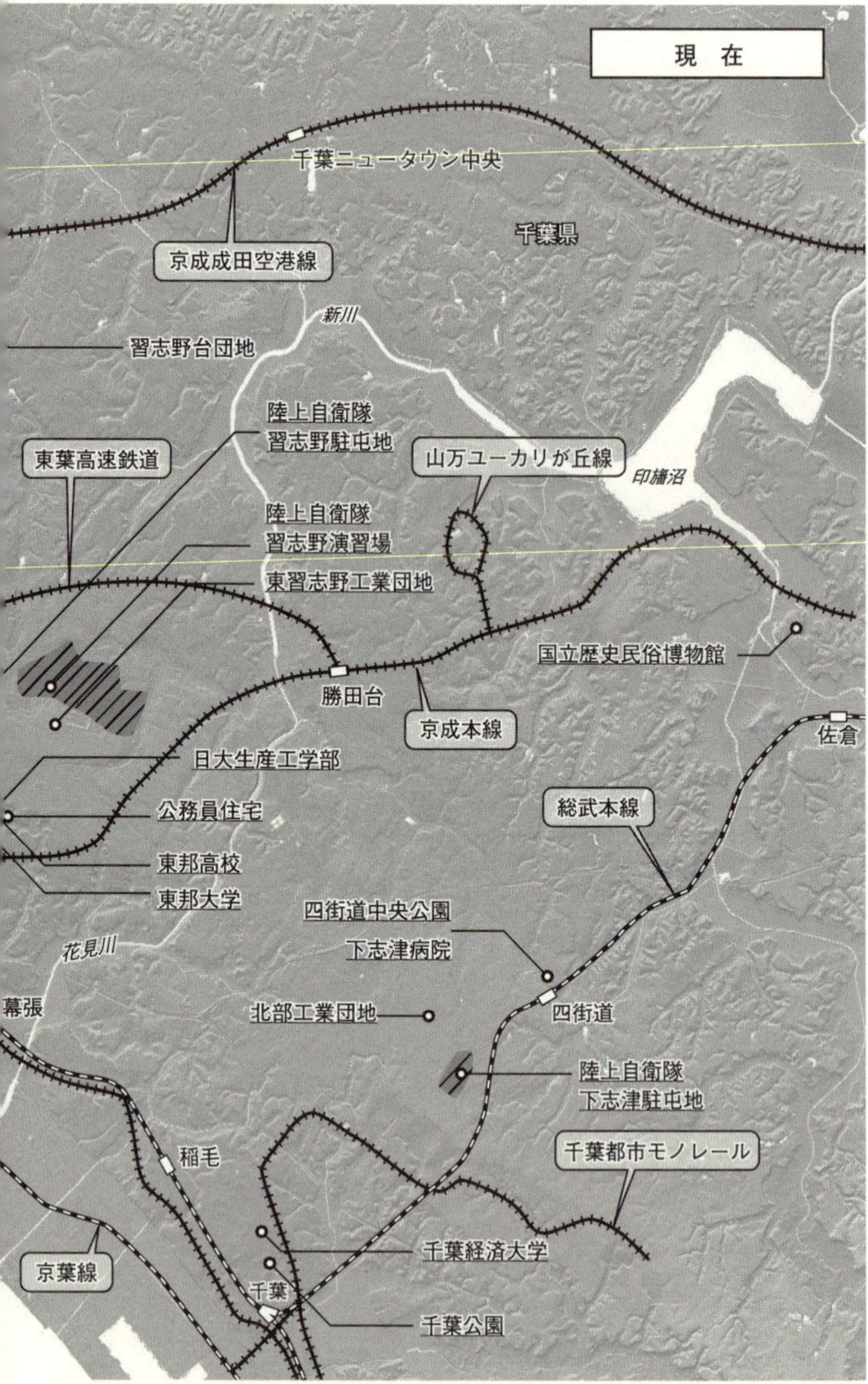

通勤に便利な新京成線沿いには大規模な住宅団地が造成された。昭和40年代以降さまざまな鉄道が開通したがどれも直線状で、新京成線の曲がりくねりがいっそう鮮明になる。

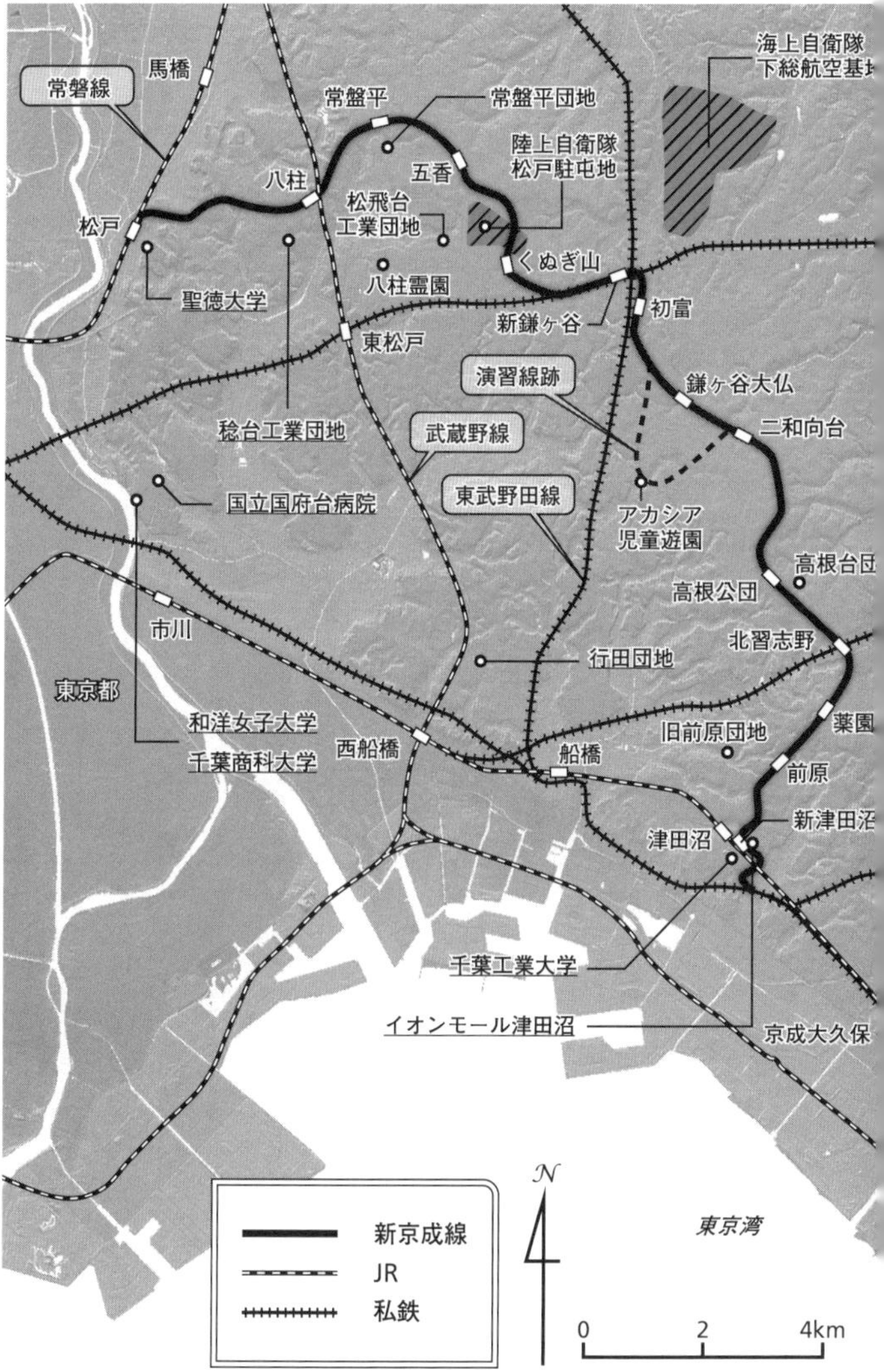

終戦後、軍用地は学校や病院などに、演習地は外地の引揚者などの開拓農地や工業団地などに転用されていった。下線のついた名称が、旧軍の土地を転用した主な施設である。↗

の鉄道聯隊は、鉄道第一聯隊と改称している。この時期の部隊拡充は、シベリア派兵をにらんだものではないだろうか。シベリア出兵に際し、臨時第一鉄道隊を編成した鉄道第一聯隊は小倉の第十二師団と行動を共にしているが、第十二師団の動員下令が八月二日なのである。先頭輸送船団は八月一一日にウラジオストクに上陸。浦塩《ウラジオ》派遣軍司令官の大谷喜《おおたにき》久蔵《くぞう》は八月一二日午後、東京駅から盛大な見送りを受けて出征の途についている（ウラジオストク上陸は一八日）。ハバロフスクでは、鉄道戦闘列車隊を編成して軌道上を西進。装甲列車による初の鉄道戦闘を経験し、勝利している。

官報の「出兵公報」には、「◉沿海《えんかい》、黒龍《こくりゅう》両州方面ノ情況　本月十二日ハバロフスクヲ出発シ鉄道ニ依リ西進ノ途ニ就キタル山田少将指揮下ノ諸部隊ハ同日夜ビラ、（ハバロフスク西方約五十三里）ニ達シ十三日午前二時更ニ同地ヲ発シテ前進セリ

前記部隊ヨリ出サレタル将校斥候《せっこう》ハ十三日午後既ニオブルチエ駅（ハバロフスク西方約八十二里）に進入セリ而《しか》シテオブルチエ駅附近ニハ敵ノ隻影《せきえい》ヲモ認メス

敵ハ退却ニ際シオブルチエ附近ニ、三ノ鉄道術工物ヲ破壊セシオ以テ我軍ハ直ニ之ヲ復旧ニ著手シ鋭意爾後《じご》ノ前進ヲ準備中ナリ（陸軍省）」（大正七年九月一八日）などといった記述が見られ、シベリア出兵が鉄道戦争であった一面がうかがえる。

その後、鉄道第二聯隊も臨時第二鉄道隊を編成して、出征。線路の補修や橋梁修復、敵

後方の破壊活動などに従事した。シベリアからの撤収は大正一一年だったが、その際、チェコスロバキア軍の装甲列車や現地の鉄道図面や資料を持ち帰ったといわれる。

平時は鉄道敷設に従事

各地の歩兵聯隊には「郷土部隊」という呼び名があり、地元との絆を大切にしてきた歴史がある。鉄道聯隊は歩兵聯隊ではなかったが、地元千葉県との絆は強かった。平時の鉄道聯隊は、千葉周辺の鉄道敷設に携わってもいたのだ。

明治四一年（一九〇八）一二月五日の勅令に以下の文言がある。

「鉄道聯隊所属ノ将校以下ハ鉄道院所管ノ鉄道業務ニ従事セシムルコトヲ得《う》

前項ノ業務施行ニ関シテ必要ナル事項ハ陸軍大臣鉄道院総裁協議ノ上之ヲ定ム」

さらに明治四三年八月一九日の勅令では、こういう表現も出てくる。

「第一条　鉄道聯隊所属ノ将校以下ハ技術練習ノ為公共団体ノ経営スル軽便鉄道ノ業務ニ従事セシムルコトヲ得

第二条　前条ノ場合ニ於テハ鉄道聯隊所属ノ軽便鉄道材料及《および》附属物件ヲ常該《じょうがい》公共団体ニ貸付スルコトヲ得」

材料実費の負担だけで、人件費がかからないとあって、鉄道聯隊は貴重な労働力として鉄道会社から諸手《もろて》を挙げて歓迎された。たとえば千葉県営鉄道だけでも、庁南茂原《ちょうなんもばら》間人車軌道、野田線（現在の東武野田線）、多古《たこ》線（のちの成田鉄道多古線）、八街《やちまた》線（のちの成田鉄道八街線）、久留里《くるり》線（現在のＪＲ久留里線）、大原大多喜《おおはらおおたき》人車軌道（のちの夷隅《いすみ》軌道）の六線の建設に携わっている。そのほか千葉県営鉄道を引き継いだ北総鉄道野田線（現在の東武野田線）をはじめ、川越《かわごえ》電気鉄道（のちの西武鉄道大宮線）、西武鉄道村山線（現在の西武新宿線）、富士身延《みのぶ》鉄道（現在のＪＲ身延線）、小湊《こみなと》鉄道、南総《なんそう》鉄道、福島電気鉄道（のちの福島交通飯《いい》坂東《ざかとう》線）の改軌・電化工事、さらに戦時中の中島《なかじま》飛行機専用線や東京急行電鉄代田《だいた》連絡線にいたるまで、鉄道聯隊が関わった鉄道は数知れない。

はるか遠く宮崎県営鉄道妻《つま》線（のちのＪＲ日豊本線の一部と旧国鉄妻線）・飫肥《おび》線（のちＪＲ日南《にちなん》線）の敷設にも鉄道聯隊は関わっている。なぜ千葉県に宿営している鉄道聯隊が宮崎県営鉄道にと思うが、これは、明治四四年に宮崎県知事として着任した有吉忠一《ありよしちゅういち》の手腕が大きかった。有吉の前任地が千葉県で、千葉県知事時代の有吉は、国内初の県営鉄道を設立し、建設費用節約のため、鉄道聯隊の力を借りて建設を進めた経験があったのである。先に挙げた明治四三年八月一九日の勅令（「公共団体ノ経営スル軽便鉄道ノ業務ニ従事セシムルコトヲ得」）も、千葉県営鉄道の案件があったからだと推測できる。おそらく、有吉忠一と鉄道聯隊の個人的な結びつきが、宮崎県営鉄道建設につながったのだろう。宮崎県営鉄道では、安奉線で使用されていたボールドウィン社の軽便鉄道用蒸気機関車の払い下げを受けて運行されたということからも有吉知事を通じた鉄道聯隊とのつながりの深さがうかがえる。

当時の軌道敷設訓練は、長さ五メートル、重さ一七五キログラムのレール(軌匡《ききょう》といった)を六名で運び、次々投下して枕木に犬釘を打ち付けて線路を敷設してゆく作業の繰り返しだった。軽便鉄道の敷設速度は一日七キロメートルにも達したという。また訓練の一環として、総武線などの本線上を走る列車の運転も行わせたというから、現代では考えられない話である。当初鉄道聯隊所属の兵士は三年で技術を覚えたが、大正一〇年(一九二一)ごろからは二年に短縮されている。

関東大震災に際しては、被災者の救援や総武線の復旧工事にも活躍し、ますます地域の信頼を勝ち取っていった。松戸《まつど》の陸軍工兵学校が敷設した線路につなげる形で、津田沼駅前の鉄道第二聯隊から演習線が徐々に敷設されていったのもこのころである。この線路は昭和七年(一九三二)頃に松戸まで全通したらしい。鉄道聯隊の演習線は、第一聯隊が敷設した線路と合わせると、千葉~津田沼~松戸まで、四五キロ以上に拡大した。そのうち、津田沼~松戸間の新線が約三〇キロを占めている。

泰緬鉄道を建設した鉄道聯隊

日露戦争後、ロシアから引き渡された大連〜長春《ちょうしゅん》間の鉄道利権を元に南満洲《みなみまんしゅう》鉄道（満鉄《まんてつ》）が設立された。この会社は日本の国策会社で、単なる鉄道会社ではなかった。鉄道経営のみならず、撫順《ぶじゅん》炭鉱の採掘、鞍山《あんざん》製鉄所の運営など幅広い事業を行っていたのだ。ロシアから譲渡された利権には、「鉄道附属地《ふぞくち》」の土地所有権・行政権も含まれていた。鉄道附属地とは、鉄道線路に沿って設定された治外法権の土地である。満鉄は鉄道附属地に道路や公園、上下水道や消防組織、学校や病院を整備するなど、まさに政府並みの組織として君臨した。さらにはホテル経営などにも乗り出している。

辛亥《しんがい》革命で清朝が倒れて、中華民国という国号になったものの、各地に軍閥《ぐんばつ》が割拠し、統一国家とはほど遠い状態だった。ところが、昭和初年ごろから国民党の蔣介石《しょうかいせき》による北伐《ほくばつ》（統一戦争）や張学良《ちょうがくりょう》（関東軍の謀略で爆殺された張作霖《ちょうさくりん》の子。満洲の奉天軍閥を父から継いでいた）の国民党への帰順により、関東軍は満洲利権を失いかねないという焦燥に駆られてゆく。

昭和三年（一九二八）の蔣介石の北伐に伴う日本軍の山東出兵に際しては、鉄道第一・第二聯隊からそれぞれ一部部隊が出征し、山東鉄道の管理に当たっている。

昭和六年九月の柳条湖《りゅうじょうこ》事件（関東軍による鉄道爆破の謀略事件）をきっかけに、関東軍は満洲全土を占領（満洲事変）。国際社会の批判にも拘わらず、昭和七年三月、この地に満洲国が樹立された。清朝最後の皇帝溥儀《ふぎ》が「執政」という名の元首となったが、実質的には日本の傀儡《かいらい》国家だった。

千葉の鉄道第一聯隊は、満洲事変勃発直後の昭和六年一一月に鉄道班を編成し、最新鋭の鉄道部隊用装輪装甲車（九一式広軌牽引車）等の装備とともに満洲に急派。一二月には満洲派遣臨時鉄道中隊が編制されて出征（鉄道班を吸収）。事変が収束した翌年四月、千葉に留守隊を残し、主力部隊が満洲に渡海。第一大隊が哈爾浜《ハルビン》、その他主力は鉄嶺《てつれい》に駐屯し、満洲全域にわたる鉄道の復旧や輸送、海拉爾《ハイラル》線の建設などに携わる。

昭和六年一〇月上旬、津田沼の鉄道第二聯隊は、二週間ほどかけて房総の勝浦海岸で大規模な敵前上陸演習を行っている。敵前上陸といっても鉄道聯隊であるから、機関車の揚陸作業と簡易鉄道敷設がおもな内容だった。翌昭和七年には、利根川河口において軽便機関車の渡河と架橋演習を実施している。再び急速に戦争が接近してきた感がある。

昭和九年二月、三番目の鉄道聯隊が編成されたのは、内地ではなかった。満洲事変後に日本の支配が及ぶようになった北満の大都市哈爾浜に、鉄道第三聯隊が編成されたのである。満洲に駐屯していた鉄道第一聯隊の将校以下の大部分が第三聯隊に編入された。昭和一三年三月には鉄道第三聯隊を母体として、ソ連国境に近い牡丹江《ぼたんこう》に鉄道第四聯隊が創設

	編成地	主な活動範囲	終戦時	備考
	東京	華北・華中	株州（華中）	
	東京	満洲・華北	九州（日本）	
	哈爾浜（満洲）	満洲・華中	衡陽（華中）	
	牡丹江（満洲）	満洲・華中	奉天（満洲）	
	千葉	華北・華中・東南アジア	バンコク（タイ）	泰緬鉄道建設に従事
	津田沼	華北・比島	鄭州（華北）	
	千葉	ビルマ	仏印	
	千葉	東南アジア		ルソン島で玉砕
	津田沼	東南アジア	ビルマ	泰緬鉄道建設に従事
	千葉	東南アジア	仏印	
	津田沼	東南アジア	タイ南部	
	津田沼	華中	長沙（華中）	高所作業要員として鳶職120名
	千葉	華中	華中	
	千葉	華中	蚌埠（華中）	
	津田沼	華中・華南	衡陽（華中）	
	千葉	内地	千葉	
	津田沼	内地	津田沼	
	長辛店（河北省）	華北	開封（華北）	
	牡丹江（満洲）	満洲	一面坡（満洲）	
	哈爾浜（満洲）	満洲	哈爾浜（満洲）	

鉄道聯隊一覧

聯隊名	通称号	編成年月日	母体になった部隊
鉄道第一聯隊	統5571	明治29年11月18日	
鉄道第二聯隊	線5803	大正 7年 8月 1日	
鉄道第三聯隊	路(栄)34101	昭和 9年 2月10日	鉄道第一・第二聯隊
鉄道第四聯隊	路341021 (満668)	昭和13年 3月 1日	鉄道第三聯隊
鉄道第五聯隊	森5804	昭和13年 4月20日	鉄道第一聯隊補充隊
鉄道第六聯隊	甲1435	昭和12年10月 6日	鉄道第二聯隊補充隊
鉄道第七聯隊	義2143	昭和19年 3月 3日	鉄道第一聯隊補充隊
鉄道第八聯隊	尚武2144	昭和19年 3月 3日	鉄道第一聯隊補充隊
鉄道第九聯隊	森5805	昭和16年 9月23日	鉄道第二聯隊補充隊
鉄道第十聯隊	信2145	昭和19年 3月27日	鉄道第一聯隊補充隊
鉄道第十一聯隊	義2146	昭和19年 3月27日	鉄道第二聯隊補充隊
鉄道第十二聯隊	統2147	昭和19年 3月 9日	鉄道第二聯隊補充隊
鉄道第十三聯隊	栄2530	昭和19年 2月10日	鉄道第一聯隊補充隊
鉄道第十四聯隊	栄(呂、統) 2148	昭和19年 4月14日	鉄道第一聯隊補充隊
鉄道第十五聯隊	統2149	昭和19年 4月24日	鉄道第二聯隊補充隊
鉄道第十六聯隊	東部86	昭和20年 4月	鉄道第一聯隊補充隊 を昇格
鉄道第十七聯隊	東部87	昭和20年 4月	鉄道第二聯隊補充隊 を昇格
鉄道第十八聯隊	甲2152	昭和20年 5月30日	鉄道第六聯隊
鉄道第十九聯隊	路4351	昭和20年 5月 3日	鉄道第四聯隊
鉄道第二十聯隊	路4352	昭和20年 5月 3日	鉄道第二聯隊

吉田釧「鉄道連隊銘々伝」(『鉄道兵回想記』所収)等より作成。図中の通称号は、部隊の名称や規模などの秘匿を目的に昭和15年(1940)9月以降採用された一種の対外的呼称。

されている。昭和一〇年に満洲国政府は北満鉄路（東清鉄道）をソ連から買収しており、将来の対ソ戦をにらんだ布陣だった可能性が高い。鉄道聯隊所属の多くの機関車や車両が海を渡ったのもこのころである。

当時、満ソ及び満蒙国境は緊張を高めつつあり（満洲国が日本の傀儡国家だったのと同じく、当時のモンゴル人民共和国はソ連の傀儡国家だった）、昭和一三年夏には張鼓峰《ちょうこほう》事件（満ソ国境）、昭和一四年にはノモンハン事件（満蒙国境）と、日ソ間の大規模な武力紛争がたびたび発生している。鉄道第三聯隊も内モンゴルのハロンアルシャンまで進出してノモンハン事件に参加している。

昭和一二年七月の盧溝橋事件をきっかけに日華両軍が全面戦争状態に突入すると、翌八月には、千葉の鉄道第一聯隊は天津に派遣。その後事変の拡大に伴い、上海《シャンハイ》から武昌《ぶしょう》、漢口《かんこう》へと移駐している。津田沼の鉄道第二聯隊も華北の鉄道の管理・運営に当たった。こちらはまもなく内地に帰還したが、昭和一五年夏、北満の哈爾浜に移駐。昭和一六年七月には関東軍特種演習（通称「関特演」）と呼ばれた、対ソ戦を意識した大規模な演習にも参加している。

その後鉄道第五・第六聯隊が増設され、大陸に展開した。戦争最末期の昭和一九年以降には一三もの鉄道聯隊が新たに編成され、鉄道聯隊は二〇聯隊まで膨張している。

デビッド・リーン監督の映画「戦場にかける橋」で知られる泰緬《たいめん》鉄道（タイ～ビルマ〔現在のミャンマー〕）も、千葉で編成された鉄道第五聯隊と津田沼で編成された鉄道第九聯隊が中心となり、東南アジアで募集した作業員や捕虜を動員・使役して敷設したものだったという。

泰緬鉄道に向け、日本の一〇六七ミリの軌間から、現地の一メートル（一〇〇〇ミリ）ゲージに改軌されて海を渡った九〇両の蒸気機関車C56のうち、多くは輸送中に海の藻屑と消え、あるいは現地で朽ち果てたが、泰緬鉄道の試運転という栄誉を担ったC５６３１号機は、昭和五九年に返還されて靖国神社の遊就館《ゆうしゅうかん》に展示され、また僚機のC５６４４号機は大井川《おおいがわ》鉄道に動態保存されている。

曲線を多用した意外な真相

鉄道聯隊の遺構は、千葉県の随所に残っている。鉄道部隊という性質上、演習線をさまざまなところに敷設したからである。京成大久保駅前あたりは演習線跡が遊歩道になっているが、いちばん大規模な遺構といえば、新京成電鉄線そのものであるといっていい。この路線は、津田沼の鉄道第二聯隊の演習線をベースに新たに線路を敷いているのである。

松戸駅東口。目の前に聳《そび》えるイトーヨーカドーの先の小高い丘に、かつて陸軍工兵学校があった。八万平方メートルもの広大な敷地だったという。

今、その跡地は、松戸中央公園や聖徳大学、市営住宅などになっている。陸軍施設があったことをしのばせるものはほとんどないが、松戸中央公園の入口には、工兵学校の正門が残されている。コンクリートの歩哨の建物までかつてのまま。公園に響く親子の歓声とは場違いな重厚な門柱である。

松戸にあった陸軍工兵学校は、大正八年(一九一九)一一月に開校した。工兵学校の敷地から八柱《やはしら》演習場までの軌道は、工兵学校に所属した兵士たちが敷設したものという。八柱演習場は、第二次世界大戦後、稔台《みのりだい》という名が付けられ、入植地として開放された。八柱《やばしら》駅近くの八柱一号踏切周辺では、「陸軍」と記した標柱を何本も見つけることができる。

八柱から演習線は、大きく弧を描いて今の新京成線よりも北側のルートをとって常盤平《ときわだいら》に向かっていた。演習線は、現在の新京成線が八柱から五香《ごこう》まで三・六キロで結ぶところを六キロ以上もかかって迂回している。なぜそんなムダなことをするのだろう。

その謎の一端は古い地形図を見ているうちに解けてきた。平坦と思われる下総台地にも何本もの沢が刻まれている。もしかしたら、軌道はこの沢を避けて敷設されたのかもしれない。さらに目を凝らしてみると、驚くべきことがわかった。軍用軌道は、東京湾に注ぐ水系と、太平洋に注ぐ利根川水系とを隔てる〝分水嶺〟を縫うように巧妙に敷設されているのである。やはり地形が関係していたのだ。ただし当然ながら〝分水嶺〟にも凹凸があり、鞍部のような場所には高低差一〇メートル近い木橋が存在した(現在の八柱～常盤平間)という。

新京成線は、首都圏の鉄道の中では最も風水害に強いことで知られるが、これも演習線が地形に寄り添って建設されたからだともいえる。つまり、微高地を伝うように線路が敷設され、冠水の原因となる谷や切り通し区間もなく、風圧を受けやすい橋梁もほとんどないのだ。

俗説では、鉄道聯隊の演習目的でわざとカーブを多くしたとされている。だが、実はこの屈曲した線形は、下総台地の分水嶺をトレースした姿でもある。もともとの演習線のうち橋脚で川をまたぐのは、わずか二ヶ所しかないのだ。

そしてこれも推論だが、このあたりの随所に残っていた江戸時代の「牧《まき》」(軍馬の放牧場)の野馬除土手《のまよけどて》に配慮していた形跡もみえる。それが結果として、線路だけ見れば、意味のない複雑怪奇なカーブを描いて見えるようになったのだろう。

その一方で、演習線を曲がりくねって敷設せざるを得なかった理由が別にあったとする説もある。それは「四五キロをもって一運転区大隊を編成」という規則の存在である。つまり規則上、演習線は最低四五キロなくてはならない。そのため、四五キロ(満洲事変後は五〇キロになったともいう)という線路総延長の条件を満たすためにはどうしても路線を曲げて距離をかせぐ必要があったというのだ。

五香から先は、カーブが連続する区間だ。くぬぎ山駅の北側は、線路の両側とも陸上自衛隊松戸駐屯地になっている。現在は需品《じゅひん》学校、需品教導隊、関東補給処松戸支処、第2高射特科群などが駐屯する。途中、自衛隊専用の踏切があるが、一瞬で通りすぎる。車中から見ると、警務官(旧軍でいえば憲兵に相当)らしき隊員が警備している様子が見えた。

松戸駐屯地は、戦前の松戸飛行場の一部である。松戸飛行場は、逓信省中央航空機乗員養成所の飛行場として昭和一五年(一九四〇)に開場したが、大戦末期に本土防衛の一翼を担う陸軍飛行場となり、終戦を迎えている。その敷地は、現在の松戸駐屯地から西側一帯、東京都立八柱霊園付近までであった。付近の住居表示が松飛台《まつひだい》となっているのは、松戸飛行場の二文字を取ったからである。

昭和一五年に建設された格納庫は、松戸駐屯地で今も用いられ、駐屯地の南端には、教材用なのか、輸送機の機体や古いヘリコプターが展示されている。

旧演習線は、今の初富《はつとみ》駅から二和向台《ふたわむこうだい》駅にかけて、新京成線から大きく南に折れてゆく。新京成線ルートの方が平坦地なのだが、なぜか演習線の方が歪曲し凹地を横断している。木下《きおろし》街道沿いの市街地を避ける意図でもあったか、架橋そのものが目的だったのかわかっていない。ともかくその線形のせいで、演習線唯一といっていいくらいの本格的な橋梁が設営され、その橋脚が、今なお残されているのだ。

鎌ヶ谷大仏《かまがやだいぶつ》駅から約一・五キロ南西にあるアカシア児童遊園は、昭和初期に建設された橋脚周辺を公園化したもの。細長い公園敷地の中央に四本のコンクリート製橋脚が規則正しく並び、不思議な姿を見せている。古いコンクリート特有のざらついた風合い。標高差から推測すると高さ一〇メートルはあろうか。軌間六〇〇ミリの軽便鉄道の橋梁とはいっても、間近で見る迫力はかなりのものだ。初富〜二和向台間の旧演習線軌道跡は一般道となっているが、橋脚跡だけは道路の方が迂回している。

直線に比べて曲がりくねった路線は、開発地域を極大化させる。昭和三〇年の全線開業当時、畑と雑木林ばかりだった沿線は、昭和三〇年代後半から四〇年代前半にかけて常盤平団地(松戸市)・習志野台団地・高根台《たかねだい》団地・前原《まえばら》団地(以上、船橋《ふなばし》市)といった日本住宅公団(都市再生機構の前身)の大規模団地がいくつも造成されていった。地形に素直に従って敷設された、一見非効率に見える曲がりくねった演習線が、陸軍終焉後十数年を経て、平和日本の〝戦士〟の宿舎たる巨大公団出現に一役買ったとは、偶然にしても面白いめぐり合わせである。

鎌ヶ谷市から船橋市に入るとともに津田沼方面の通勤・商圏になるため、乗客の顔ぶれがほとんど入れ替わる。薬園台《やくえんだい》駅を発車して小さな橋梁を越えるが、ここはかつて鉄道聯隊が一晩で架けたといわれる。もちろん今は新しいものに架け替わっている。

ほどなく新津田沼に到着。ここはかつての鉄道第二聯隊の所在地だ。今の新津田沼駅周辺、イトーヨーカドーもその裏のイオンモールもすべて鉄道聯隊の用地だった。戦前は演習線の軍用津田沼駅まであった。

線路脇の津田沼一丁目公園には、かつて鉄道聯隊で使われ、戦後は埼玉のユネスコ村で展示されるなど数奇な運命をたどった機関車が置かれている。

跨線橋を渡った南側、線路に沿って千葉工業大学の校地が広がる。ここは戦前鉄道第二聯隊の敷地で、今も当時の赤煉瓦の門柱四基が通用門として残る。大学の建物はすっかり新しくなったが、この門柱だけは昔のままだ。明治四〇年(一九〇七)にこの場所に設置された鉄道聯隊第三大隊の表門で、平成一〇年(一九九八)に有形文化財に登録されている。

第八章　総力戦と鉄道構想
——なぜ弾丸列車は新幹線として蘇ったか

東海道迂回線構想

東海道の遠州灘《えんしゅうなだ》に面した鉄道の危険性は明治の頃から懸念されていた。明治四年（一八七一）に工部省に提出された最初期の東海道の鉄道測量記録である『東海道筋鉄道巡覧書』では、浜松～二川《ふたがわ》（現在の愛知県豊橋市二川町《ちょう》）間の路線は、浜松から北西の気賀宿《けがしゅく》（現在の静岡県浜松市北区細江町気賀《ほそえちょうきが》）を経て浜名湖北岸を回って二川に抜ける経路と、現在の東海道本線が通る浜名湖《はまなこ》南端の今切《いまぎれ》（湖が遠州灘とつながる部分）を渡る二つの経路が検討されており、決めかねていたようである。

浜松から浜名湖北岸を回って国境の本坂峠《ほんざか》を越えて御油《ごゆ》（現在の愛知県豊川市御油町《ちょう》）に抜ける道筋は、姫街道《ひめかいどう》（本坂通《ほんざかどおり》）と呼ばれ、東海道の脇街道として知られていた。

ただし、明治二〇年前後の実際の敷設段階においては、浜名湖北岸の経路が検討された形跡はない。おそらく引佐《いなさ》山地が湖岸まで張り出した地形の難しさと、浜松から三方原《みかたがはら》台地への比高五〇メートル近いアプローチの険しさ、距離の長さを考慮してのことだろう。

東海道線敷設に際しては、明治一九年一二月一七日、天龍川《てんりゅうがわ》～新居《あらい》（現在の新居町《まち》）間について陸軍省に照会し、全体として「差支無《さしつかえなし》」という回答を得ている。ただし、参謀本部陸軍部から陸軍省に対し、「浜名湖口今切ニ架設ノ橋梁ハ外海と接シ居《おり》戦時砲撃ノ患《うれい》モ有之候ニ付此《つきこの》部分ハ勉メテ内方ヲ通過」という指示があった。今切は、当時幅約九〇〇メートル(現在は約二〇〇メートル)に狭まっている)あった瀬戸(水道)で、浜名湖が太平洋とつながる部分を指す。東海道本線が、一本の橋梁で済む海岸沿いの今切口を避け、弁天島《べんてんじま》を介して三本の橋梁で浜名湖を横断する北側(湖寄り)の現行ルートを選択したのは、あるいはこの指示が影響した可能性がある。因みにもともと浜名湖は淡水湖だったのだが、明応七年(一四九八)の大津波で砂洲が切れて汽水《きすい》湖になったことから今切という名が生じた。

浜松周辺の区間が東海道本線の弱点だということは昭和期の陸軍も認識しており、艦砲射撃による東海道本線寸断という事態を想定し、掛川《かけがわ》から浜名湖北岸を迂回して豊橋に至る路線を計画。昭和八年(一九三三)四月に東西から着工し、昭和一五年六月に全通している。これが二俣《ふたまた》線(現在の天竜浜名湖鉄道)である。

大正期の新線計画

この地域の鉄道としては、大正一一年(一九二二)に全面改正された鉄道敷設法の別表「六十三」に「静岡県掛川ヨリ二俣、愛知県大野《おおの》、静岡県浦川、愛知県武節《ぶせつ》ヲ経テ岐阜県大井《おおい》ニ至ル鉄道」(以下略)が記載されている。これは、東海道本線掛川駅から分岐し、静岡県磐田《いわた》郡二俣町(現在の浜松市天竜区二俣町)、愛知県八名《やな》郡大野町(現在の愛知県新城《しんしろ》市大野）、静岡県磐田郡浦川町（現在の浜松市天竜区佐久間町《さくまちょう》（浦川）、愛知県北設楽《きたしたら》郡武節村（現在の豊田《とよた》市武節町）を経て、岐阜県恵那《えな》郡大井町（現在の恵那市大井町）に至る七四哩（約一二〇キロ）の鉄道で、遠美線と仮称されたようである。沿線町村は喜びに湧いたが、その後の関東大震災と復興事業に伴う新規鉄道建設凍結で実現が危ぶまれる事態を迎える。大正一五年には、所管の岐阜建設事務所による測量が実施されたようだが、その後の金融恐慌や政府の財政悪化などにより、予算が復活することはなく、遠美線の実現は絶望的になったかのように見えた。

しかし、満洲事変が進行していた昭和七年（一九三二）初頭から事態が急変する。三月には鉄道技師が沿線に来訪。四月には所管事務所がそれまでの岐阜建設事務所から、丹那《たんな》隧道を工事していた熱海建設事務所に変わり、九月には測量班が掛川に来着。一〇月、熱海建設事務所員が掛川町内に事務所開設の手はずを整えた。新線建設が動き出したのである。

その後、昭和八年三月二九日に交付された鉄道敷設法の改正では、別表「六十三」の次に「六十三ノ二」が追加され、「静岡県二俣ヨリ愛知県豊橋ニ至ル鉄道」が記載されている。つまり、掛川から二俣を経て、東海道本線豊橋駅に至る鉄道新線が鉄道敷設法による予定鉄道線として位置づけられたのである。

この時期は、昭和六年九月の柳条湖事件から、関東軍の満洲占領（満洲事変）、昭和七年三月の満洲国成立へとつづき、それらの国際的非難から、昭和八年三月の国際連盟脱退へとつながる。まるで明治の陸軍の亡霊が甦《よみがえ》ったかのような迂回線建設構想は、戦争の時代を予感させるものだった。

全線単線の「丙線」

西鹿島《にしかじま》以東の区間(仮称二俣線)の工事については、昭和八年(一九三三)三月に第一期工事が掛川〜遠江森《とおとうみもり》間で始まり、四月二八日に小笠《おがさ》郡西南郷《にしなんごう》村《むら》(現在の掛川市内)の新線分岐点付近で盛大な起工式が挙行されている。二俣線として掛川〜遠江森(現在は遠州森)間が部分開通したのは、昭和一〇年四月だった。西鹿島以西の区間(仮称豊橋線)については、昭和八年四月に測量に着手。昭和一一年一二月に東海道本線との分岐点の新所原《しんじょはら》駅が新規開業するとともに新所原〜三ケ日《みっかび》間が開通。昭和一三年四月には金指《かなさし》駅まで延長している。二俣線の遠江森〜西鹿島間と豊橋線の金指〜西鹿島間が開通して、新線(二俣線)が全通したのは昭和一五年六月である。

なお、野部《のべ》(現在は豊岡《とよおか》)〜遠江二俣(現在は天竜二俣)間の軌道は、昭和一〇年に運行を停止した光明《こうみょう》電気鉄道の軌道跡を利用している。有形文化財に登録された上野部《かみのべ》〜遠江二俣間にある神田《かんだ》隧道と伊折《いおり》隧道は、光明電気鉄道が建設したトンネルをそのまま使用した

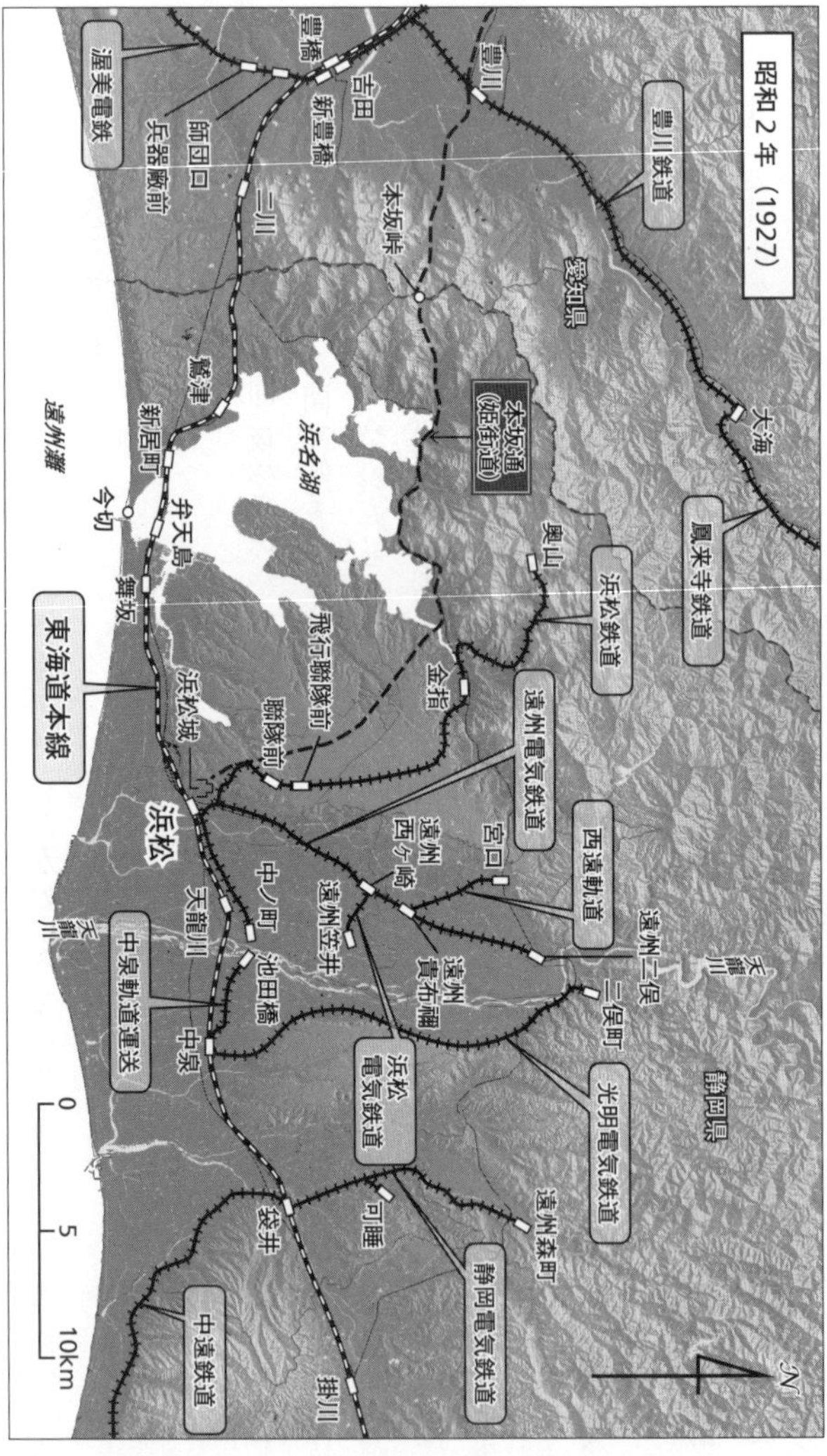
昭和2年（1927）
豊川鉄道
豊川
豊橋
吉田
新豊橋
渥美電鉄
師団口
兵器廠前
二川
本坂峠
愛知県
大海
鳳来寺鉄道
本坂通（姫街道）
浜名湖
鷲津
新居町
遠州灘
今切
弁天島
舞坂
奥山
浜松鉄道
東海道本線
飛行聯隊前
金指
浜松城
聯隊前
遠州電気鉄道
浜松
宮口
西遠軌道
遠州西ヶ崎
中ノ町
天龍川
遠州笠井
遠州二俣
遠州貴布禰
二俣町
池田橋
中泉軌道運送
中泉
浜松電気鉄道
光明電気鉄道
静岡県
遠州森町
可睡
袋井
静岡電気鉄道
中遠鉄道
掛川
0
5
10km
N

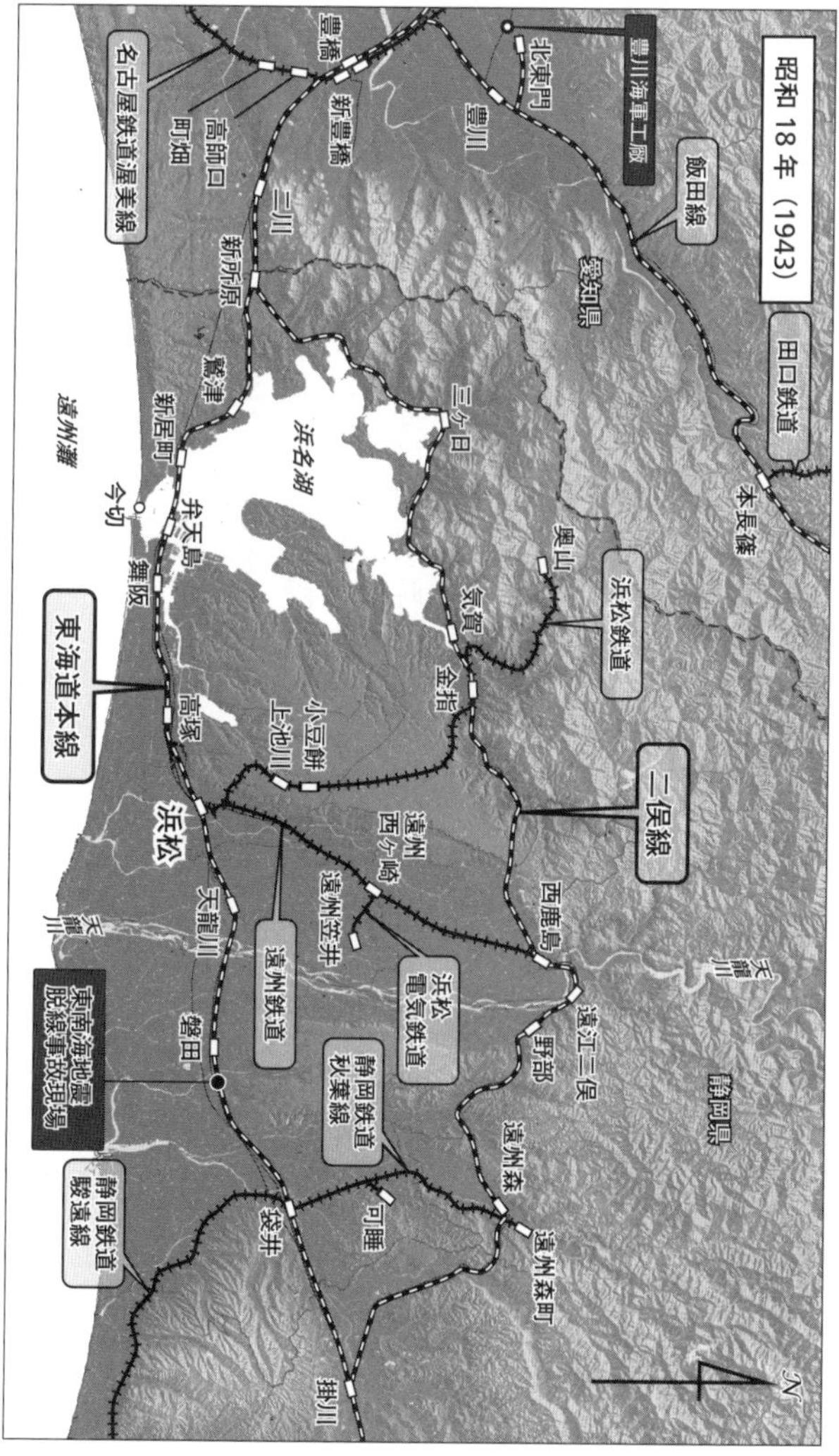
昭和18年（1943）
飯田線
豊川海軍工廠
北東門
豊川
豊橋
新豊橋
名古屋鉄道渥美線
高師口
町畑
二川
新所原
愛知県
田口鉄道
本長篠
鷲津
新居町
遠州灘
今切
浜名湖
三ヶ日
弁天島
奥山
浜松鉄道
舞阪
気賀
金指
東海道本線
小豆餅
上池川
高塚
二俣線
浜松
遠州西ヶ崎
遠州笠井
遠州鉄道
浜松電気鉄道
天龍川
西鹿島
遠江二俣
野部
磐田
東南海地震脱線事故現場
静岡鉄道秋葉線
静岡県
遠州森
遠州森町
可睡
袋井
静岡鉄道駿遠線
掛川
N

ものである。また、二俣線の遠江二俣駅は、光明電気鉄道の二俣口駅とほぼ同じ位置に建設された。

二俣線開通前の鉄道地図を見れば一目瞭然だが、この地域の交通は浜松を中心とした南北方向に集中しており、東西方向のつながりは希薄だった。開通当時の主要な貨物は、二俣に集められた奥遠州の木材の搬出くらいである。

複線化された東海道本線が、巨大な機関車が長大な客車や数十両の貨車を引いて頻繁に行き交っていたのに対し、二俣線は大正時代の8620形機関車がのんびり客貨列車を曳《ひ》いて走っていた。因みに開通当時、遠江二俣機関区には8620形が一二両配備されていた。

全通した二俣線は、掛川〜豊橋間七九・〇四五キロ（掛川〜新所原は六七・九キロ）、曲線の最小半径二〇〇メートル、最急勾配が一〇〇〇分の二五（二五パーミル）で全線単線である。線路等級（特別甲《こう》線（特甲線）、甲線、乙《おつ》線、丙《へい》線、簡易線、側線の順）は丙線に分類された。東海道本線が特甲線だったのと較べると三段階も下だった。しかも東海道本線の掛川〜豊橋間と比較した場合、東海道本線の距離は六四・三キロと二俣線より二割も短く、曲線の最小半径は四〇〇メートルと緩く、最急勾配も一〇〇〇分の一〇（一〇パーミル）にすぎない。つまり、線路の条件は二俣線がことごとく劣っていた。

迂回列車、二俣線を走る

二俣線が迂回線として脚光が浴びたのは、戦災ではなく、天災だった。全通から四年後の昭和一九年（一九四四）一二月七日、紀伊半島東方の熊野灘《くまのなだ》を震源として、マグニチュード七・九の地震が発生する。東南海《とうなんかい》地震である。

震源から約二〇〇キロ離れた静岡県西部でも震度六から七を記録したほどの巨大地震で、東海道本線の掛川～磐田間の五ヶ所、鷲津《わしづ》～新所原の七ヶ所で盛土崩壊や路盤の陥没・沈下を生じた。天龍川橋梁や第三浜名橋梁などの橋梁も被害を受け、鉄道復旧作業には、千葉県の鉄道聯隊（おそらく補充隊）が出動している。震度七を記録したといわれる袋井《ふくろい》～磐田間の太田川《おおたがわ》周辺は、広範囲に地盤の液状化現象が見られるなど、特に被害が甚大な地区で、太田川橋梁の東側の東海道本線の盛土は崩壊して二メートルも沈下し、駒洗川《こまあらいがわ》橋梁を通行中だった貨物列車の貨車四五両が脱線。軍用燃料のガソリンのドラム缶を積載していた貨車が、北側に横転、転落して炎上。太田川の西側でも別の貨物列車が脱線している。

物流の大動脈である東海道本線の復旧工事を急いだ結果、発生から五六時間後の一二月九日午後九時三〇分に単線で開通し、一五日午後七時前には複線で応急復旧している（下り線は一三日、上り線は二七日と記す資料もある）。東海道本線が不通の間、二俣線では主として長距離旅客列車や軍用列車を中心に迂回運転が実施されたというが、短期の運用に終わった。

東海道線が敷設される際に明治の陸軍が心配した「戦時砲撃ノ患」は、六〇年近く経た昭和二〇年七月二九日深夜、浜松周辺への激しい艦砲射撃という形で的中する。ひそかに沿岸まで接近した戦艦サウスダコタ、インディアナ、マサチューセッツ以下、米英艦船八隻による二〇〇〇発ともいわれる猛烈な艦砲射撃を受けたのである。着弾地点は浜松市街から新居町内にかけてで、浜松駅、浜松工機部(現在のJR東海浜松工場)などの鉄道関連施設も大きな被害を受けた。当時の写真を見ると、月面のクレーターのような着弾痕が、焦土と化した浜松市街に無数に空いているのが確認できる。ただし、線路の復旧が最優先で急がれたため、二俣線の迂回列車はわずか五本にとどまっている。

日本の鉄道の迅速な運転回復には、空襲を想定して、大都市圏や長大隧道を除く大半の鉄道幹線を電化しなかった施策が幾分貢献したと思われる。戦前の東海道本線は、丹那隧道を抜けた沼津〜京都間の四〇〇キロ近くが未電化区間だったのである。

ともかく、迂回路として期待された二俣線だったが、拍子抜けといっていいくらいほとんど利用されなかった。東海道の迂回線という目的に限定するならば、残念ながら新線を敷設した意味はほとんどなかったといっていいだろう。

海峡へのトンネル建設

昭和一二年(一九三七)七月七日の北京郊外の盧溝橋における日本の支那駐屯軍と中華民国の国民革命軍第二十九軍との武力衝突は、「盧溝橋事件」から「北支事変」へと拡大し、やがて両軍の全面的武力衝突の様相を呈した。「宣戦」した場合、つまり「戦争」を称した場合の影響(双方とも経済制裁や武器供与停止などの道を開くアメリカの中立法の適用を避けたかった)を考慮して、日本政府はこれを「支那事変」と呼称し、中華民国(のちの重慶《じゅうけい》政府)も対日宣戦を行わなかった。だが、日本において初めて戦争でない「事変」下で大本営を設置(わざわざそのために昭和一二年一一月一八日に戦時大本営条例を廃止して軍令で大本営令を公示している)し、総力戦態勢を整えるなど、実態は戦争そのものだった。

たとえば、昭和一二年の七月から一二月までの五ヶ月足らずの間に出征した日本軍の兵士は三〇万人を超えている。これは明治の日露戦争の全期間を上回る規模だった。しかも日露戦争が一年半で終結したのに対し、この「事変」は、終りが見通せなかった。軍事輸送が日常化する異常な事態を迎えたわけである。

昭和一三年五月、国家総動員法が施行され、鉄道部門でも、従来とは比較にならぬ規模で統制色が強まる。その方針に従って、不用不急とされた計画が続々中止されていった。見せしめとでもいうべき施策の典型が、建て替え中だった大阪駅舎である。当初の予定では地上五階地下一階で、三階以上の上層階は昭和一五年に予定されていた東京オリンピックを訪れる外国人のためのホテルとして使用される予定だった。ところが昭和一三年、五階まで鉄骨が組み上がっていたにもかかわらず、大蔵省の指導で工事は中断され、三階以上の鉄骨は剝き出しのまま放置された（鉄骨は昭和一八年に供出）。別にコンクリートの材料に事欠いたわけではないだろう。公共事業を率先して中止することで、民間に対して「非常時」であるという「姿勢」を示すのが狙いだったのだ。

本書で扱う鉄道路線に関しても、その例外とはなりえなかった。ただし、多くが中止された計画の中で、むしろ積極的に進められた計画もいくつか存在した。そのひとつが、関門海峡に海底トンネルを建設する関門隧道の建設だった。

最初に関門隧道建設を具体的に指示したのは、内務・外務大臣や東京市長を歴任した後藤新平だった。明治四四年（一九一一）四月、鉄道院総裁だった後藤新平は、関門海峡架橋連絡案を立案し、東京帝国大学工科大学教授の広井勇《ひろいいさむ》に設計を委嘱。明治四五年に現地調査を行い、大正五年（一九一六）に「下関海峡横断鉄橋設計報告」を鉄道院に提出した。これは、最狭部の早鞆瀬戸《はやとものせと》で横断する計画だった。

また比較案として隧道建設調査を京都帝国大学理工科大学教授の田辺朔郎《たなべさくろう》に委嘱。田辺は現地調査に基づき、明治四四年一二月に隧道建設を可能とする「関門隧道鉄道線取調書」を鉄道院に提出。最狭部の早鞆瀬戸よりも水深の浅い大瀬戸での隧道建設を提案していた。一方、広井は橋梁・隧道とも建設可能という見解だった。これらの意見に基づき、鉄道院工務課技師の岡野昇《おかののぼる》が現地を綿密に調査し、大正二年一月に「関門海峡海底隧道ニ関スル報告」を提出している。岡野は、橋梁もしくは隧道のみならず、渡船連絡や渡線橋(橋を架けてその下に客貨車を運搬する搬器を吊り下げて運行)連絡も検討したが、関門海峡に関しては渡船連絡も渡線橋も不適で、鉄道連絡は橋梁もしくは隧道が適切と断じていた。

結局、大正八年六月に隧道案が採用されることに決まった。トンネルの方が橋梁よりも建設費が安いということも大きかったが、橋梁だと砲撃や爆撃で破壊される危険があるということを陸軍が強硬に主張したことが決め手となった。

大正八年度以降一〇年間の継続事業となり、総額一八一六万円が予算化された。大正八年六月から鉄道院による連絡線路の実測が実施され、翌年にかけて海底付近の地質調査が行われている。いよいよ着工間近というさなか、大正一二年九月に関東大震災が発生。震災復興予算優先ということで関門隧道の計画は凍結された。実質的な事業が進展しないまま昭和の時代を迎えたが、その後の金融恐慌の影響もあって、復活することはなかった。

戦時下の開通

関門隧道計画が再び息を吹き返すきっかけは、軍部の要請だった。昭和六年(一九三一)の満洲事変以降、内地と大陸を結ぶ人と物の流れは激増しており、関門間の輸送量が遠からず限界に達すると見込まれたのである。こうして昭和一一年七月、鉄道省下関改良事務所が設置され、九月一九日、門司側において鉄道省関係者、山口・福岡両県知事、下関・門司両市長、地元選出代議士や下関要塞司令官まで参列して盛大に起工式が挙行された。そして一〇月、試掘坑道の着工となるのである。

トンネルの本坑が貫通したのは、昭和一七年三月二七日。四月一七日に幡生《はたぶ》操車場において竣功式が挙行され、七月一日から貨物列車の営業運転が始まった。旅客営業は、関門隧道開業を受けて実施された一一月一五日の全国ダイヤ白紙大改正からである。この日から下関駅も桟橋に面した旧駅から現在の位置に移転している。

一方、昭和一五年には上りトンネルも着工し、重陽の佳日である昭和一九年九月九日から営業運転を開始している。トンネル開通により輸送量は激増。貨物専用鉄道連絡船が開設されていた下関～小森江《こもりえ》間の航送貨物輸送量は、昭和一一年度に一九四万トンだったものが、戦時下ということもあって昭和一六年には四二〇万トンに激増。関門隧道が開業した昭和一七年度の関門隧道の航送貨物輸送量は四五七万トンに増加し、複線化した一九年

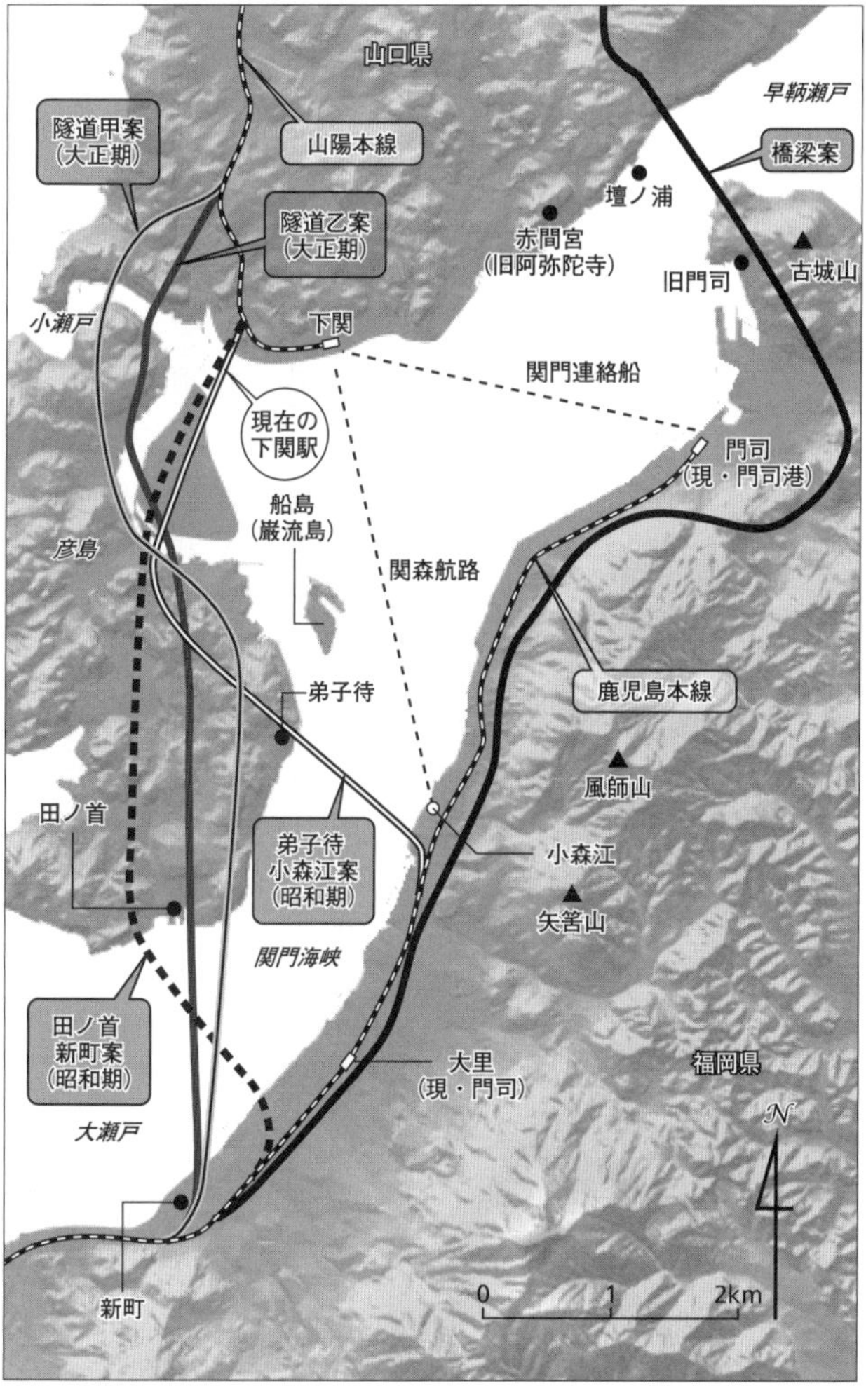

大正から昭和にかけて、関門海峡を横断する鉄道連絡経路案がさまざまに研究された。戦時中に開通した関門隧道は、ほぼ「弟子待小森江案」に沿って建設されている。

度には五七五万トンまで増えている。貨物需要そのものが増えたということもあろうが、戦局が悪化するにしたがい、海上輸送が途絶えがちになってきた要素も大きいのではないかと思われる。

関門隧道開通を前にした昭和一七年四月一日、門司駅が門司港駅に、トンネルと直結する大里《だいり》駅が門司駅と改称している。九州の玄関口の門司といえば、もともと門司砲台がある早鞆瀬戸付近の小さな漁村だった。東隣にあった楠原村という村落よりずっと小さかった。それが海峡連絡の港湾となることで抜きん出た存在となり、明治二〇年には楠原村《くすばるむら》を合併。明治二二年(一八八九)の町村制施行時に周囲の村と合併して文字ケ関村《もじがせきむら》を名乗る。明治二四年、九州鉄道の始発ターミナルが門司に置かれるとさらに発展し、明治三二年に市制施行して門司市になり、大正一二年に南隣の大里町を編入。大里という地名は、源平合戦の際、都落ちした安徳《あんとく》天皇の行在所《あんざいしょ》(仮の内裏《だいり》)が置かれていたことに因む由緒ある地名だった。関門隧道開通によって、門司の名は、早鞆瀬戸付近から大瀬戸付近まで六キロも南下することになった。

米軍の驚くべき探査

関門隧道が本州と九州を結ぶ鉄道の大動脈なら、関門海峡は内地と大陸を結ぶ船舶の大動脈だった。昭和二〇年(一九四五)三月二七日以降、米軍機は数度にわたって関門海峡への機雷敷設を実行し、ほぼ海峡封鎖という状況に追い込んでいる。もし関門海峡に橋梁が建設されていたとすれば、この時点で徹底的に爆撃を加えて破壊したはずである。この点だけ見れば、大正時代の陸軍の判断はまったく正しかった。

三月下旬から六月にかけて、なんと一九回にもわたってB29を改造した巨大な偵察機(F13)による関門海峡の撮影が実施された。六月九日には動画の撮影も行われている。このうち三月三一日の撮影では、関門隧道の下関側の開口部が鮮明にとらえられており、空中写真を分析するだけでなく、戦前の資料図面やトンネル建設に携わった日本人捕虜からの聞き取り調査により、経路や構造の詳細な分析が行われていた。アメリカ軍が推定したトンネルや海底の経路は実際の位置とほとんど一致しているというから、精度の確かさがわかる。おそらく捕虜からの聞き取りだろうが、単線トンネルが二本並ぶ内部構造まで突き止めていた。

五月一六日になると、関門隧道を破壊すべく、爆撃計画が立案された。爆撃目標は、門司側のトンネル入口の埋立部分、海底部分、下関側の彦島《ひこしま》と下関駅を結ぶ鉄道橋(江の浦橋梁)である。精巧な立体の地形模型まで作成していたというから、その本気度が推し量れるだろう。

下関側のトンネル開口部と連絡線の橋梁を破壊する目的で、沖縄の基地からB24爆撃機の編隊が飛び立ったのは七月三一日である。当日は天候不良で、空襲は実施されないまま帰還。ただしこれでアメリカはあきらめたわけではなかった。

八月五日、陸軍航空軍総司令官ヘンリー・アーノルドが極東航空軍のジョージ・ケニーに宛てた電文には、関門隧道の爆破計画が記されていた。関門隧道破壊は、最優先の戦略爆撃目標に指定されていたのである。採用された計画は、驚くべきものだった。爆撃機が関門海峡に激しい空襲を加えている最中、日本船に偽装した航空機救助艇四隻を響灘《ひびきなだ》から関門海峡に突入させる。その船には二五トンずつ爆薬が満載してあり、関門隧道の真上の海域に来たところで自爆させ、関門隧道を破壊するという驚くべきものだった。偽装船は最大一〇〇哩(約一六〇キロ)離れた場所から操作できるといい、途中から無人で操作するつもりだったようだ。およそ荒唐無稽に思えるが、極東航空軍は作戦準備に入っていた。終戦が延びれば、着実に実行に移していたのは間違いなかった。関門隧道を破壊できれば、本州と九州の人的交流と物流をほぼ完全に遮断できるわけで、その効果は絶大なのである。

もし日本の降伏がなければ、昭和二〇年一一月に宮崎県南部・鹿児島県沿岸への上陸作戦「オリンピック作戦」が予定されていた。この作戦の成否を左右する大きな要素が、関門隧道の破壊だったのはいうまでもなかった。

弾丸列車計画の進展

「新幹線」といえば、戦後発展を象徴するプロジェクトのように思われているが、新幹線計画自体は、昭和一〇年代から具体化していた。それが〝弾丸列車〟というフレーズで有名になった戦前の新幹線計画である。

この計画の背景には、「日満支連絡」(日本と満洲・中国を結ぶ交通網整備)が叫ばれたことや東海道本線の旅客・貨物需要の逼迫《ひっぱく》があった。事変勃発後まもない昭和一二年(一九三七)下期から早くも輸送の逼迫が始まり、主要幹線沿線には滞貨の山が積み上がったという。その後も軍隊輸送や軍需品輸送でいよいよ逼迫の度を高めていった。昭和一四年には一般旅客の不用不急旅行を中止させる措置が実施されたものの焼け石に水の状態。主要幹線の輸送力増強の解決策として急浮上してきたのが、いわゆる弾丸列車構想だったのである。

昭和一三年一二月、鉄道省の企画委員会に鉄道幹線調査分科会が設立され、東海道本線と山陽本線の輸送力強化に関する調査研究を開始。翌年には鉄道幹線調査会へと発展する。調査会では輸送力拡大のための方策が具体的に検討されるようになり、一一月には、

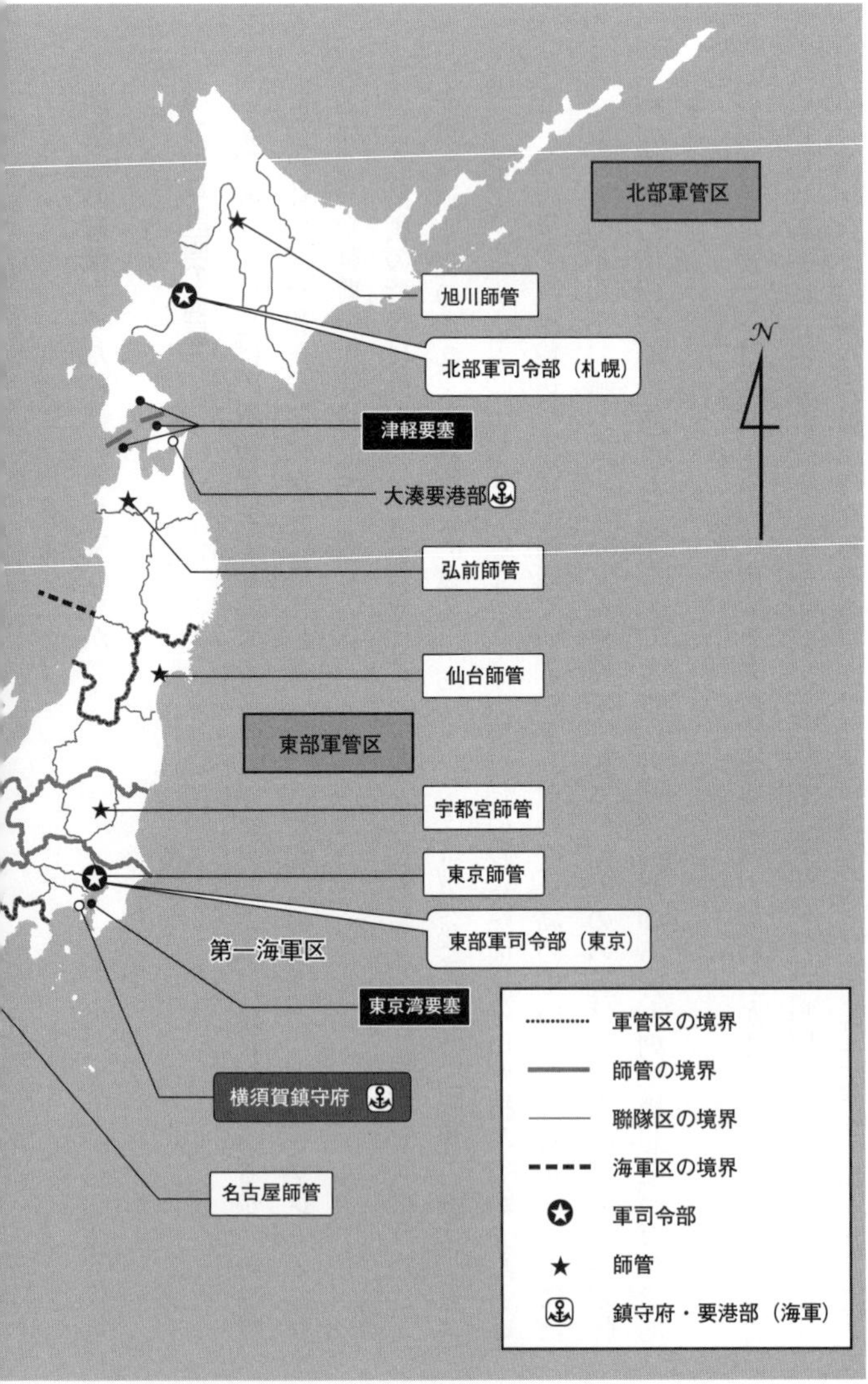

県と一致するよう改められた。既存の部隊を母体にネズミ算式に新規部隊が増設されたため、最終的には歩兵聯隊だけで450近く編成。師団の数も173まで増えていた。

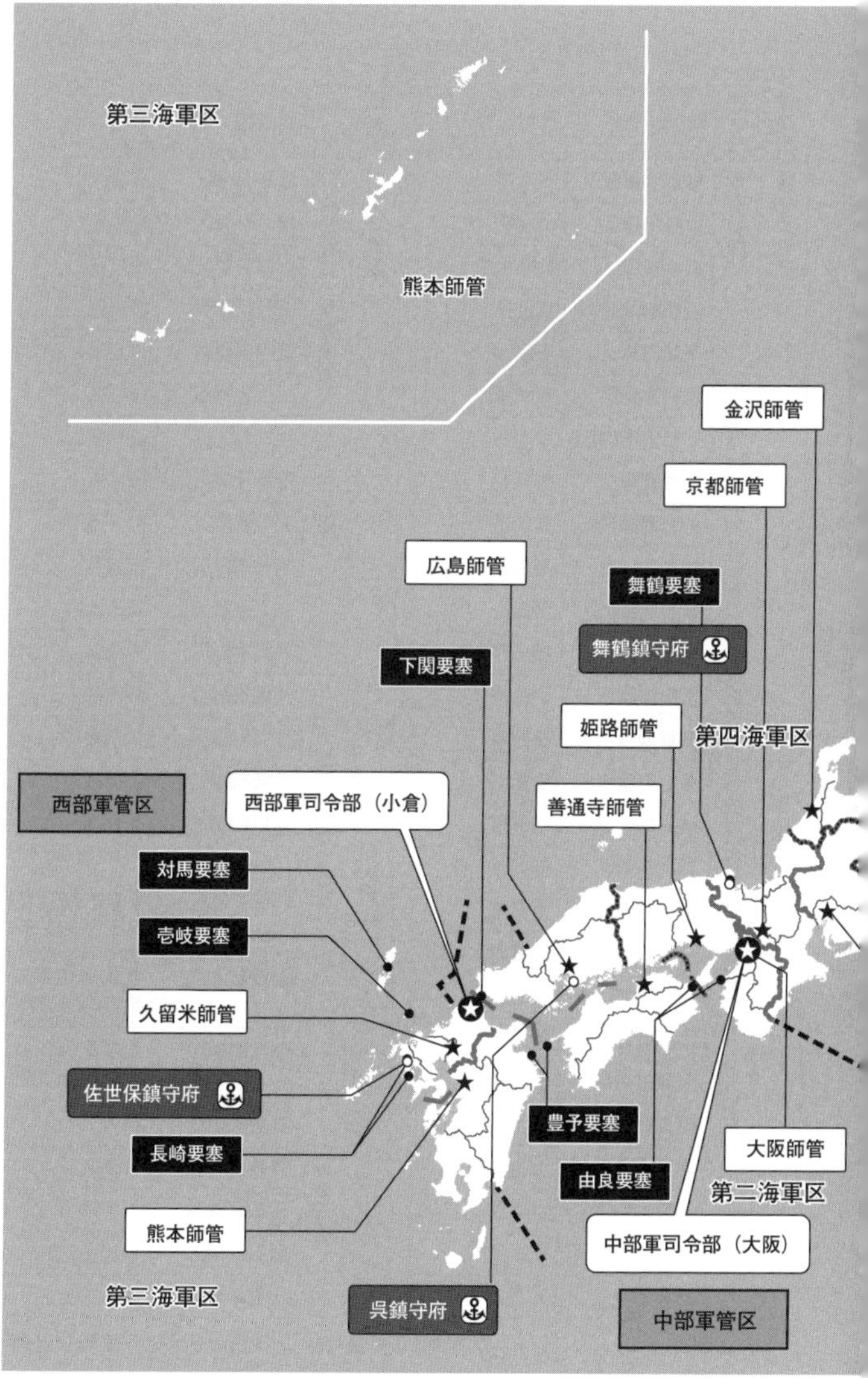

昭和16年（1941）11月の陸海軍の管轄区域。軍管区の下に師管と聯隊区が配置された。師団番号と同じ番号だった師管が所在地の地名に改められ、兵士を徴募する聯隊区が府↗

軍管区	師管	聯隊区	管轄区域
東部軍管区	東京師管	東京聯隊区	東京府
		甲府聯隊区	山梨県
		横浜聯隊区	神奈川県
		浦和聯隊区	埼玉県
		千葉聯隊区	千葉県
	宇都宮師管	水戸聯隊区	茨城県
		宇都宮聯隊区	栃木県
		前橋聯隊区	群馬県
	仙台師管	仙台聯隊区	宮城県
		福島聯隊区	福島県
		新潟聯隊区	新潟県
	金沢師管	金沢聯隊区	石川県
		富山聯隊区	富山県
		長野聯隊区	長野県
中部軍管区	名古屋師管	名古屋聯隊区	愛知県
		岐阜聯隊区	岐阜県
		静岡聯隊区	静岡県
	京都師管	京都聯隊区	京都府
		大津聯隊区	滋賀県
		津聯隊区	三重県
		福井聯隊区	福井県
	大阪師管	大阪聯隊区	大阪府
		奈良聯隊区	奈良県
		和歌山聯隊区	和歌山県
	姫路師管	神戸聯隊区	兵庫県
		岡山聯隊区	岡山県
		鳥取聯隊区	鳥取県
西部軍管区	広島師管	広島聯隊区	広島県
		松江聯隊区	島根県
		山口聯隊区	山口県
	善通寺師管	高松聯隊区	香川県
		徳島聯隊区	徳島県
		松山聯隊区	愛媛県
		高知聯隊区	高知県
	熊本師管	熊本聯隊区	熊本県
		大分聯隊区	大分県
		宮崎聯隊区	宮崎県
		鹿児島聯隊区	鹿児島県
		沖縄聯隊区	沖縄県
	久留米師管	福岡聯隊区	福岡県
		佐賀聯隊区	佐賀県
		長崎聯隊区	長崎県
北部軍管区	旭川師管	旭川聯隊区	北海道上川・宗谷・留萠支庁
		札幌聯隊区	北海道石狩・胆振・日高・空知支庁
		函館聯隊区	北海道渡島・檜山・後志支庁
		釧路聯隊区	北海道十勝・釧路国・根室支庁
		豊原聯隊区	樺太
	弘前師管	青森聯隊区	青森県
		盛岡聯隊区	岩手県
		秋田聯隊区	秋田県
		山形聯隊区	山形県

※外地の朝鮮軍管区・台湾軍管区・関東軍管区は省略

「東海道及山陽本線ニ於ケル国有鉄道ノ輸送力増大方策ニツイテ」と題された、早期に別線の高規格鉄道を敷くことが必要であるとの答申がまとめられた。新幹線計画は、昭和一五年一月の鉄道会議と帝国議会の議決を経て、本決まりとなる。この時点では、建設期間を昭和二九年までとする一五年計画だった。

東京から下関に至る途中駅の構想や経路もほぼ決定していた。鉄道省案では、建設区間は東京〜下関間九七一・六キロ。所要時間は、東京〜下関間が九時間五〇分、東京〜大阪間四時間五〇分とされたが、東京〜下関間を九時間、東京〜大阪間を三・五時間で走る時速二〇〇キロの「特殊列車」を運行するよう求める要望もあった。ほとんど戦後の新幹線並みである。実現した新幹線と戦前の計画が大きく異なる点は、電車ではなく機関車による客車牽引、貨物列車の運行、電化区間を一部にとどめていたことである。静岡〜名古屋間が非電化区間とされたが、敵艦船による艦砲射撃の危険を避けたためである。

昭和一七年三月二〇日に熱海の新丹那隧道予定地で起工式が行われたものの、戦局が厳しさを増した昭和一八年末には、工事は中断に追い込まれた。しかし、途中の相模川〜早川（神奈川県・約二四キロ）、伊豆山《いずさん》〜函南《かんなみ》（静岡県・約二〇キロ）、二川〜塩津《しおつ》（現在の愛知県蒲郡《がまごおり》市西部）（愛知県・約三〇キロ）、大高《おおだか》〜笠寺《かさでら》（愛知県・約六キロ）は買収が完了していたほか、昭和一六年八月以降、新丹那、日本坂《にほんざか》（以上静岡県）、星越《ほしごえ》（愛知県）、新逢坂山《しんおうさかやま》、新《しん》東山《ひがしやま》（以上京都府）の各トンネルが着工。新丹那隧道は昭和一八年一月に工事が中断されたものの、ほかのトンネルは戦時中に貫通しており、大戦末期には在来線の輸送力増強に使われたほか、戦後の東海道本線電化に伴うトンネル改修時の迂回路や線路増設に役立っている。また、東海道新幹線計画に際して寄与したことはいうまでもない。弾丸列車の買収区間やトンネルが、戦後の新幹線に用いられているからである。

急勾配区間の改良

昭和一六年（一九四一）二月一四日に閣議決定された「交通政策要綱」では、「本要綱ニ於テハ運輸及通信並ニ之ニ関連スル気象ノ要綱ヲ定ム」とした上で、「高度国防国家体制ノ完成ヲ目途《もくと》トシ、日満支ノ強固ナル結合ヲ根幹トスル大東亜共栄圏ヲ確立センガ為、之ガ基本的要素タル交通ノ使命ニ鑑ミ、皇国ヲ核心トスル大東亜ノ総合的有機的交通体制ノ確立ヲ期ス」という基本方針が高らかに謳われていた。

具体的に鉄道部門に要請されたのは、「鉄道ノ改良ニ関シテハ、幹線輸送力ノ拡充及《および》輸送系路上ノ隘路ノ補強ヲ主トシ、新線ノ建設ハ差当リ緊急ナルモノニ止《とど》ム」ということである。幹線の輸送強化と急勾配など隘路（ボトルネック）になっている区間の改良をせよ、新線の建設は原則中止といった内容だった。開戦後の昭和一七年一〇月の「戦時陸運ノ非常体制確立ニ関スル件」では、内容がさらに具体的に変わる。

「第一　方針

船舶建造ノ遅延、海難其《そ》ノ他ノ事由《じゆ》ニ因ル海上輸送力ノ減退状勢ニ対応シ、且《か》ツ今後ニ於《お》ケル非常事態ノ生起《せいき》ヲモ考慮シ、極力既定物資供給力ノ確保増強ヲ期スル為《ため》、既定方針ニ基キ極力造船ノ促進ヲ期スル外《ほか》、戦時陸運ノ非常体制ヲ確立シ、以《もっ》テ内地沿岸海上輸送ノ貨物ハ極力之《これ》ヲ陸上輸送ニ転移セシメントス、之ガ為左ノ緊急方策ヲ実施ス

尚《なお》本体制ノ確立実施ヲ契機トシ、全官民ノ戦時非常意識ニ基ク志気ノ昂揚《こうよう》徹底ヲ図リ、之ヲ全生産分野ニ活用シ、依《よ》テ以テ総合的戦力ノ培養増強ニ資セントス」

つまり、船舶建造の遅延や海難事故などにより海上輸送力の減退や今後の非常状況に対応するため、戦時陸運の非常体制を確立し、沿岸海上輸送の貨物を極力陸上輸送に移すというのである。

こうした方針を受け、日本列島を縦貫する主要幹線のうち、輸送が滞《とどこお》る原因となっている急勾配区間の改良が各地で実施されていった。そのひとつが、函館本線の駒ヶ岳《こまがたけ》山麓の急勾配を避けるために突貫工事で敷設された上り専用別線の砂原《さわら》線(通称)であり、あるいは東北本線の松島周辺の大規模な線路付け替えであり、はたまた東海道本線の大垣〜関ケ原間の急勾配解消のため、新垂井《しんたるい》駅(昭和一九年一〇月開業、昭和六一年廃止)廻りの下り線

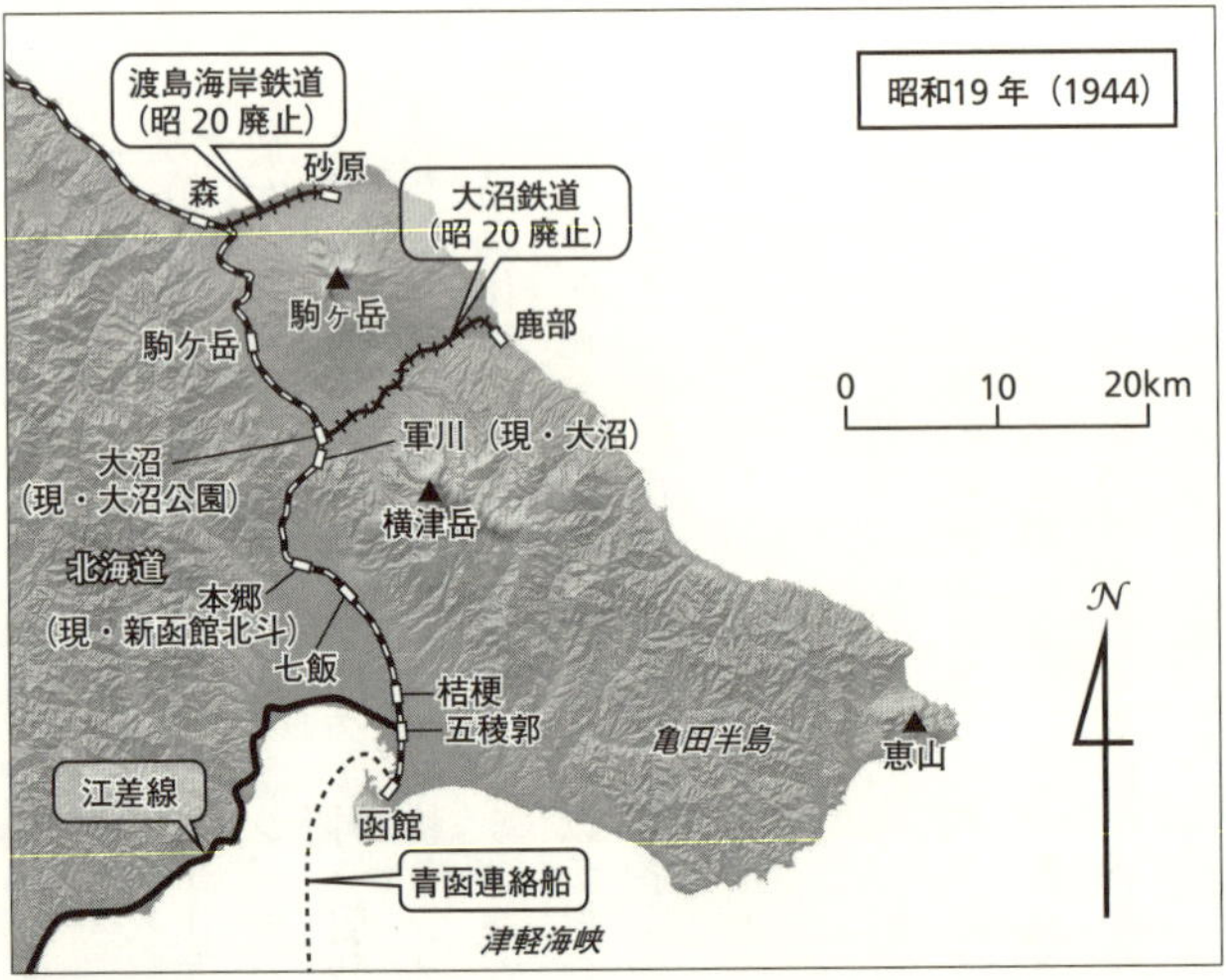

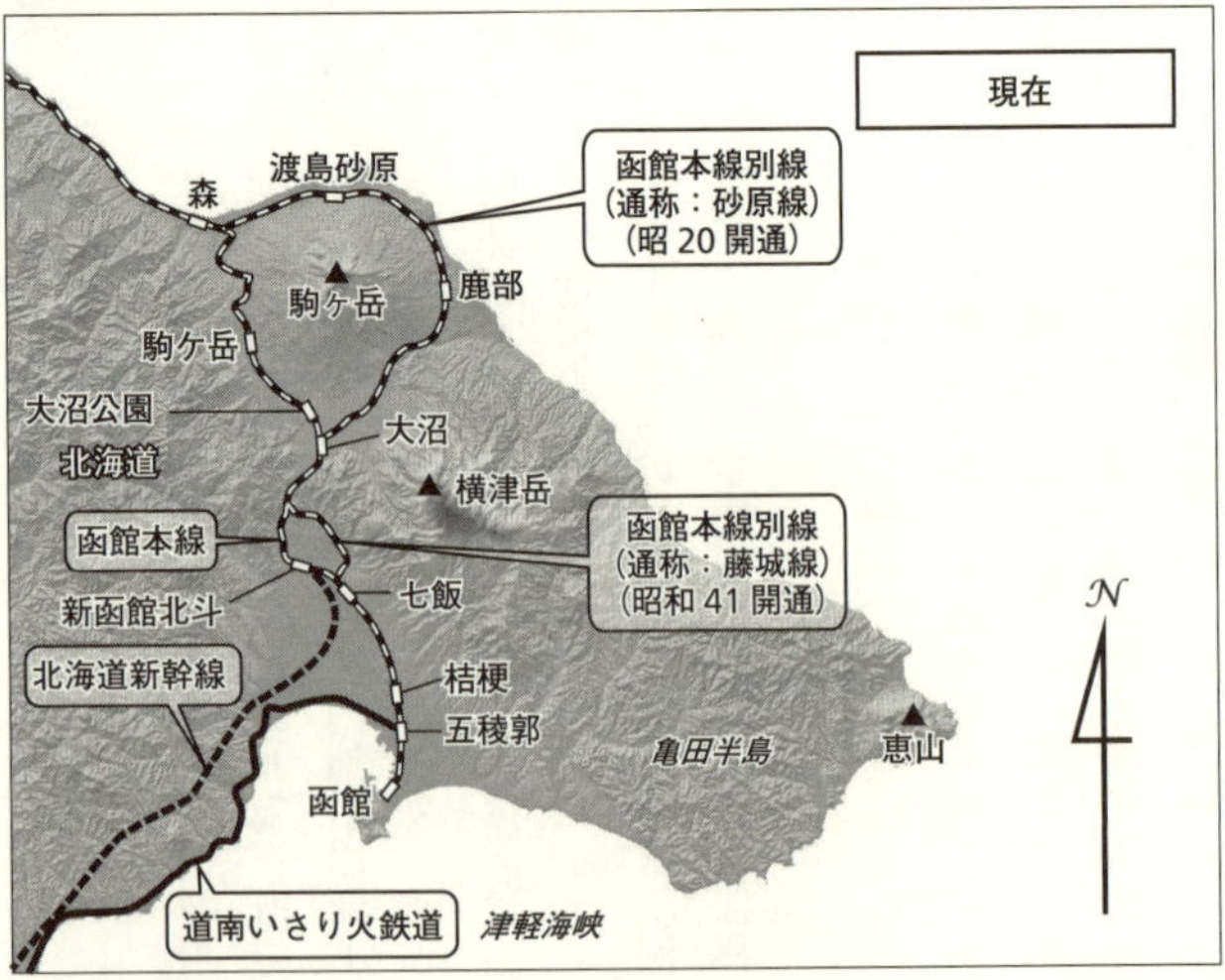

戦時中の鉄道輸送力増強のため、急勾配を緩和する別線が各地で建設された。函館本線の森→駒ケ岳には20‰の上り勾配があったため、森〜軍川間に上り線用新線が建設された。

用勾配緩和新線の開通だった。

山陽本線においては、昭和九年に麻里布《まりふ》（現在の岩国）～櫛《くし》ケ浜《はま》間の短絡線が全通し、旧来の山陽本線だった海岸廻りの線路は柳井《やない》線と改称。新線の方が山陽本線を名乗っていたが、一〇〇〇分の一〇（一〇パーミル）の連続勾配の存在に加え、三一四九メートルの欽明《きんめい》路隧道《じ》（単線）があったことが複線化工事に際して障害になると忌避され、海岸廻りの柳井線を複線化。工事が完了した昭和一九年一〇月から柳井線が再び山陽本線となり、昭和に開通した新線は山陽本線から分離され、岩徳《がんとく》線と改称している。

なお、決戦輸送体制を確立して、諸課題を解決するため、昭和一八年八月、鉄道省に鉄道大臣を統監とする鉄道防衛総本部を創設。各地の鉄道局には鉄道防衛本部を設置し、本省から現場にいたるまでの防衛機能を一元化して機能強化を図った。

全船舶が沈められた青函連絡船

「戦時陸運ノ非常体制確立ニ関スル件」では、具体的措置として、「関門隧道複線工事ハ之ヲ概ネ十八年度中ニ繰上竣工セシメ、青函間貨車航送ハ真ニ必要隻数ヲ建造増加セシメ、且ツ之ニ要スル海陸連絡設備ノ急速整備ヲ行フ」とあるように、前述した関門隧道の複線化が記載されている。

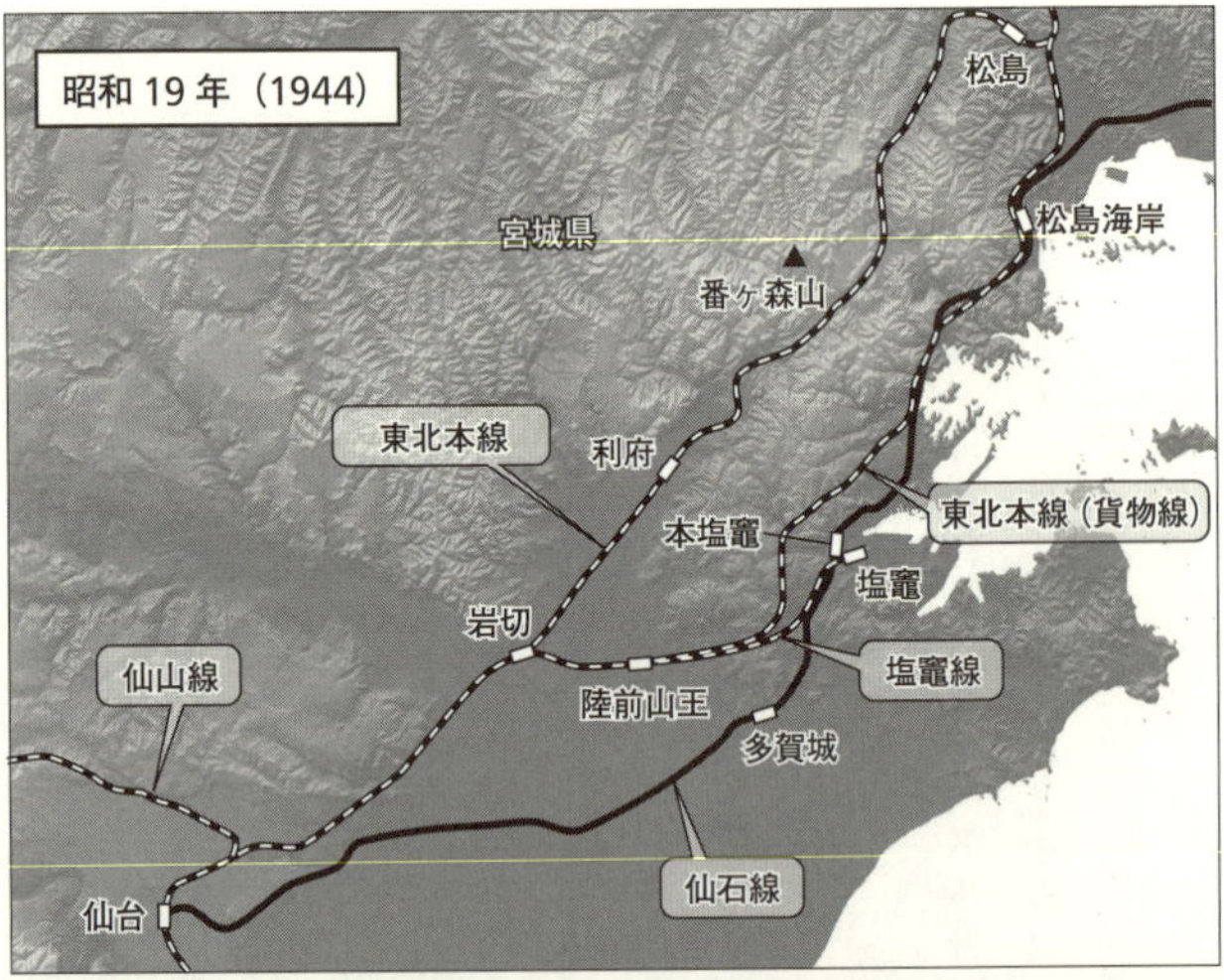

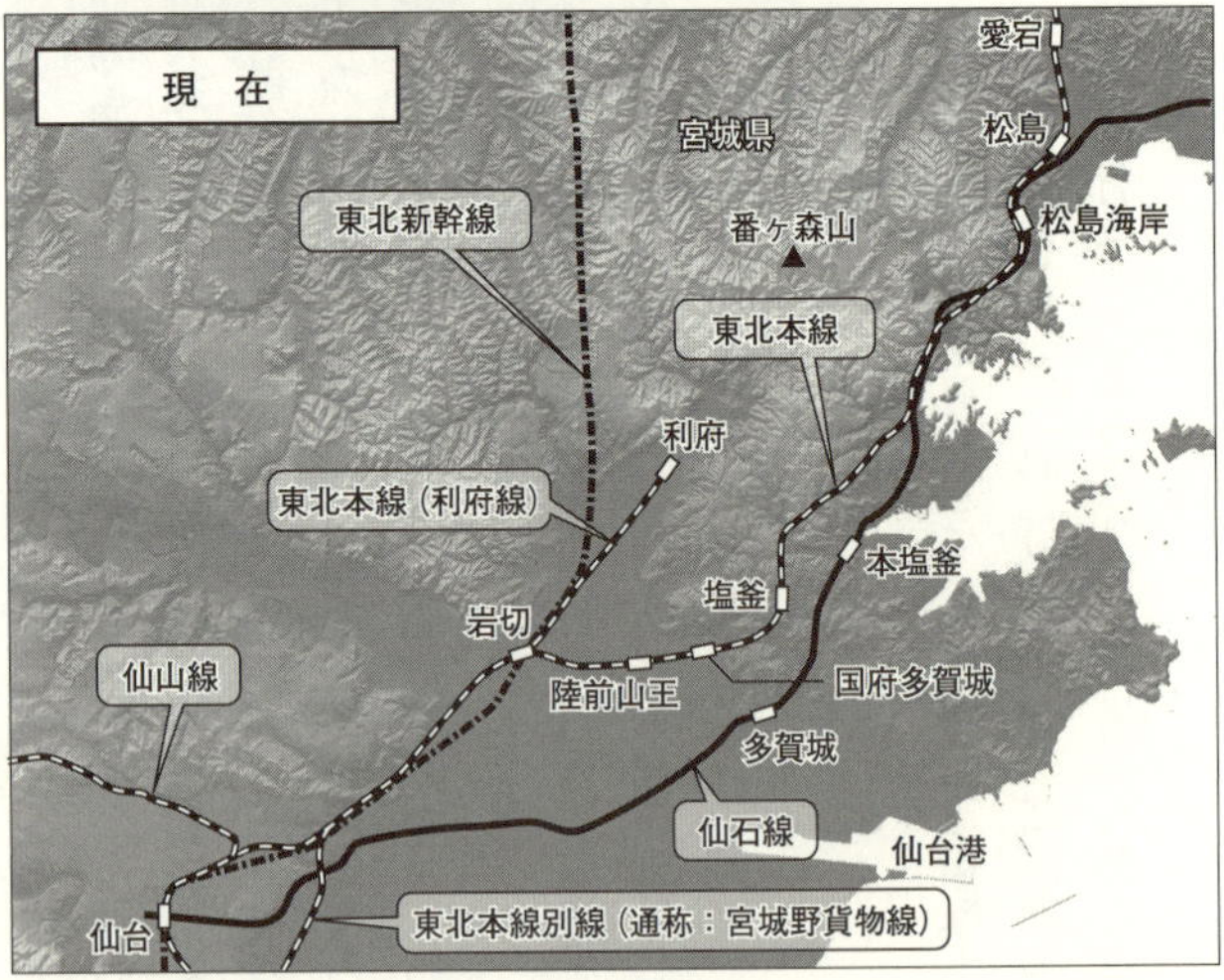

利府〜松島間には16.7‰の勾配が存在し、輸送の妨げになっていたことから戦時中に塩竈線を延長した新線が建設された。利府以北の旧線は昭和37年（1962）に廃止された。

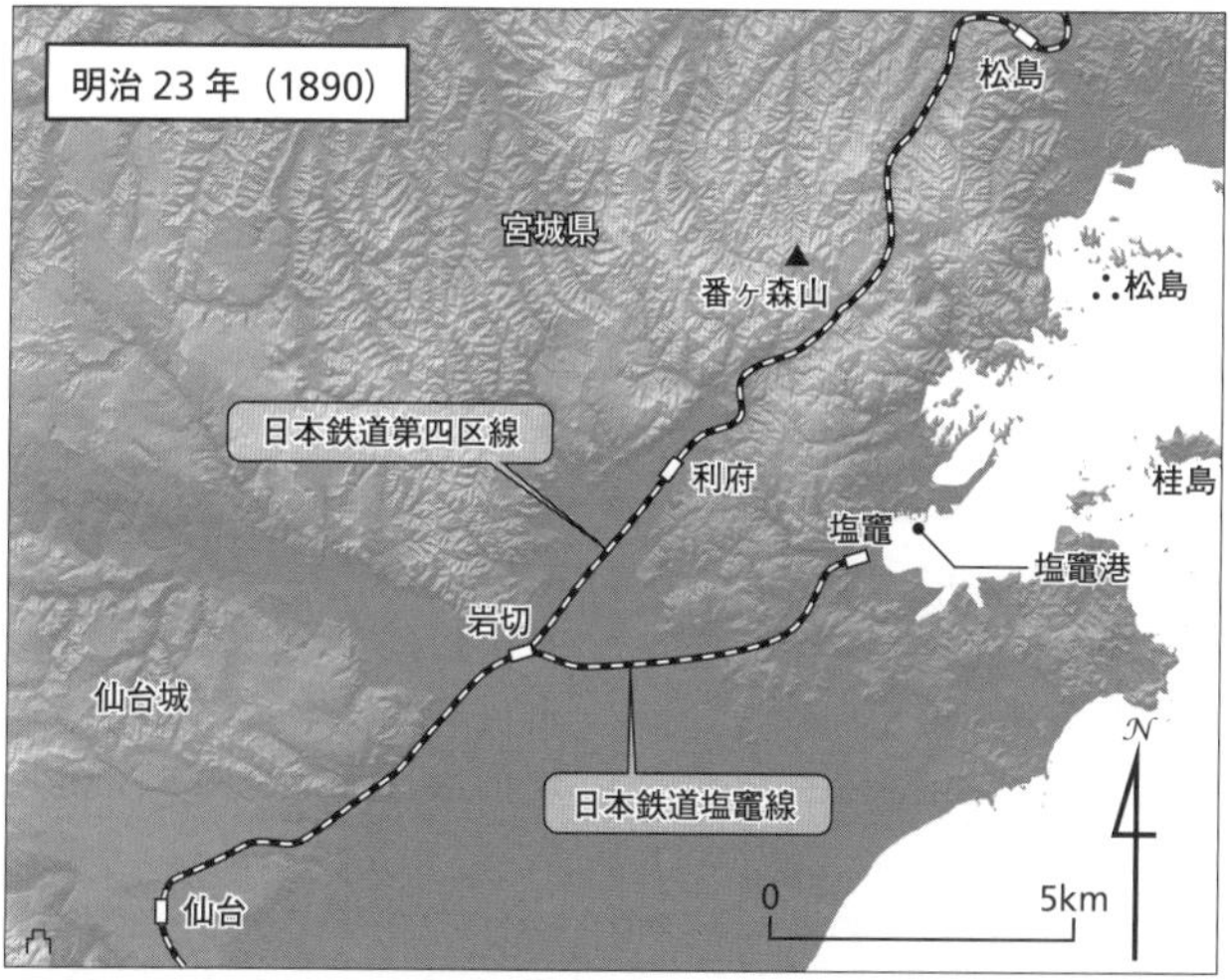

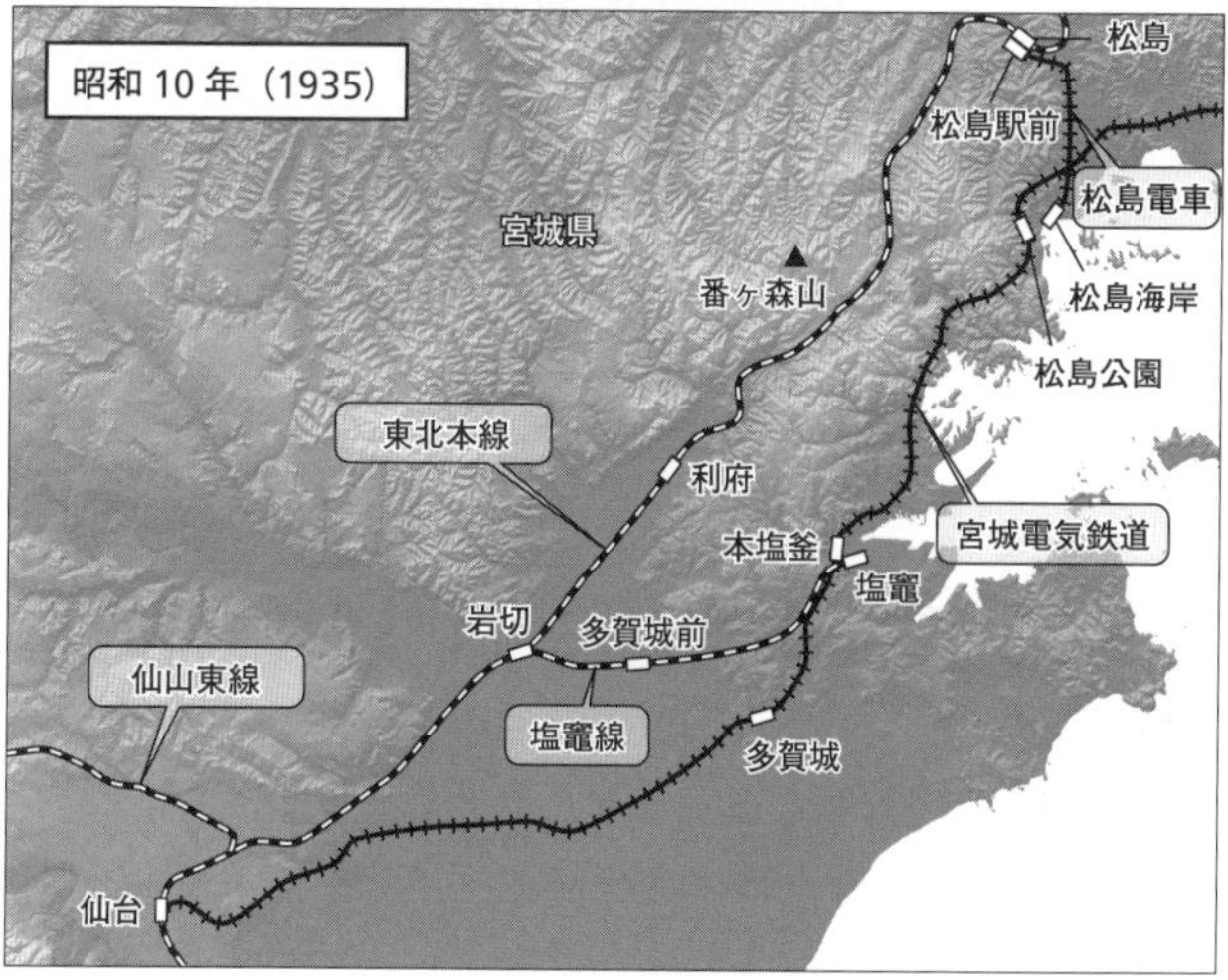

仙台以北の東北本線はもともと利府経由で、塩竈や松島海岸は経由せず、わざわざ塩竈までの支線が建設されていた。仙石線の前身の宮城電気鉄道は昭和3年（1928）に全通。↗

戦時中の複線区間の単線化・並行線路撤去一覧

線名	区間	キロ程	実施年月日	転用軌条	転用橋桁
阪和線	鳳～東羽衣	1.6	昭19.8.1	168 t	–
参宮線	阿漕～高茶屋	4.1	昭19.8.1	1360 t	130 t
参宮線	松阪～徳和	3.0	昭19.8.1		
参宮線	相可口～宮川	11.0	昭19.8.1		
参宮線	山田上口～山田	1.8	昭19.8.1		
手宮線	南小樽～手宮	1.7	昭19.8.5	158 t	121 t
東海道本線	南荒尾～関ケ原	10.7	昭19.10.11	1042 t	233 t
関西本線	奈良～王子	15.4	昭19.10.31	952 t	480 t
御殿場線	国府津～沼津	60.2	昭19.11.11	不明	不明
古渡線	熱田～鶴舞	不明	昭19.12.1	51 t	–
陸羽東線	鳥越～新庄	5.0	昭19.12.1	276 t	16 t
渡島線※	森～砂原	9.4	昭19.12.1	844 t	31 t

※渡島海岸鉄道のこと

財団法人運輸調査局／編『日本陸運十年史　戦時交通編』による

大戦中、幹線の輸送力増強などを目的として、急遽各地に新線が建設されていった。だが、鉄鉱石などの天然資源が海外から入ってこないため、線路や橋梁用の鋼材などは、国内でやりくりするほかない。そのため、「不用不急」という烙印を押された既設線から、線路や橋梁を撤去して捻出することになった。ここに掲げたのは、その一覧である。左ページの表は、「営業休止線」となっている。廃止とせずに休止と表現したのは、後日復活することを予定した一時限りの措置とされたためである。多くは終戦後に順次復活したが、有馬・橋場・白棚の各線は休眠から目覚めることなく現在にいたっている。

戦時中の営業休止線一覧

線名	区間	キロ程	休止年月日
有馬線	三田～有馬	12.2	昭18.7.1
牟岐線	羽ノ浦～古庄	2.1	昭18.7.1
田川線	西添田～庄	1.0	昭18.7.1
川俣線	松川～岩代川俣	12.2	昭18.9.1
宮原線	恵良～宝泉寺	7.3	昭18.9.1
信楽線	貴生川～信楽	14.8	昭18.10.1
札沼線	石狩月形～石狩追分	45.9	昭18.10.1
鍛冶屋原線	板西～鍛冶屋原	6.9	昭18.11.1
富内線	沼ノ端～豊城	24.1	昭18.11.1
札沼線	石狩当別～石狩月形	15.2	昭19.7.21
札沼線	石狩追分～石狩沼田	19.2	昭19.7.21
中央本線	国分寺～東京競馬場前	5.6	昭19.10.1
橋場線	雫石～橋場	7.7	昭19.10.1
三国線	金津～三国港	9.8	昭19.10.11
五日市線	立川～拝島	8.1	昭19.10.11
五日市線	南拝島～拝島多摩川	3.0	昭19.10.11
魚沼線	来迎寺～西小千谷	13.1	昭19.10.16
弥彦線	東三条～越後長沢	7.9	昭19.10.16
妻線	妻～杉安	5.8	昭19.12.1
白棚線	白河～磐城棚倉	23.3	昭19.12.10
久留里線	久留里～上総亀山	9.6	昭19.12.15
興浜北線	浜頓別～北見枝幸	30.4	昭19.12.15
興浜南線	興部～雄武	19.9	昭19.12.15
合計20線23区間		305.1キロ	

財団法人運輸調査局／編『日本陸運十年史　戦時交通編』による

日本本土においては関門海峡と津軽《つがる》海峡が物流の隘路となっており、関門海峡の物流の大半を関門隧道を通して鉄道が担う一方、津軽海峡においては、青函《せいかん》連絡船という鉄道連絡船が物流の大動脈だった。関門隧道破壊は終戦までに成しとげられなかったが、昭和二〇年(一九四五)七月一四・一五両日の空襲で、青函連絡船の一二隻すべてが沈没もしくは航行不能にされている。

アメリカ軍は、日本本土における石炭や食糧、原材料の大半は、北は水戸(茨城県)と富山を結ぶラインの北側から輸送され、西は広島と浜田(島根県)を結ぶラインの西側から輸送されると分析。その割合は、石炭は九五パーセント以上、鉄鉱石は五五パーセント以上と具体的に予測していた。そうした物流の生命線が鉄道にほかならなかった。

アメリカ軍は昭和二〇年六月一五日の大阪への空襲をもって、最初の優先目標だった「指定工業集中地区」の破壊完了を宣言。その後の空襲目標は中小都市に移った。七月以降になると、空襲目標の大半が人口一〇万人以下の都市になっていった。

それらの中小都市が焼き尽くされた後も執拗に空襲が継続されたのは、日本本土上陸作戦がひかえていたからだろう。地上戦の損害を減らすためにも、事前に徹底して力をそぐ必要があった。このあとは、駅や橋梁といった鉄道施設の破壊が空爆目標だったという。

最後に日本側の動向を記しておこう。来たるべき本土決戦に備え、敵軍の上陸が予想された九州には、昭和二〇年四月、満洲で活動していた鉄道第二聯隊が移駐し、決戦に備えた。また、全国の鉄道局（樺太・札幌・仙台・東京・新潟・名古屋・大阪・広島・門司）所在地九ヶ所には、独立鉄道大隊が編制されることになった。ただし、北海道・樺太の大隊は現地に着任せず、ほかに転用されたようである。青函連絡船の途絶と関係があったのかもしれない。

終戦までのおもな鉄道被害は以下のとおりである。軌道の被害一六〇〇キロ（全体の五パーセント。以下同）、駅舎の被害一九八箇所（二・三）、変電所一七箇所（七九箇所中）、工機部一四箇所（二五箇所中）、機関車八九一両（一四・四）、客車二二二八両（一九・一）、電車五六三両（二五・一）、貨車九五五七両（七・五）、連絡船七万九七七四総トン（八〇・〇）。

鉄道関係の人的被害は、死者一九六七人（職員一二五〇人、旅客七一七人）を数えた。内訳は、爆撃による死者が最も多く一二五〇人（職員九〇四人、旅客三四六人）、次いで銃撃による死者が四八八人（職員一六五人、旅客三二三人）だった。焼夷弾による死者が二一六人（職員一七七人、旅客三九人）と、空襲頻度の割に少ないのは、夜間における列車の被害が少なかったことを示している。残る一三人は、艦砲射撃による死者（職員四人、旅客九人）である。最も被害を出したのが、広島と長崎の原子爆弾によるものだった（爆撃の項目に含めた）が、旅客の死者数は今もって不明のままである。

主な参考文献

・日本国有鉄道総裁室修史課／編『日本国有鉄道百年史』各巻　日本国有鉄道　1969〜1974
・日本国有鉄道総裁室修史課／編『工部省記録　鉄道之部』各巻　日本国有鉄道　1962〜1980
・『明治期鉄道史資料』各巻　日本経済評論社　1980〜1989
・鉄道大臣官房文書課／編『日本鉄道史』各篇　鉄道省　1922
・土木工業協会／編『日本鉄道請負業史　明治篇』鉄道建設業協会　1967
・日本鉄道建設業協会／編『日本鉄道請負業史　大正・昭和（前期）篇』日本鉄道建設業協会　1978
・日本工学会・啓明会／編『明治工業史　鉄道篇』日本工学会　1926
・宮脇俊三・原田勝正／編『日本鉄道名所　勾配・曲線の旅』各巻　小学館　1986〜1987
・今尾恵介／監修『日本鉄道旅行地図帳』各巻　新潮社　2010〜2011
・『鉄道意見全集』小谷松二郎　1892

・伊藤博文／編『秘書類纂　兵政関係資料』秘書類纂刊行会　1935
・松平乗昌『図説　日本鉄道会社の歴史』河出書房新社　2010
・八戸市史編纂委員会／編『新編八戸市史　近現代資料編1』八戸市　2007
・守田久盛・高島通『鉄道路線変せん史探訪』吉井書店　1978
・原剛『明治期国土防衛史』錦正社　2002
・横須賀市／編『新横須賀市史　通史編　近現代』横須賀市　2014
・内匠寮の人と作品刊行委員会／編『皇室建築　内匠寮の人と作品』建築画報社　2005
・菅原恒覧『甲武鉄道市街線紀要』甲武鉄道　1896
・三浦涼・佐藤洋一「東京中心部における皇室御料地の形成過程」（『日本建築学会計画系論文集』2001年2月所収）　2001
・中村建治『中央本線、全線開通！』交通新聞社　2019
・木村孝「私鉄山陽鉄道の成立」（『兵庫地理』1967年3月所収）
・長船友則『山陽鉄道物語』JTBパブリッシング　2008
・九州鉄道百年祭実行委員会・百年史編纂部会／編『鉄輪の轟き　九州の鉄道一〇〇年記念誌』九州旅客鉄道　1989
・奈良崎博保「小倉裏線　日露戦争に貢献した幻の軍用鉄道」（『鉄道廃線跡を歩くⅧ』所収）　2001

・弓削信夫『九州・鉄道歴史探訪』ライオンズマガジン社　1980
・守田久盛・神谷牧夫『九州の鉄道100年』吉井書店　1989
・帝国聯隊史刊行会／編『歩兵第四十五聯隊史』帝国聯隊史刊行会　1922
・帝国軍隊歴史刊行会／編『鉄道第二聯隊歴史』帝国軍隊歴史刊行会　1932
・吉田釧ほか『鉄道兵回想記　鉄道部隊創立八十八周年記念号』鉄葉会　1983
・岡本憲之・山口雅人『実録鉄道連隊』イカロス出版　2009
・渡邉幸三郎『昭和の松戸誌』崙書房出版　2005
・川口利雄「二俣線豊橋線建設概要」（『土木建築工事画報』昭和15年9月号所収）工事画報社　1940
・奥田愛三「ローカル線を探る4　二俣線」（『鉄道ピクトリアル』1971年5月号所収）
・掛川市史編纂委員会／編『掛川市史　下巻』掛川市　1992
・中央防災会議災害教訓の継承に関する専門調査会／編『1944東南海・1945三河地震報告書』内閣府　2007
・広井勇「下関海峡横断鉄橋設計報告」（『土木学会誌』大正8年10月所収）
・田辺朔郎「海底隧道ニ関スル報告」（『土木学会誌』大正8年12月所収）
・工藤洋三『米軍の写真偵察と日本空襲』私家版　2011
・財団法人運輸調査局／編『日本陸運十年史　戦時交通編』クレス出版　1990

竹内正浩　たけうち・まさひろ
1963年、愛知県生まれ。
地図や近現代史をライフワークに取材・執筆を行う。
著書に『重ね地図で愉しむ 江戸東京「高低差」の秘密』（宝島社新書）、
『地図と愉しむ東京歴史散歩』シリーズ（中公新書）など多数。

NHK出版新書 592

ふしぎな鉄道路線
「戦争」と「地形」で解きほぐす

2019年7月10日　第1刷発行
2019年8月10日　第2刷発行

著者　竹内正浩　©2019 Takeuchi Masahiro
発行者　森永公紀
発行所　NHK出版
〒150-8081 東京都渋谷区宇田川町41-1
電話（0570）002-247（編集）（0570）000-321（注文）
http://www.nhk-book.co.jp（ホームページ）
振替 00110-1-49701

ブックデザイン　albireo
印刷　壮光舎印刷・近代美術
製本　二葉製本

Printed in Japan　ISBN978-4-14-088592-5 C0221